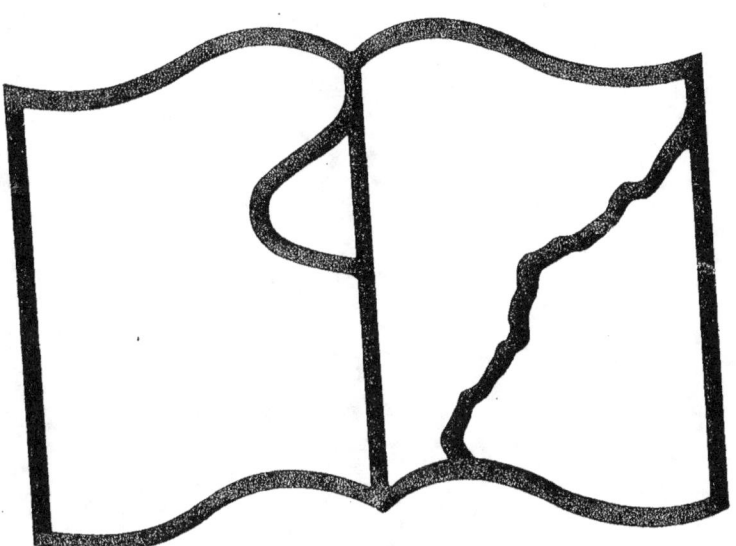

Texte détérioré — reliure défectueuse

NF Z 43-120-11

BIBLIOTHÈQUE DES ÉCOLES FRANÇAISES D'ATHÈNES ET DE ROME
PUBLIÉE
SOUS LES AUSPICES DU MINISTÈRE DE L'INSTRUCTION PUBLIQUE

FASCICULE SOIXANTE-NEUVIÈME

CATALOGUE DES BRONZES

DE LA

SOCIÉTÉ ARCHÉOLOGIQUE D'ATHÈNES

PAR

A. DE RIDDER

ANCIEN MEMBRE DE L'ÉCOLE FRANÇAISE D'ATHÈNES
MAÎTRE DE CONFÉRENCES A LA FACULTÉ D'AIX

AVEC CINQ PLANCHES EN HÉLIOGRAVURE ET TREIZE BOIS

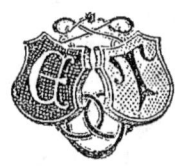

PARIS
THORIN & FILS, ÉDITEURS
LIBRAIRES DES ÉCOLES FRANÇAISES D'ATHÈNES ET DE ROME
DU COLLÈGE DE FRANCE, DE L'ÉCOLE NORMALE SUPÉRIEURE
ET DE LA SOCIÉTÉ DES ÉTUDES HISTORIQUES
4, RUE LE GOFF, 4

1894

BIBLIOTHÈQUE DES ÉCOLES FRANÇAISES D'ATHÈNES ET DE ROME

FASCICULE I. 1. Étude sur le Liber Pontificalis, par M. l'abbé Duchesne. 2. Recherches sur les manuscrits archéologiques de Jacques Grimaldi, par M. Eugène Müntz. 3. Étude sur le mystère de sainte Agnès, par M. Clédat. 10 fr.

II. Essai sur les monuments grecs et romains relatifs au mythe de Psyché, par M. Maxime Collignon. 5 fr. 50

III. Catalogue des vases peints du Musée de la Société archéologique d'Athènes, par M. Maxime Collignon (avec sept planches gravées). . . . . 10 fr.

IV. Les arts a la cour des papes pendant le XVᵉ et le XVIᵉ siècle, par M. Eugène Müntz, membre de l'Institut. Première partie. (*Ouvrage couronné par l'Institut*). » »
  N. B. — Ce fascicule ne se vend qu'avec le IXᵉ et le XXVIIIᵉ contenant les 2ᵉ et 3ᵉ parties du travail de l'auteur. Le prix net des 3 vol. déjà publiés est de 45 fr. pris ensemble.

V. Inscriptions inédites du pays des Marses, recueillies par M. E. Fernique, ancien membre de l'École française de Rome. . . . . 1 fr. 50

VI. Notice sur divers manuscrits de la bibliothèque Vaticane. Richard le Poitevin, par M. Élie Berger. 1 vol. (avec une planche en héliogravure). . . . . . 5 fr.

VII. Du rôle historique de Bertrand de Born, par M. Léon Clédat. . . . . 4 fr.

VIII. Recherches archéologiques sur les îles Ioniennes. I. **CORFOU**, par M. Othon Riemann (avec deux planches hors texte, et trois bois intercalés dans le texte). 3 fr.

IX. Les arts a la cour des papes pendant le XVᵉ et le XVIᵉ siècle, par M. Eugène Müntz. Deuxième partie. 1 vol. avec deux planches en héliogravure. . . . » »
  N. B. — Ce fascicule ne se vend qu'avec le XXVIIIᵉ contenant la 3ᵉ partie du travail de l'auteur (Voir également ci-dessus, fascicule IV ou 1ʳᵉ partie de cet ouvrage).

X. Recherches pour servir a l'histoire de la peinture et de la sculpture chrétiennes en Orient avant la querelle des iconoclastes, par M. Ch. Bayet. 4 fr. 50

XI. Études sur la langue et la grammaire de Tite-Live, par M. Othon Riemann. 9 fr.

XII. Recherches archéologiques sur les îles Ioniennes. II. **CÉPHALONIE**, par M. Othon Riemann (*avec une carte*). . . . . 3 fr.

XIII. De codicibus mss. græcis Pii II, in Bibliotheca Alexandrino-Vaticana schedas excussit L. Duchesne, gallice in Urbe scholæ olim socius. . . . . . . 1 fr. 50

XIV. Notice sur les manuscrits des poésies de saint Paulin de Nole, suivie d'observations sur le texte, par M. E. Chatelain. . . . . 4 fr.

XV. Inscriptions doliaires latines. Marques de briques relatives à une partie de la *gens Domitia*, recueillies et classées par M. Ch. Descemet (*avec figures*). 12 fr. 50

XVI. Catalogue des figurines en terre cuite du Musée de la Société archéologique d'Athènes, par M. J. Martha (avec 8 belles planches en héliogravure hors texte, et un bois intercalé dans le texte). . . . . 12 fr. 50

XVII. Étude sur Préneste, ville du Latium, par M. Emmanuel Fernique, avec une grande carte et trois planches en héliogravure. . . . . 7 fr. 50

XVIII. Recherches archéologiques sur les îles Ioniennes. III. **ZANTE**. IV. **CÉRIGO**. V. **APPENDICE**, par M. Othon Riemann (avec deux planches hors texte). 3 fr. 50

XIX. Chartes de Terre Sainte provenant de l'abbaye de N.-D. de Josaphat, par H.-François Delaborde, avec deux planches en héliogravure. . . . . . . 5 fr.

XX. La Trière athénienne. Étude d'archéologie navale, par M. A. Cartault (avec 99 bois intercalés dans le texte et 5 planches hors texte). . . . . . . 12 fr.
  Ouvrage couronné par l'Association pour l'encouragement des études grecques en France.

XXI. Études d'épigraphie juridique. De quelques inscriptions relatives à l'administration de Dioclétien. I. *L'Examinator per Italiam*. II. *Le Magister sacrarum cognitionum*, par M. Édouard Cuq. 5 fr.

XXII. Étude sur la chronique en prose de Guillaume le Breton, par H.-François Delaborde. . . . . 2 fr.

XXIII. L'Asclépiéion d'Athènes d'après de récentes découvertes, par M. Paul Girard (*avec une grande carte et 3 planches en héliogravure*). . . . . . . 5 fr. 50

XXIV. Le manuscrit d'Isocrate Urbinas CXI de la Vaticane. Description et histoire. Recension du panégyrique, par M. Albert Martin. . . . . 1 fr. 50

XXV. Nouvelles recherches sur l'Entrée de Spagne, chanson de geste franco-italienne, par M. Antoine Thomas. . . . . 2 fr.

XXVI. Les Sacerdoces athéniens, par M. Jules Martha. . . . . 5 fr.

XXVII. Les Scolies du manuscrit d'Aristophane a Ravenne. Étude et collation, par M. Albert Martin. . . . . 10 fr.

XXVIII. Première section. Les arts a la cour des papes pendant le XVᵉ et le XVIᵉ siècle, par M. Eugène Müntz, membre de l'Institut. Troisième partie. Première section (avec deux planches). . . . . 12 fr.

XXIX. Les origines du Sénat romain. Recherches sur la formation et la dissolution du Sénat patricien, par M. G. Bloch. . . . . 9 fr.

XXX. Étude sur les lécythes blancs attiques a représentations funéraires, par M. E. Pottier (avec quatre planches). . . . . 6 fr.

A suivre.

BIBLIOTHÈQUE

DES

ÉCOLES FRANÇAISES D'ATHÈNES ET DE ROME

FASCICULE SOIXANTE-NEUVIÈME

CATALOGUE DES BRONZES DE LA SOCIÉTÉ ARCHÉOLOGIQUE D'ATHÈNES

PAR A. DE RIDDER.

TOULOUSE. — IMP. A. CHAUVIN ET FILS, RUE DES SALENQUES, 28.

CATALOGUE DES BRONZES

DE LA

SOCIÉTÉ ARCHÉOLOGIQUE D'ATHÈNES

PAR

A. DE RIDDER

ANCIEN MEMBRE DE L'ÉCOLE FRANÇAISE D'ATHÈNES
MAÎTRE DE CONFÉRENCES A LA FACULTÉ D'AIX

AVEC CINQ PLANCHES EN HÉLIOGRAVURE ET TREIZE BOIS

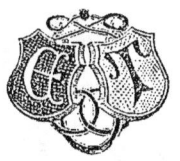

PARIS
THORIN & FILS, ÉDITEURS
LIBRAIRES DES ÉCOLES FRANÇAISES D'ATHÈNES ET DE ROME
DU COLLÈGE DE FRANCE, DE L'ÉCOLE NORMALE SUPÉRIEURE
ET DE LA SOCIÉTÉ DES ÉTUDES HISTORIQUES
4, RUE LE GOFF, 4

—

1894

TOULOUSE. — IMP. A. CHAUVIN ET FILS, RUE DES SALENQUES, 28.

CATALOGUE DES BRONZES

DE LA

SOCIÉTÉ ARCHÉOLOGIQUE D'ATHÈNES

PAR

A. DE RIDDER

ANCIEN MEMBRE DE L'ÉCOLE FRANÇAISE D'ATHÈNES
MAÎTRE DE CONFÉRENCES A LA FACULTÉ D'AIX

AVEC CINQ PLANCHES EN HÉLIOGRAVURE ET TREIZE BOIS

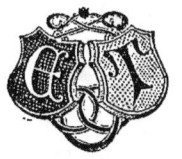

PARIS
THORIN & FILS, ÉDITEURS
LIBRAIRES DES ÉCOLES FRANÇAISES D'ATHÈNES ET DE ROME
DU COLLÈGE DE FRANCE, DE L'ÉCOLE NORMALE SUPÉRIEURE
ET DE LA SOCIÉTÉ DES ÉTUDES HISTORIQUES
4, RUE LE GOFF, 4

—

1894

AVANT-PROPOS

Les bronzes de la Société Archéologique proviennent, soit des fouilles mêmes de la Société (1), soit de collections formées en Grèce (2), soit enfin — et ce sont de beaucoup les plus nombreux — de dons et d'achats faits en Grèce même et surtout à Athènes. D'où suit, que découverts, donnés ou achetés en Grèce, ils ont grande chance d'en provenir, et, si nous négligeons d'insignifiantes exceptions, nous pouvons regarder la collection entière comme composée de pièces purement grecques, à la fois de travail et d'origine.

L'avantage est précieux si l'on considère les collections européennes, où les bronzes, dont l'origine hellénique est certaine, sont au contraire les plus rares, et où, surtout en Italie, les œuvres ambiguës abondent, qui semblent sur la lisière de deux arts : grec d'une part, étrusque ou romain de l'autre. Le musée de Naples lui-même, le plus riche pourtant en bronzes antiques, donnerait, si on le connaissait seul, une idée inexacte, et surtout incomplète, de l'art des bronziers grecs. A plus forte raison en est-il de

(1) Fouilles de Phœniki, d'Amyklées, de Tégée, d'Epidaure.
(2) Collection du Ministère. — Ancienne collection du roi Othon.

même des autres musées, où l'on trouve parfois le plus singulier mélange d'œuvres grecques, étrusques, italiotes, romaines et gallo-romaines.

Au Polytechneion, point de pareil danger à craindre. Non que les bronzes y soient d'égale valeur et tous de bonne époque. Au contraire, les pièces de choix sont rares et l'inégalité des styles y est extrême; mais cette diversité même fait l'intérêt de la collection. L'art grec, une fois dégagé de ses origines orientales, s'étant, par un privilège presque unique, développé seul, passant par degrés de la barbarie à la perfection et de l'apogée à la décadence, tous les différents stades de cette lente évolution se trouvent représentés dans la suite de nos bronzes. Les séries sont plus ou moins riches, plus ou moins complètes, mais elles se succèdent en ordre régulier.

Parmi les bronzes primitifs (1), une coupe phénicienne, analogue aux patères trouvées en Crète, et trois statuettes sardes ou chypriotes, nous montrent les origines orientales d'où partira l'art grec. Puis une très riche collection de bronzes béotiens (2), diadèmes et colliers, bracelets et fibules, décorés à la pointe et au repoussé, témoignent des efforts faits en Béotie, peut-être à l'instigation de Chalcis, pour développer un art original et accomplir dans la technique du bronze, une révolution analogue à celle que les vases de Béotie et du Dipylon opèrent dans la céramique.

Les reliefs « argivo-corinthiens (3) » — dont nous sau-

---

(1) 66, 793-5.
(2) 227-243, 308-318, 325-338, 375-378.
(3) 115-6, 313, 797-801.

rons peut-être un jour l'origine véritable — nous mènent, par une transition encore inexpliquée, aux écoles du Péloponnèse de style sévère. Frontons d'Egine, bas-reliefs de Sparte, sculptures d'Olympie, tels sont sur ces écoles nos principaux moyens d'information. Plusieurs bronzes, des supports de miroirs, le guerrier de Sélinonte, quelques statuettes viriles et féminines (1), montrent le même effort tenté vers la simplification, parfois excessive, de la structure, la même recherche d'un style sobre et sévère.

Plus rares sont les figurines attiques (2), dont quelques-unes ressemblent de très près aux bronzes découverts sur l'Acropole, et sont par suite antérieures aux guerres médiques. Au cinquième siècle, les statuettes se font moins nombreuses encore, et les écoles du Péloponnèse semblent prédominantes.

Avec les reliefs de miroirs, quelques figurines et un groupe d'Atalante (3), nous touchons à l'art du quatrième siècle, d'où la pente est rapide vers l'art hellénistique. La forme devient plus raffinée, l'exécution plus délicate, d'une élégance déjà moins naturelle.

La décadence continuant, nous tombons aux bronzes d'époque romaine. Les traditions plus vivaces, l'ingéniosité plus fertile et plus diverse des artistes grecs, maintiennent l'art plus haut qu'en Italie (4); mais la patine devient de jour en jour plus terne, l'exécution plus grossière, le style plus lourd et plus barbare (5).

(1) 150-1, 155, 806, 808, 814-5, 820-2, 832, 835-6, 857, 860, 879, 881-3, 885, 931.
(2) 152-3, 817, 856, 880, 908-9, 933.
(3) 29, 158-166, 169, 531, 866-7, 920-1.
(4) 168, 170, 811, 887.
(5) 855, 865, 899.

On le voit, on pourrait, en parcourant la suite de nos bronzes, se faire une idée, à coup sûr incomplète, mais exacte dans sa concision, des stades divers qu'a parcourus l'art grec.

Un deuxième avantage, dont nous sommes redevables moins peut-être à l'habileté des conservateurs qu'à la proverbiale sécheresse de l'air attique, est que ces bronzes ont tous, ou presque tous, conservé leur patine, non la patine primitive, mais celle que leur ont faite les années, le long séjour dans la terre ou dans les musées. A l'Acropole même, plus humide, il a fallu se résigner, pour conserver les bronzes, à les enduire d'un épais vernis noirâtre. Notre musée, plus sec, fut plus heureux.

Or, non seulement la patine ajoute singulièrement à la beauté des bronzes, mais, la surface des figurines n'étant plus recouverte et comme voilée par l'enduit, l'œuvre apparaît telle qu'elle fut créée jadis, et nous pouvons, alors seulement, l'étudier en confiance.

L'examen des patines peut nous rendre un autre service encore, d'une nature plus délicate. — En règle absolue, on peut dire que la patine vient du fondeur, tenant, soit aux hasards de la fonte, soit au mélange calculé des métaux, soit même à une couverte d'ordre particulier. D'où suit qu'elle varie suivant les ateliers de bronziers, et, dans chaque fabrique, d'après les époques : on devrait, en logique, connaissant la provenance des bronzes (1), pouvoir faire l'histoire des patines, et notre connaissance des bronzes anciens s'en trouverait singulièrement aug-

---

(1) Sur 1057 numéros que renferme le catalogue, 607 objets sont de provenance connue (v. la liste à la fin du volume).

mentée. — En fait, la chose n'est pas toujours possible. Non seulement la patine qu'ont aujourd'hui les bronzes n'est pas la patine primitive, mais il est impossible de conclure de l'une à l'autre, tellement la nature chimique des terres ou même de l'air des musées peuvent exercer d'influences diverses et contraires. — De plus, par un effet naturel de la loi sur les antiquités, les provenances de la Société Archéologique elle-même sont souvent suspectes. Or il faudrait qu'elles fussent rigoureusement certaines, pour qu'une étude générale des patines fût possible.

Pourtant, en se bornant aux objets provenant des fouilles, la collection même du Polytechneion peut nous donner de précieux renseignements. Les bronzes de Phœniki, d'Hagios Sostis et d'Atalante forment trois groupes dont les patines, semblables dans chaque groupe, diffèrent d'un groupe à l'autre : ce sont œuvres de même époque, et d'un même atelier. — Peut-être un jour pourra-t-on compléter ces remarques par des observations plus étendues, et parvenir de la sorte à une connaissance, à la fois plus précise et plus intime, des bronziers de l'ancienne Grèce.

Le classement adopté n'est guère qu'un groupement par matières. Un index, que j'ai essayé de faire complet, facilitera les recherches (1). — On trouvera, d'ailleurs, de courtes notices en tête de quelques chapitres. Elles sont

---

(1) Je dois déclarer ici que parmi les nouvelles acquisitions de la Société, quelques-unes ne me sont connues que par les Πρακτικά. On ne s'étonnera donc pas de les trouver simplement mentionnées dans ce catalogue. Je fais ici surtout allusion aux fibules de Volestino et à une partie des objets trouvés à Thèbes et à Kaza (Πρακτικά de 1890, parus en 1893, p. 89-90, 94-5, etc...).

simplement destinées à précéder, et comme à présenter, les séries les plus riches et les plus complètes. Partout ailleurs, je renvoie aux livres qui suivent.

A. DE RIDDER.

ABRÉVIATIONS [1]

Carapanos. — *Dodone et ses ruines*, 1878, 2 vol. in-4°, p. 1-242, pl. 1-63.
Caylus. — *Recueil d'antiquités égyptiennes, étrusques, grecques, romaines et gauloises.* Paris, 1752, 7 vol. in-4°.
Chabouillet. — *Catalogue des camées .. de la bibliothèque impériale*, p. 1-634.
Friederichs. — *Kleinere Kunst u. Industrie*, t. II. *Geræthe u. Bronzen.* Düsseldorf, 1871, p. 1-521.
Gréau. — *Catal. des br. antiques de la coll.*, par Frœhner, 1885, p. 1-281.
Hallstadt. — *Das Grabfeld von H...*, par Sacken. Vienne, 1868, p. 1-156, pl. 1-26.
Karlsruhe. — *Beschreibung der Samml. Antik. Bronz.*, Schumacher, 1890, p. 1-231, pl. 1-28.
Longpérier. — *Notice des br. antiq. du Louvre*, 1re partie, 1868, p. 1-224.
Mus. Greg. — 1842, t. I. Pour le numérotage des planches dans les deux éditions, cf. *Arch. Zeit.*, 1879, p. 35-6.
Olympie. — *Olympia*, Textband IV, *Die Bronzen*, Furtwængler, p. 1-220, pl. 1-81.
Sacken. — *Die Antiken Bronzen des K. Münz-u. Antiken-Cabinetes in Wien.* Vienne, 1871, p. 1-129, pl. 1-54.

---

[1] J'ai cru inutile de reproduire ici les abréviations conventionnelles, *B. C. H., Bull., Ann., Mon., Mitt., J. H. S....* — Les longueurs (l.), largeurs (larg.), hauteurs (h.), diamètres (d.),... sont exprimés en CENTIMÈTRES.

PREMIÈRE PARTIE

INSTRUMENTS

I

Vases (1-114).

1. — Trépieds (1-12).

trépieds (1).

La Société Archéologique possède un trépied fondu, entièrement conservé (1), trois fragments de pieds-droits (2-4) et deux anses verticales, de forme circulaire et à décor géométrique (5-6). Parmi les protomes ou figures d'applique qui, soudées sur la panse, servaient de poignées fixes, l'une (col de griffon) regardait vers l'extérieur (7), l'autre (tête de taureau), vers l'intérieur du chaudron supporté (8).

Outre ces grands trépieds, les anciens en avaient d'autres, plus petits et plus bas, qui servaient aux usages journaliers. Le fragment de couronne circulaire (10) et les pieds en forme de griffes (9, 11-2) proviennent de ces trépieds.

1 (1010). — *Athènes*. — H., 44 (de la couronne, 4,4). D. de la couronne, 26,2. Ecartement des pieds à la base, 38; au sommet, 22,5. Larg. des pieds, 0,8. Ep., 0,3 à 0,8. — *Olympie*, p. 130-1. — Cf. Cesnola, *Chypre*, pl. 70...

Trépied fondu. — Les pieds, à jour, en forme d'épis barbus, surmontés d'une volute ionique, portent une couronne également à jour avec zone médiane de cercles reliés deux à deux par des tangentes : haut et bas, moulure et torsades. De chaque pied partent, à 16,3 du sol, deux contreforts s'unissant deux à

---

(1) Pour les trépieds grecs, cf. surtout *Olympie*, p. 72-93.

deux et touchant la couronne dans l'entre-deux des chapiteaux. A la même hauteur se détachent vers le centre trois barres horizontales, formant un cercle horizontal inférieur (d., 10) et soutenues par trois supports en forme d'arc.

2 (1464). — *Amyclées* (fouilles de 1890). — H., 66. Larg., 5,5. — Cf., pour ces pieds, *Olympie* et *J. of hell. st.*, 1892-3, p. 234-5, fig. 2-3 (Acropole)...

Pied de trépied, fondu, partagé par devant en deux champs verticaux, soutenu par derrière par deux montants. Une langue de métal, clouée d'une part sur la panse, soudée de l'autre sur la courbe supérieure du pied, le reliait au vase qu'il supportait.

3 (1465). — *Id.* (fouilles de 1890, Ἐφ. Ἀρχ., 1892, p. 17, Tsountas). — H., 30,5. Larg. 4,8.

Partie supérieure (courbe) d'un pied semblable, plus orné, divisé en trois champs, dont celui du milieu décoré de zigzags. Même langue de métal au revers. — Cf. *Olympie*, 563, 629, pl. 28.

4 (559). — *Olympie*. — H., 44. Larg., 6. Ep., 0,6. Larg. et écart. des contreforts, 3.

Fragment de pied pareil. Les trois champs sont ornés de zigzags, mais de sens différent. Trois contreforts au revers, celui du milieu plus étroit, les autres décorés comme la bande antérieure. — Cf. *Olympie*, 627, pl. 28, p. 91... A l'Acropole, on a trouvé des ex. revêtus par devant de plaques estampées, *J. H. S.*, 1892-3, p. 265...
Noirâtre.

5 (2335). — *Olympie*. — D., 35,8 (int., 21,9). Ep. max., 0,2. Larg. de la lame d'attache, 6,5. H. du cheval, 9,5 (ép. 1,5). — *Bullettino*, 1875, p. 35. *Annali*, 1880, pl. F 2, p. 119 (Furtwaengler). *Ibid.*, 1885, pl. B, p. 167-187 (Purgold). *Olympie*, 607^{ab}, pl. 33, p. 86. — Pour ces anses sur l'Acropole, cf. *J. of hell. st.*, 1892-3, p. 234, fig. 1 (des chevaux, détachés, ont été trouvés avec les anses). — La Gorgone, 1526, orne peut-être une anse de grand trépied.

Anse circulaire de trépied, en bronze battu. En haut, cheval de style « géométrique », ithyphallique, cloué par les pieds. En bas, six clous en deux rangées superposées, servant à fixer 'anse à la couronne de support (cf. 1), et, par une lame en partie conservée, au vase supporté. A droite et à gauche, trous l'attache des figurines servant de contrefort (cf. Purgold, ., pl. h). Décor géométrique composé de cinq zones. Postes dans es deux bandes extrêmes. Dans les intermédiaires, cercles reliés par des tangentes. Au milieu, deux lignes de zigzags entre leux rangs de postes.

Vert olive.

6 (505). — *Péloponnèse*. — D., 24,5 (int., 17,3). Ep. au bord intérieur, 1,2. H. du cheval, 5.

Anse semblable, fondue d'une pièce avec le cheval et dont l'épaisseur va en augmentant vers la circonférence intérieure. Décor plus simple, composé de deux zones. A l'extérieur, zigzags ; à l'intérieur, cercles reliés par des tangentes. — Cf. *Olympie*, 640, pl. 30, p. 93.

Grisâtre.

7 (475). — Prov. incon. — H., 17,5. L., 12.

Tête de griffon (qui était appliquée sur la panse d'un trépied et regardait vers l'extérieur). — Cassé dès l'attache du cou, à l'endroit d'où partent les oreilles verticales. Le bouton cylindrique, placé entre les yeux, est de même détaché. Fait de deux pièces, l'une comprenant la mâchoire inférieure, l'autre le bec et le haut de la tête.

Cf. *Olympie*, 805, pl. 47, p. 123 (Collignon, *H. de la sc.*, p. 91, fig. 46). Cf. *Annali*, 1872, 12 (*Mon.*, XI, pl. 2, 10). *B. C. H.*, 1885, 509. *Karlsruhe*, 446. *Mus. de Naples*, 5540, 72759... Ex. à Rhodes, Samos, sur l'Acropole, à Olympie, Corneto, Pérouse, Florence, La Garenne... Il n'est pas impossible que ce type de griffons provienne d'Argos (cf. *Hérodote*, IV, 152 ; *Jahrbuch*, 1891, 267, n. 11, Dümmler).

Vert foncé. Traces grisâtres.

8 (227). — Prov. incon. — H., 2,5. L., 4,2.

Plaque curviforme, qui s'appliquait sur le col d'un trépied. Bélière au dos. A l'avers, tête de bœuf (h., 2,5 ; l., 2,5) qui regardait à l'intérieur du vase. Le tout servait d'anse. Cf. *Olympie*, 789-790, p. 117-8. — En Italie, pour ce motif sur une anse, cf. *Caylus*, IV, pl. 46, 3...

9 (207). — *Tégée.* — H., 5. L., 8.

Pied d'une sorte de trépied bas. Griffe de lion surmontée d'un chapiteau ionique. A la section supérieure, rainure et plaque d'attache qui était soudée sous la couronne du trépied. — Cf. *Carapanos*, pl. 41, 1. *Longpérier*, 827. Nombreux ex. sur l'*Acropole*...

10 (1084). — *Phœniki* (près d'Asopos). — H., 2,7. Long., 13. Larg., 2,4.

Fragment d'une couronne de trépied que supportait un pied semblable au précédent. Oves au trait sur la tranche. Sur le rebord horizontal, est gravée au trait l'inscription (let. d'1,2) :

ΑΠΕΛΛ::ΝΟΣ ('Απέλλονος).

Cf., pour la restitution de ce genre de trépieds, *Museo Italiano*, t. III (1888), pun. 1, pl. 4...

Vert clair.

11 (412). — *Egine.* — H., 5,5. L., 5,2. — Pied de trépied (?).

Griffe surmontée d'un protome de panthère ailée, la gueule ouverte. Par derrière, part une tige oblique, cassée. — Cf. les pieds de ciste ou de trépied : *Annali*, 1866, p. 192, n° 14. *Karlsruhe*, 263, p. 247. *Caylus*, VII, pl. 29,1. *Musée de Naples*, 72388, 72793...

Brun verdâtre.

12 (18). — *Pnyx.* — H., 10. Long., 25. Larg., 10. Ep., 0,5.

Pied de lion horizontal, coupé par une section nette à l'opposé des griffes et fixé par trois clous.

2. — VASES FUNÉRAIRES (kalpés, hydries...) (13-30).

VASES FUNÉRAIRES.

La Société Archéologique possède neuf kalpés (1) funérai-

---

(1) Tous ces vases ne sont pas nécessairement funéraires, témoin notre n° 18. Cf. les notes 3 et 8 (p. 7).

res (13-22), grands chaudrons à lame très mince et à bords plats, que l'on emplissait de cendres et d'ossements, et que l'on déposait, enveloppés de toile (1), dans des cubes de tuf ou de pierre, recouverts d'un couvercle de même matière. On a trouvé de ces sépultures dans tout le monde grec, à Rhénée (2), au Pirée (2), à Athènes (3), Daphni (4), Erétrie (5), Galaxidi (6), Corfou (7), Cumes (8), Suessula (9), Capoue (10), Megara Hyblæa (11). Les fouilles de Suessula (12) et de Megara Hyblæa (13) peuvent nous donner une idée précise de ces tombes qui, par certains côtés, rappellent les *pozzi* d'Etrurie.

Si l'on donne à ces vases un pied bas et un col très court, qu'une seule anse verticale vienne relier à la panse, on aura une sorte d'hydrie, très primitive et dont le Polytechneion possède trois exemplaires.

Enfin, si l'on orne cette hydrie et si, au lieu d'une anse on en soude trois sur la panse, on aura l'hydrie véritable qui, comme vase funéraire, ne s'est guère rencontrée qu'à Erétrie (14), Thèbes (15),

---

(1) La coutume d'envelopper d'un linceul le vase funéraire se trouve déjà dans Homère (funérailles de Patrocle et d'Hector. — *Iliade*, 23,252; 24,795). Cf. *Bullettino*, 1871, 116-7 (Capoue); *Annali*, 1878, 297 (Poggio); *Friederichs*, 1308, etc.

(2) Ross, *Arch. Aufsaetze*, I, p. 62-3 (Rhénée et Pirée).

(3) N°⁵ 13 et 22. *Mitt.*, 1893, p. 92-3, 160 (fouilles de la maison Sapountzaki). *Friederichs*, 1308. — Le Louvre possède un vase analogue, mais non funéraire; il était offert en prix dans des jeux, comme celui de Cumes, *Annali*, 1880, p. 343. Cf. le n° 18. *Olympie*, 134. *J. H. S.*, 1892-3, 233...

(4) Fouilles de la Voie Sacrée (1892). Cf. Velanidoza, *Deltion*, 1890, 10. 27...

(5) N° 18, vase non funéraire.

(6) N° 21.

(7) Près du tombeau de Ménécrate. *Bullettino*, 1848, p. 116. *Annali*, 1851, p. 36. *Monumenti*, V, pl. 25.

(8) Iorio, *Melodo di rinvenire... i sepolcri*, p. 24. (*Annali*, 1879, p. 130). *Annali*, 1880, p. 343 (vase non funéraire). *Röm. Mitt.*, II, p. 269-70.

(9) *Röm. Mitt.*, II, p. 235-268.

(10) *Bullettino*, 1871, 116; 1873, 123; 1874, 243.

(11) *Monumenti Antichi*, I, 4° part., p. 772 (note 2), p. 900 (cccı).

(12) *Röm. Mitt.*, II, p. 236, 241.

(13) *Monum. Ant.*, I, 4° part., pl. III, et la gravure p. 900.

(14) N° 29. Cf. *Deltion*, 1890, 141. 17 et deux exemplaires, l'un acheté par Sabouroff (*Annali*, 1883, N — coll. Sabouroff, CXLIX), l'autre par Radowitz (coll. Sabouroff, CXLIX, en tête de l'article). Cf. les anses de Berlin (Inv. 8006; *Anzeiger*, 1888, p. 250). L'hydrie 8064 (*ibid.*, p. 251) peut servir de transition entre le deuxième groupe et le troisième.

(15) N° 30.

Koul-Oba (1), Myrina (2) et Suessula (3). D'autres exemplaires, un peu différents, ne sont peut-être pas funéraires (4).

13 (680). — *Athènes* (Hagia Triada, Céramique). — H., 21, 5. Diam., 31. Ouverture, 17. Couvercle : d., 20,2 ; ép., 0,1.

Kalpé funéraire. Couvercle plat, avec deux charnières opposées. Ossements à l'intérieur. Avec ce vase, ont été trouvées deux anses dont les bouts sont engagés dans un demi-cylindre mouluré, qui était fixé sur la panse (pour la forme, cf. *Karlsruhe*, pl. VIII, n° 31...)
Patine grise.

14-15 (83 et 771, couvercle). — Prov. incon. — H., 25. D., 35. Ouvert., 22. Couvercle, 25.

Semblable, troué en bas, sans ossements. Moulure à l'orifice. Le couvercle est renflé comme une cymbale.
Vert terne.

16 (647). — Prov. incon. — H., 30. D., 38. Ouvert., 22. Couvercle, 24,5.

Rempli d'ossements et de débris d'étoffe. Deux anses, semblables à celle du n° 13, sont soudées sur la panse. Couvercle conique (h., 3 c.)
Vert émeraude, très pâle.

17 (770). — *Attique*. — H., 20. D., 32. Ouvert., 29.

Cassé en bas. Le rebord, horizontal et faisant saillie au dehors, porte les inscriptions :

TSMYM   et   TShholCD

Vert terne.

---

(1) *Antiq. du B. Cimmérien*, pl. 44,7 (Reinach, p. 94-5). Deux autres ex. sont mentionnés comme ayant été envoyés à Pétersbourg. L'un contenait des cendres.
(2) Fouilles de Baltazzi, Mus. de Constantinople (h. 45 ; d. max. 35).
(3) Sans anses. *Röm. Mitth.*, II, 241 (Duhn).
(4) Par exemple, le vase de Locres du musée de Naples (73144). Cf. *Arch. Z.*, 1876, 40...

18 (1318). — *Erétrie* — H., 30,5. D., 39. Ouvert., 22,5. — Πρακτικὰ, 1890, p. 95.

Semblable, avec quatre anses, dont deux entièrement conservées et deux n'ayant plus que l'attache. Sur le rebord est l'inscription :

EPETPIAOENAOYON : ΠAPHEPAKVEOS
('Ερετρίαθεν ἆθλον : παρ' Ἡρακλέος).

Grisâtre.

19 (1176). — *Laurion*. — H., 25. D., 35. Ouvert., 22. Couvercle, 22. — Πρακτικὰ, 1888, p. 61.

Semblable, Couvercle fixé par quatre clous longs de 5 c., qui s'enlèvent à volonté. Quatre anses, dont deux avec palmette.
Patine olivâtre, mal conservée.

20 (sans n°). — Au-dessus de l'armoire 9 est une kalpé semblable, sans ornements.

21 (939). — *Galaxidi*. — H., 21. D. 21. Ouvert., 17,2.

Kalpé à corps moins pansu que les sept vases précédents et dont le col fait une saillie verticale (h., 2 c.). Couvercle bombé (h., 3 c.). Ossements au fond du vase.
Vert grisâtre.

22 (391). — *Bistardo* (O. d'Athènes). — H., 20,5. D., 28. Ouvert., 18.

Semblable. Double applique (h., 5 c.), dont chacune à double bélière. Deux anses passent par les anneaux. Ossements.
Vert terne.

23 (216). — Prov. incon. — H., 15. D., 15,7 à l'orifice. Ep., 0,4. — Cf. *Musée de Naples*, 74735 (les anses différentes).

Chaudron muni de deux bélières carrées (h., 4; l., 2).
Oxydé et rouillé.

24 (1320). — *Elatée* (Locride). — D., 19. D. ext., 21,4. Larg., 3 à 5. Ep., 0,05. — Πρακτικὰ, 1890, p. 95.

Rebord de vase, conservé comme *Olympie*, pl. 28, 573. Aux

deux extrémités, applique en écusson (h., 8; l., 6) surmontée d'une double bélière où entrent les crochets de l'anse. Celle-ci est à section rectangulaire. L'applique représente une tête de Silène, très écrasée et aux oreilles de cheval. — Cf. *Karlsruhe*, IX, 22 ; mais le type du Silène est différent.

Olive foncée.

25 (1117). — *Erétrie*. — D., 20,5. D. ext., 23,5. Larg., 3 à 4.

Semblable, avec une double applique gravée (palmette surmontée de deux volutes ioniques) et deux anses pareilles à celles du n° 24. Le support du vase est conservé et fait d'une couronne (d., 15,5) portée sur trois roulettes (h., 2 ; l., 3). — Cf. le n° 58.

Oxydé.

26 (1321). — *Pirée*. — H., 37. Diam. maxima, 37. Largeur du rebord, 16 c. Ouverture, 11 c. — Πρακτικά, 1890, p. 95.

Hydrie faite de deux pièces minces, superposées et soudées à 16,5 du sol. L'anse unique s'attache au rebord et à la panse par deux appliques transversales. Le couvercle (diam., 19), bombé et décoré d'un omphalos, était fixé par une charnière.

Sur le rebord, l'inscription TIMONΘΑΣΑΘΡΟΝ (Τιμόν[θ]ας (?) δῶρον).

Patine vert pâle, légèrement bleuâtre.

27 (sans n°). — Sur l'armoire 10 est une hydrie semblable, d'une pièce, sans anses ni ornements.

28 (993). — *Tanagra*. — H., 37,9. Diam. max., 26. Base (h. de), 1,2. Hauteur du col, 10,3. Ouverture, 8,5. Largeur du rebord, 17,2.

Semblable, avec ossements au fond du vase, et anse reliée à la panse par une applique ronde.

Vert pâle.

29 (1119). — *Erétrie*. — H., 47,5. Diam. max., 36. Ouverture, 11. Largeur du rebord, 18. — Fouilles de Tsoundas (Ἐφ. Ἀρχ., 1886, p. 36). Trouvée dans une tombe creusée dans le roc, elle était entourée de toile et contenait des os.

Hydrie semblable aux précédentes, mais plus ornée. Dessin

d'oves à l'embouchure et de rais de cœur sur la panse. Trois anses, l'une verticale, deux latérales et côtelées. A l'attache de la première anse, applique de 11. sur 13,3, faite, comme les reliefs de miroirs, d'une lame mince et crevée par endroits (tête de Dionysos). Symplegma dionysiaque. Le dieu, nu, la tête à droite, laisse pendre le bras gauche sur l'épaule de son compagnon qui lève vers lui sa tête de satyre et, le bras passé autour de son corps, l'entraîne d'un mouvement violent. Travail de bonne époque hellénistique.

Cf. relief de *Naples*, 6684. *Clarac*, pl. 691, 694. *Annali*, 1854, pl. 13. Cavvadias, *Catal. du M. Central*, 245 ('Εφ. 'Αρχ., 1888, pl. 1)... — Vases : *Museo Italiano*, I, p. 2ᵉ, pl. IX, 20 (Marzabotto). *B. C. H.*, 1893, 616... — Lampe : *Caylus*, IV, pl. 33, 6... — Bronzes : *Musée de Naples*, 4995, 69429-31, 72623-4, 111501...

Le vase, très mince, est rapiécé au col. Bleu verdâtre (l'applique est d'un beau vert).

30 (1144). — *Thèbes*. — H., 40. Diam., 30. Ouverture, 10,5. Largeur du rebord, 15.

Vase analogue. Sept anneaux de plomb, dont quelques-uns réunis par une spirale, entourent la grande anse. Applique représentant une sirène de face, les griffes sur une palmette que des rinceaux rejoignent à la pointe des ailes. — Cf. *Arch. Anz.*, 1888, p. 250, et les deux hydries Radowitz et Baltazzi, aujourd'hui à Constantinople.

Autrefois doré.

3. — Œnochoés, etc... (31-57).

Outre les vases funéraires (hydries et kalpés), la Société possède six œnochoés (31-36), dont l'une de beau travail (31), plusieurs gobelets (39-42) et deux vases en forme de tête (49-50). Il faut ajouter à ces types depuis longtemps connus le nº 44 et les quatre vases (45-8) qui sont, à ma connaissance, des pièces uniques. J'ai cru devoir étudier à part les vases à parfum, qu'on trouvera parmi les objets de toilette (210-220). Viennent en dernier lieu les anses, dont beaucoup appartiennent à de grands vases, surtout des hydries et des prochoos (37-8, 51-5).

31 (864). — *Macédoine.* — H., 18. H. de l'anse, 4,5. Ep., 0,3. Diam. du pied, 5,3. H., 2,2.

Œnochoé à embouchure oblique. Oves sur le pied bas, nervures sur la panse et zone de rais de cœur à l'épaule. Sur l'embouchure est appliquée la partie antérieure d'un griffon, la tête regardant vers l'intérieur, les pattes appuyées sur le col, les ailes courtes et dressées. L'anse s'attache à la panse par un buste d'Atys (?), coiffé du bonnet phrygien et portant la chlamyde sur l'épaule gauche. — Cf., pour la forme du vase, *Mus. Greg.*, I, pl. 58, 1; *Monum.*, V, 52; *Musée de Naples*, 69044, 69081; pour l'applique, une œnochoé de Naples, *Karlsruhe*, X, 28, et une de la Russie méridionale, *Ant. du B. Cimm.*, pl. 44, 8 (cf. *Caylus*, V, pl. 89, 5; *Arch. Z.*, 1881, p. 37, n. 24; *Naples*, 69085, 69088...), enfin, pour la forme, l'applique, le décor et les dimensions, un vase de la Grande Grèce au Cabinet des Médailles, *Gaz. arch.*, I, pl. 23, p. 88-9.

Patine brunie.

32 (1123). — *Corinthe.* — H., 16. D., 7,5 à la base. D. max., 13,5. H. de l'anse, 4,5.

Œnochoé en forme de cruche, sans pied et sans rebord, à goulot large et orifice trilobé, l'épaule se coudant à angle droit sur la panse ornée de nervures et d'une zone d'accolades (h., 1,3). L'anse (larg. 2, section losangiforme, serpent sur la face extérieure) s'attache par une feuille à la panse et à l'orifice par une applique demi-circulaire (rondelles dressées aux bouts; au milieu, tournée vers l'intérieur, tête archaïque aux yeux obliques).

Cf. *Karlsruhe*, X, 7-8. De nombreux exempl. à *Naples*. Forme 32 des vases de Berlin (bucchero).. — Pour les anses, cf. Gsell, *Vulci*, pl. III, 8 : souvent, les rondelles sont remplacées par deux têtes, *Naples*, 72600, 73145.... — Pour le serpent sur l'anse, Collignon, *Catal. des vases*, 42. *Annali*, 1872, 139, 15. *Jahrbuch*, I, 96 F, 134 (2940); II, 34, pl. 4. *Anzeiger*, 1892, 100...

Oxydé. Traces bleuâtres.

33 (938). — *Galaxidi.* — H., 17. D., 12 à la base. H. de l'anse, 5. Ep., 0,5. — Lourd.

Semblable, plus simple et à panse plus arrondie. L'anse est plate et l'applique en rais de cœur. Le goulot n'est pas trilobé.

Gris verdâtre.

34 (718). — *Galaxidi*. — *B. C. H.*, 1878, 544 (68). — H., 14,5. D., 5, 3. D. max., 9.

Semblable, trilobée. Anse cannelée et applique sur la panse en forme de tête de bouc. Travail médiocre. — Cf. *Karlsruhe*, X, 7, 8, et *Mus. Greg.*, pl. LVI, 1.
Terne.

35 (539). — *Thisbé*. — H., 15. D., 5 à la base. D. max., 10. Ep., 0,1. H. de l'anse, 4,5.

Semblable; avec l'anse et l'applique du n° 33.
Même patine.

36 (1124). — *Corinthe*. — H., 21. H. de l'anse, 5,5. D. max., 11,8 (de base, 5). H. de base, 1,9.

Semblable aux vases 32-5, mais avec un pied bas, comme les exemplaires de *Karlsruhe* (pl. X, 7-8) et du *Musée Grégorien* (pl. 56, 1). Gouttes à l'orifice et anse à rainure médiane, reliée à la panse par une tête de lion, aux pattes pendantes et encadrant le mufle. Exemplaires sur l'*Acropole*; à *Olympie* (pl. L, 831, 839); en Crète (*Mus. Ital. Bronzi Cretesi*, pl. XII, 14). — Cf. *Caylus*, I, pl. 43, 5. *Karlsruhe*, X, 3, 20, 25...

37 (72). — Prov. incon. — H., 5. L., 4. Long. de l'anse, 8. Ep., 0,5.

Anse d'un vase semblable; même applique. Grisâtre.

38 (493). — Prov. incon. — H., 3, 5. L., 3.

Applique semblable. Vert clair.

39 (1158). — *Galaxidi*. — H., 21,7. D., 10 à la base, 26,3 au sommet. H. des appliques, 8.

Seau (situle) régulièrement évasé, porté sur un pied bas et surmonté d'un mince rebord. Une seule anse conservée, terminée par des crochets en forme de bouton. Appliques à double bélière (tête de Silène de style libre). — Cf. *Karlsruhe*, pl. IX, 14. — *Mus. Greg.*, pl. 57,2. — *Mus. de Constantinople*, n° 19. — *Mus. de Naples*, 68854, 68865-6, 110761...
Gris bleuâtre.

40 (1159). — *Othrys* (Narthake). — H., 23,5. D., 13 à la base, 22,7 au sommet. — Πρακτικά, 1888, p. 61.

Semblable, mais le fond est détaché. Sous le rebord, traits obliques, comme des pennes de flèches. Les bélières n'ont pas d'appliques.
Patine grise.

41 (1484). — *Arcadie*. — H., 10,5. D. sup., 10,2; infér., 3,5. Ep., 0,4 au bord; ailleurs, 0,05. — Cf., pour la forme, de nombreux vases à godrons du musée de Naples.

Grand gobelet, à large rebord et à panse renflée, portant sur un support (h., 1,2) et décoré d'un omphalos et de cercles concentriques. A l'intérieur est gravée l'inscription :

KOFAI (Κόρα).

Beau travail. Très belle patine bleuâtre, à reflets verts et marbrés.

42 (836). — *Galaxidi*. — H., 8,6. D. infér., 7. D. sup., 10,2. Larg. de l'anse, 2,2.

Gobelet conique régulièrement évasé. L'anse, en forme de ruban, continue le rebord horizontal et s'attache au vase comme certaines anses mycéniennes. — Ἐφ. Ἀρχ., 1888, pl. 7, 3. Cf. 690 *Olympie* (pl. 35, p. 96)...

43 (552). — *Phthiotide*. — H., 6,9. D. de base, 5; max., 8,2; sup., 7,7. Ep., 0,1.

Pot bas, légèrement renflé, avec anse semblable. Sur la panse, zigzags gravés.

44 (86). — Prov. incon. — H., 18,5. Diam., 9,2.

Vase de forme singulière, qu'on peut rapprocher de certains vases de Vulci (*Mus. Greg.*, I, pl. 59, 3). Il se compose de deux hémisphères soudées l'une sur l'autre. La demi-sphère supérieure se termine en haut par un fourreau (h., 1; d., 3), où entre une lame rectangulaire repliée en forme de cylindre, qui va diminuant de diamètre jusqu'au sommet (2,5 à 1,7).
Sur le cylindre, cercles horizontaux parallèles. Sur la sphère, nervures. En bas, bandeau avec même décor.

Cf. un vase de *Naples*, d'une pièce, avec anse et à panse platie (68937).
Oxydé.

45 (1050). — *Galaxidi*. — H., 11,3. D. à la base, 2,9. D. max., 5,6. Ep., 0,2.

Vase fait de deux parties superposées et soudées l'une sur l'autre, un gobelet s'évasant régulièrement jusqu'au diamètre maxima et une partie supérieure qui, après s'être rétrécie, s'élargit légèrement à l'embouchure. Au rebord est fixée l'anse rectangulaire qui s'élève à 3. au-dessus de l'orifice et s'attache, par une applique en forme de feuille, en haut du gobelet de base.

Cf., pour la forme, *Mus. Greg.*, 54, 1. *Karlsruhe*, X, 25. *Mus. de Naples*, 69401-5. Id., *Raccolta cumana*, 86081, et, en terre cuite, la forme 208 des vases de Berlin (*Catal. de Furtwaengler*); *Raccolta cumana*, 85820...

Patine gris verdâtre, comme les trois vases suivants.

46 (1028). — *Galaxidi*. — H., 11. D., 3 et 5,5. Ouverture, 1,7. Ep., 0,15.

Semblable. L'anse est cassée à l'applique.

47 (1029). — *Galaxidi*. — H., 10,6. D., 3 et 5,5. Ep., 0,2. H. de l'anse, 3,8.

Semblable au précédent.

48 (873). — *Mégare* (?). — H., 4,7. D., 3 et 5,5. Ep., 0,1.

Le gobelet de base est seul conservé.

49 (815). — Retiré de la mer entre *Salamine* et *Egine*. — H., 27,4. D., 7,2 à la base. D. max., 10,4. D. à l'orifice, 3,3.

Kotyliskos mince et mal conservé (panse déchirée, base détachée). Sur la panse est figurée en relief une tête archaïque, les cheveux striés de sillons verticaux, le menton saillant et les yeux obliques.
Bleuâtre.

50 (953). — *Alexandrie*. — H., 11. Ep., 0,2. Le fond, non conservé.

Vase en forme de tête d'enfant, surmonté d'un goulot. Sur le front, aigrette de cheveux. Tresses derrière la tête. — Mauvais travail.

Cf., pour ces rhytons de bronze, *Gréau*, 388, p. 85 ; *Mus. de Constantinople*, etc. A *Naples*, vase Borgia, 69086. *Mus. Greg.*, I, pl. 9. *Anzeiger*, 1892, 50...

Vert brunâtre.

51 (1023). — *Péloponnèse*. — D., 18. L., 1,5. H. de l'applique, 7. L., 9,5.

Deux anses côtelées, terminées en crochets comme celles du n° 39. Deux appliques semblables, à double bélière, avec tête de Méduse, de style libre.

Vert clair.

52 (561). — Prov. incon. — Larg. de l'applique, 13 ; de l'anse, 5 à 7. H. de l'anse, 14.

Deux anses en fer à cheval, s'appliquant chacune au milieu d'une tige d'attache ; celle-ci, ornée au centre d'une coquille renversée, est terminée à droite et à gauche par deux têtes de dauphin. Anses de corbeilles. — Cf. *Karlsruhe*, VIII, 32. *Mus. Greg.*, I, pl. 68. Surtout à *Naples*, de nombreux ex. munis encore de leurs anses, 68761. Cf. 72929 ; pour les dauphins, 72902.

53 (551). — *Milo*. — H., 12. L., 11. Petite branche, long., 4 ; larg., 11.

Anse verticale, s'attachant à la panse par une tête d'Apollon (h., 5 ; l., 4, 5) frisée, de style médiocre. La courte branche, coudée à angle presque droit, s'appliquait au col par un arc d'éperon, avec tigette centrale en forme de pouce (long., 2). — Cf. *Mus. Greg.*, I, pl. 56, 2. *Karlsruhe*, XI, 5, 11. De très nombreux ex. à *Naples*, 69441...

Vert bleuâtre.

54 (sans n°). — H., 16. D. de l'anse, 1,5. Demi-cercle d'applique (cassé au milieu). — Cf. l'anse du n° 32.

Anse verticale, sans petite branche, surmontée directement d'un demi-cercle d'applique, au milieu duquel se détache une tête chauve, de Silène (?). L'applique de la panse (h., 1,6) représente une tête ordinaire de Silène. — Cf. *Mus. Greg.*, I, pl. 66.

Pour ces têtes de Silène sur une anse, cf. notre n° 24. *Mus. de Naples*, 72661, 72912..

Oxydé.

55 (817). — *Kalydon* (près du fleuve Evenos). — Diam., 3,8. Relief, 2,3. — Attache d'anse.

Tête de lion, de face, la gueule ouverte et la mâchoire inférieure formant canule. En haut, double bélière d'où partent deux anses à crochet recourbé, dont l'une est conservée (n°s 39, 51; *Olympie*, 867..)

Cf. *Mus. Greg.*, I, pl. 58, 3ª. *Karlsruhe*, pl. 9, 24. *Longpérier* 810. *Friederichs*, 1538, *id.*, ª, ᵇ...

56 (818). — *Kalydon*. — D., 5,8.

Semblable; les deux anses conservées.

57 (417). — *Attique*. — H., 8,2. Larg., 1,7 à 0,7. L. de la p. br., 2.

Anse (?) dont la petite branche, perpendiculaire à la grande comme celle du n° 53, se termine sans arc de cercle. Tête de tigre en haut de la longue branche, dont la section est triangulaire. En bas, sorte de boule.

Vert grisâtre.

4. — Bols et patères. — Vases de substitution (58-104).

Les bols (58-65) servent de transition aux patères dont le Musée possède une riche série (66-84). Je citerai la patère phénicienne, avec inscription araméenne (66), la figurine nue servant de manche (67) et trois manches avec inscription (69-71). Parmi les patères simples, trois seulement sont à omphalos (74, 77, 83...) (1).

J'ai placé à la suite des vases et des patères les objets dits

---

(1) Il ne semble pas que l'omphalos soit, comme le pense Lœschcke (*A. Z.*, 1881, 37), une innovation due aux Grecs et peut-être aux Chypriotes. Il est vrai que la plupart des coupes dites phéniciennes en sont privées. Mais, d'une part, on trouve l'omphalos à Nimroud, à une date antérieure au huitième siècle (Perrot, II, 737). D'autre part, il paraît en Italie dès l'époque des *pozzi* et même dans les *terramare* (Gsell, *Vulci*, p. 271, n. 10-1).

de *substitution* (92-104). Trop minces et de trop faibles dimensions pour pouvoir être utilisés, ils étaient déposés dans les temples et les tombeaux, comme les signes ou les *doubles* d'instruments plus coûteux et véritablement d'usage (1). La collection comprend presque tous les modèles précédents, réduits à des dimensions microscopiques.

58 (721). — *Galaxidi.* — H., 5,5. D. inférieur, 6,5. D. supérieur, 13,5. H. du pied, 1.

Bol porté par trois roulettes (d., 1,4), avec deux appliques en forme de feuilles, dans la double bélière desquelles passent les crochets de deux anses à section carrée (n⁰ˢ 39, 51, 55..). — Cf., pour ces roulettes, le n⁰ 25. *Friederichs*, 595. *Mus. Borbonico*, III, 12, 2. *Carapanos*, 48, 4. Brunn, *Catal. de la Glyptothèque*, 296. *Olympie*, p. 138...

Gris verdâtre.

59 (954). — *Tanagra.* — H., 13,8. D., 26,5. Ep., 0,55. H. du pied, 2,5. D., 9,8.

Bol à pied bas. Noirâtre.

60 (623). — *Athènes.* — H., 6,2. D. max., 9. D. supér., 6. Ep., 0,2.

Bol semblable dont la panse, renflée, est ornée d'un dessin de brocart.
Patine blanchâtre.

61 (837). — *Galaxidi.* — H., 6,8. D. inf., 5,7. D. supér., 11,8. Ep., 0,2.

Semblable, plus évasé.

62 (872). — *Mégare* (?). — H., 3,2. D., 6,2. Ep., 0,1.

Semblable, oxydé.

63 (773). — Prov. incon. — H., 4,8. D., 8,5. D. infér., 4. Ep., 0,3.

Bol à godrons (cf. *Anz.*, 1893, p. 94, etc...). Avec lui, patère : d., 11,4 ; h., 1,3. Patine bleu cendré. — Pour les godrons

---

(1) Cf. les haches votives, 622-3. *Raccolta cumana*, 86198.

en Italie, dès l'époque des *pozzi*, en argile en Etrurie, en bronze à Bologne, cf. Gsell, *Vulci*, 272, n. 2.

64 (87). — *Tégée*. — H., 2. D., 4. Ep., 0,1.

Patère simple, avec un couvercle à bouton (d., 4 ; h., 1).
Patine bleuâtre.

65 (sans n°). — H., 4. D., 6,7. Ep., 0,15.

Semblable, grisâtre.

66 (514). — Trouvé avant les fouilles allemandes à *Makrysia*, près d'*Olympie*. — D., 20,2 (d. de base, 10). H., 2,5. Ep., 0,25. — Cf. *Mém. de l'Acad. des Sc. de Saint-Pétersbourg*, 7° série, t. XVII, 1872, p. 33, pl. 40 (Euting). Puchstein, *Das Ionische Kapitel*, p. 61, fig. 52. Perrot, t. III, fig. 550, p. 782-5. *Corp. Inscr. Semit.*, pars II, t. I, p. 106 ; pl. VIII, n° 112. Furtwaengler, p. 141, pl. 52. Cf. un fragment trouvé sur l'Acropole, *J. H. S.*, 1892-3, p. 248, fig. 19..

Patère phénicienne avec inscription araméenne sur le bord extérieur (v. *C. I. S.*, τοῦ Nagid, filii Mèpha). D'après la forme des lettres, la coupe peut dater du sixième ou septième siècle av. J. C.

Au fond, grande étoile gravée, cantonnée d'étoiles plus petites entre ses huit rayons. Le rebord intérieur, au repoussé, est encadré, haut et bas, par une torsade.

Quatre figures, opposées deux à deux, la tête surmontée du globe solaire aux ailes éployées, se dressent, entre deux colonnes proto-ioniques, sur un fond de losanges imbriqués. L'une est l'Aphrodite chaldéo-phénicienne, nue et des mains soutenant ses mamelles, l'autre un dieu à longue barbe et aux vêtements tombants.

Des quatre tableaux intercalaires, deux sont des scènes d'offrande. Sur l'une, un adorant, tenant la clef du Nil et vêtu du pagne long, lève sa main droite vers Isis qui allaite Horus enfant. Entre deux, sur une table de sacrifices, le croissant lunaire et le globe solaire. — A l'opposé, une déesse assise tient une coupe et une fleur de lotus ; l'adorant lui tend une sorte de pipette (Perrot, III, 853 ; *Arch. Anz.*, 1890, p. 24).

A gauche de ce tableau, trois musiciens à droite, vêtus d'un pagne, deux coiffés du voile égyptien, jouant de la double flûte et de la lyre, entre deux, un nègre (?) dansant et frappant des cymbales. — La dernière scène représente la chasse au griffon ailé (Perrot, III, fig. 548...). Un guerrier tient la bête par la corne et, du bras droit, va lui enfoncer un épieu dans la gueule. A droite s'avance, avec la lance, un personnage à longue barbe. Un serpent dans le champ.

La plupart des scènes sont d'imitation égyptienne ; mais le griffon est assyrien, comme le dieu à longue barbe, debout dans l'édicule.

Patine brune.

67 (1015). — *Corinthe.* — H., 19,4. L., 9,2. H. de la palmette, 3,8.

Manche de patère en forme d'homme nu, les pieds joints et portant sur une palmette, les avant-bras levés et soutenant l'attache demi-circulaire. Celle-ci, semblable aux attaches de miroir (n°⁵ 135-6, 152-5..) se compose de deux volutes ioniques qu'une demi-palmette horizontale relie de droite et de gauche au bord supérieur de la phiale. Au centre, se coude par derrière une palmette, qui était soudée sur la tranche. — Travail médiocre. Figure ronde.

Des figurines semblables ont été trouvées en grand nombre en Grèce et en Italie. Elles servaient, dans certains cas, de manches ou supports de miroir (*Musée de Leyde*, Janssen, V, 368 ; *Musée de Naples*, 5539, 5562, 5564-5, 5970), ou même d'anses de vases (*Musée de Naples*, 72954..), mais la plupart sont des manches de patère. — Une vingtaine à l'*Acropole* (n°⁵ 1388-1404, 1449, etc..). —Cf. Ross, *Arch. Auf.*, p. 111. *J. H. S.*, 1892-3, p. 239. *Olympie*, 83, 86, pl. VII, p. 26-7. *Carapanos*, XII, 1, 3. *Arch. Zeit.*, 1881, pl. 2, 1, p. 25-6 (Delphes). *B. C. H.*, 1887, pl. 12 (Ptoon). *Bullettino*, 1881, p. 183 (5), Bari. *C. R. de S. Pét.*, 1877, pl. I, 9, p. 18 (*id.*, 1869, p. 98). Gerhard, *Etr. Spieg.*, pl. 30, 2-3, pl. 117 ; III, p. 239, note 54. *Museo Borbonico*, IX, pl. 14. *Naples*, 5571, 11661, 73494-5. *Musées de l'Ermitage* (345), *du British, de South Kensington, du Louvre* (Longpérier, 68, 212), *de Berlin* (Friederichs, 1478-9...), *de Karlsruhe* (pl. V, 1 ; XII, 1-2, p. 50)... — A *Naples*, plusieurs exempl. postérieurs, sur tête de Silène (*Vitr.* XVIII)...

68 (550). — *Milo.* — H., 15. Larg., 10,2. Courbure, 1,2. Larg. du manche, 2,7.

Manche en forme de losange, sans figurine, relié directement

VASES. 21

au disque par un mince croissant et terminé en bas par une boule. — Grisâtre.

69 (699). — *Galaxidi* (Œanthea). — Cf. *Rev. Arch.*, 1876, t. 32, p. 182 (Collignon). Roehl, *I. G. A.*, 323. — L., 15 c. Larg., 4 c.

Manche de patère cassé au bout, où il devait se terminer en tête de cygne, et percé à l'attache de deux trous. La largeur est moindre au milieu.

EVΦAMOΣ · KAITOIΞVN　　(Εὔφαμος καὶ τοὶ συνδαμιωργοὶ
DAMIORϞOIᛟANEΘEKAN　　ἀνέθηκαν τῷ ἥρωι).
TOIHEROI

Patine brune.

70 (1224). — *Péloponnèse* (Phœniki, fouilles de la Société). — L., 15,5. Larg., 1,5.

Semblable. Palmette à l'attache, comme le n° 68, mais sans croissant d'applique et tête de cygne à la poignée. Patine gris vert.

ANEΘEKEAΠEΛΩNI
+ENEI°N
(ἀνέθηκε Ἀπέλλονι
Ξενε(ων).

71 (886). — *Thèbes.* — L., 11 c. Larg., de 2,2 à 5,8. Ep., 0,3.

Semblable, avec attache demi-circulaire ornée d'une volute, la palmette étant remplacée par une plaque non décorée.
Au sommet, est l'inscription :

Vo⁚S+FMIKI⁚.　　(?)

Patine grise.

72 (1270). — *Mégare.* — H., 8. D. de base, 11. D. supérieur, 21. Long., 32. Ep., 0,3. — Cf. *Mus. de Naples*, 73246, 73438...; de nombreuses patères et casseroles (*Vitr.* 32-5)..

Patère à pied bas et à manche comme les trois n°s suivants. Cercles concentriques au fond de la patère. Au bout du manche, bélière où passe un anneau.
Olivâtre.

73 (sans n°). — H., 5,3. Long., 24. Ep., 0,2. — Cf. *Mus. de Naples*, 69891...

Semblable. Le manche se termine en bouton et est percé d'une longue fente.
Patine grise.

74 (862). — *Macédoine*. — H., 5. D., 25,3. Long., 38,3. Ep., 0,7.

Omphalos écaillé et cercles concentriques au fond de la patère. Double bélière. A l'opposé, manche cannelé, terminé par une tête d'Ammon. — Cf. *Mus. de Naples*, 73438 (tête d'Héraklès), 73430 (tête de bélier). — Pour les manches seuls, *Caylus*, I, pl. 92, 4 ; V, pl. 104, 7 ; VII, pl. 35, 4. *Musée de Naples*, 72706, 72710, 72713. *Musée du Capitole*..
Noirâtre.

75 (1269). — *Mégare*. — H., 8,6. D., 21,7. Long., 36,7. Ep., 0,2.

Gouttes en relief au bord. Le manche finit par un crochet en 8 dans lequel entre un anneau (d., 3,5). Sans omphalos.
Gris bleuâtre, oxydé.

76 (869). — *Macédoine*. — H., 3,4 (de la base, 0,8). D., 19. Ep., 0,8.

Semblable, sans manche.

77 (2218). — *Pirée*. — H., 5. D., 22,2. Ep., 0,25.

Patère simple à omphalos (d., 4,5). — Vert bleuâtre.

77 bis. — Onze exempl. trouvés à *Kaza* (d., 3 à 8,5). — Πρακτικὰ, 1890, p. 95..

78 (910). — Prov. incon. — H., 7. D., 27.

Sans omphalos, avec un couvercle à bélière (d., 26,3 ; h., 2).
Patine grise.

79 (418). — Prov. incon. — H., 6. D., 19,5. Ep., 0,2.

Semblable, sans couvercle. Gris bleuâtre.

80 (746). — Prov. incon. — H., 5,5. D., 28. Ep., 0,4.

Semblable, beau vert.

81 (631). — *Céramique.* — H., 6. D., 15. Ep., 0,5.

Semblable. Oxydé.

82 (sans n°). — H., 1,5. D., 8. Ep., 0,05.

Noirâtre.

83 (541). — *Thisbé* (Dombrena). — H., 2. D., 10,1. Ep., 0,4.

Omphalos rayonnant.

84 (1283). — *Thèbes.* — D., 14. H., 4,5. — Ἐφ. Ἀρχ., 1892, p. 232. Πρακτικά, 1890, p. 95.

Patère simple, trouée près du bord. Fragments d'étoffe soudés à la phiale.

85 (1188). — *Thèbes.* — H., 7 (du pied, 2,4). D., 4,6 à la base. D. supér., 8,7. Long. de l'anse, 6. Larg., 3.

Coupe sur pied bas et à panse renflée. — Cf. *Mus. Greg.*, 55,3, mais les anses, dans notre exemplaire, sont relevées plus haut (cf. *Karlsruhe*, pl. IX, 7 ; *Antiq. du B. Cimmérien*, pl. 38, etc.).
Vert noirâtre.

86 (926). — *Exarchos* (Locride). — H., 5,2. D. inf., 5. D. sup., 11,1. Anses, 4.

Semblable. Cercles concentriques sous le support. Au fond de la coupe, rosace et palmettes au trait.
Oxydé.

87 (1102). — Prov. incon. — H., 8,3. D. sup., 12. H. du pied, 3,8.

Semblable, orné simplement de cercles horizontaux.
Vert clair.

88 (1488). — *Arcadie.* — D., 7,5.

Couvercle bombé et percé de deux trous qui servaient à le suspendre.
Violet olivâtre.

89 (876). — *Tanagra.* — D., 5,8.

Semblable. Noirâtre.

90 (sans n°). — D., 5,5. Ep., 0,2. H., 1,7.

Semblable, mais soutenu par trois courtes tiges verticales auxquelles s'attache un triangle horizontal inférieur. — Cf. *Carapanos*, pl. 52, 18, 19, qui voit là des serrures (?).

91 (sans n°). — D., 6,2.

Semblable, avec rosette en relief.

92 (494). — Prov. incon. — D. ext., 2,5. D. int., 1,3. H., 0,8. H. des pieds, 0,5.

Anneau porté sur quatre pieds, qui servait à porter un chaudron minuscule. — Bleuâtre.

93 (1204). — *Sparte*. — H., 2. D., 5. — Πρακτικὰ, 1889, p. 64.

Chaudron à trois pieds et à bords rentrants. Près l'orifice, est l'inscription :

    ΜΟΛΕΠΑ   (ʼΑπ[έ]λον).

Vert foncé.

94 (88). — *Tégée* (fouilles de la Soc. Arch.). — H., 3,8. D., 3,5 à la base, 4,4 à l'orifice.

Pot mince et à rebord. — Cf. *Carapanos*, pl. 24, 5. — Bleuâtre.

95 (628). — Prov. incon. — H., 3. D., 0,9.

Œnochoé dont l'orifice n'est pas percé.
Olivâtre, oxydée.

96 (sans n°). — H., 5. D. de base, 0,8. D. max., 1,8.

Amphore étroite à anse double et à pied mince.
Patine brune.

97 (495). — Prov. incon. — L., 6,8. D., 2,5. Larg. du manche, 0,7.

Petite patère ou cuiller à manche. Bélière à l'attache, croisillon au milieu du manche et tête archaïque en relief à la poignée.
Olivâtre.

98 (199). — *Tégée.* — D., 4 (partie creuse, 2,5).

Petite assiette ou patère votive, faite d'une lame très mince. Au bord, une anse et deux oreilles; au centre, un omphalos. Bleu verdâtre.

99 (200). — *Tégée.* — D., 6,7 et 5.

Semblable, avec deux anses opposées et une bordure de têtes de clous au repoussé.

100 (201). — *Tégée.* — D., 7,8.

Semblable, avec deux anses pourvues, à leur gauche, d'un appendice en T.

101 (sans n°). — D., 4,5.

Semblable, sans anses. — Même patine d'un beau bleu.

102 (115). — *Tégée.* — D., 3,3.

Semblable, percé d'un trou qui servait à suspendre le disque.

103 (116). — *Tégée.* — D., 3,1. — Semblable.

104 (117). — *Tégée.* — D., 3,3. — De même.

5. — Cuillers, passoires (105-114).

Outre une cuiller (?) archaïque (105), la Société possède six louches à vin (106-111), deux passoires (112-113) et une *vinaria truella* (?) (114).

105 (711). — *Pergame.* — *B. C. H.*, I, 356 (34). — L., 17 (de la cuiller, 10). Larg. du manche, 1,5; de la c., 7. Ep., 0,2.

Sorte de cuiller creuse, dont le manche est à douille. A l'intérieur est grossièrement figurée en creux, par une série de stries profondes, une tête d'homme barbu, les sourcils barrés et la bouche ronde. A l'extérieur, la saillie du nez et la ligne des sourcils sont seules visibles. — Style plutôt grossier que primitif.

Noirâtre.

106 (885). — *Thèbes.* — L., 22,5. D., 7,2. Profond., 1,5. Largeur du manche, 2,5.

Louche (κύαθος, simpulum), servant à puiser le vin, qu'on filtrait ensuite dans des passoires (cf. une coupe de Brygos, au *British*, Hartwig, *Meisterschalen*, pl. 34..). Le manche se termine par une tête de cygne formant crochet (69-71..). — Ces louches, si fréquentes sur les monuments grecs et étrusques, se rencontrent dès l'époque mycénienne. — Ἐφ. Ἀρχ., 1889, pl. 7, 17 (Vafio)..

Cf. *Caylus*, I, pl. 102, 1 ; VII, pl. 74, 3. *Karlsruhe*, XII, 24-5. *Mus. Greg.*, LII, 1-3. *Friederichs*, 634-648. *Antiq. du Bosph. Cim.*, pl. 30, 1-2 ; pl. 44, 9. *Musée de Constantinople. Musée de Naples*, 73777..

Gris bleuâtre.

107 (sans n°). — Travail grossier. Semblable, comme les trois n°ˢ suivants.

108 (809). — Prov. inc. — L., 24. D., 3,7. Larg. à l'attache, 1,5. Ep., 0,25.

109 (2340). — Prov. inc. — L., 26. D., 6,5. Ep., 0,5. Profond., 2. Largeur, 1, 1. — Patine grise.

110 (389). — *Attique.* — L., 14,4. D., 3. Ep., 0,25. Profond., 1. Largeur, 0,6. — Oxydé.

111 (950). — *Béotie.* — L., 36. D., 5,5. Profond., 2.

La tête de cygne est gravée avec soin et la cuvette hémisphérique remplacée par une cassolette à fond plat. — Cf. *Herculanum et Pompéi* (Roux), t. VII, pl. 68 (*Musée de Naples*, 73798, 73802..). *Karlsruhe*, XII, 26..

Vert grisâtre.

112 (955). — *Tanagra.* — L., 24,7. D., 9,3. Profond., 3,8. Largeur du manche à l'attache, 2,3. Epaisseur, 0,4.

Passoire, dont la cuvette s'élargit après un léger étranglement. Manche terminé par une tête de cygne (cf. les n°ˢ précédents) et bélière carrée au point opposé du diamètre.

Belle patine bleu clair.

Cf. *Mus. Greg.*, I, pl. 52, 2. *Carapanos*, pl. 24, 2. *Karlsruhe*, pl. 12, 17. *Antiq. du Bosphore Cim.*, pl. 31, n⁰ˢ 4, 5. *Friederichs*, 649. *Musée de Constantinople*, 160. *Caylus*, V, pl. 94, 6. *Mus. de Naples*, 77595, 77609, 77624, 77631.....

113 (943). — *Thespies.* — L., 27,7. D., 13,5. Profondeur, 3. Largeur du manche, 2,8.

Semblable, moins bien conservé. La tête de cygne est recourbée sous le manche au lieu de l'être de côté. Palmette et volutes au trait sur le manche, palmette en relief à l'attache.

Vert terne.

114 (1030). — *Galaxidi.* — L., 25,3. Avec la passoire, 30,5. Diam., 3,5.

Petite passoire à cuvette ovoïde et séparée du manche. Celui-ci, creux et surmonté d'une poignée, se termine en bas par un disque plat qui s'applique exactement sur l'ouverture supérieure de la cuvette.

Vert grisâtre.

Varron (*De ling. latina*, IV, 25), parlant du « *trulleum* », dit qu'il ressemble à la « *trua* », « *nisi quod latius concipit aquam et quod manubrium cavum non est, nisi vinaria truella accessit* ». Notre instrument doit être une « *vinaria truella* ». Le vin, entonné dans le manche étroit, — ce qui arrêtait les parties solides, — descendait dans le crible où il se purifiait.

II

Toilette (115-472).

---

1. — Miroirs (115-200).

miroirs (1).

L'art égyptien connaissait les miroirs. On y retrouve en germe deux motifs que les Grecs sauront mettre à profit, la caryatide portant la main aux seins et le support en forme de fleur épanouie (2).

Dans l'art grec, les miroirs apparaissent dès l'époque mycénienne (3). Ils étaient à manche rapporté, dont l'attache était parfois revêtue d'une double plaque d'ivoire. Il faut attribuer à

---

(1) Bibl. — Gerhard, *Etrusk. Spiegel*, 4 v., 1839-1867 (5° v. par Körte, en cours de publication). — De Witte, *Gaz. des B. A.*, 1866, t. 21, p. 121-2. *Rev. Arch.*, 1868, I, p. 89, 372; II, p. 76-7. *Les miroirs chez les anciens*, Bruxelles, 1872. *Gaz. Arch.*, 1876, 69-71. — Dumont, *Gaz. Arch.*, 1872, 297; 1876, 107-110; 1880, p. 50. *Monuments de l'ass. des Etudes Grecques*, 1873, p. 23-50. *Céramiques*, t. II, p. 166-214, avec liste dressée par M. Pottier, *ib.*, p. 242-54. — Mylonas, *Parnasse*, I. Ἀθήναιον, I, 175. Ἐφ. Ἀρχ., 1872, 2° pér., p. 440-3; 1884, p. 74-9. Ἑλληνικὰ κάτοπτρα, 1876, p. 1-36. *Mitth.*, III, 265. *B. C. H.*, III, 178... — Friederichs, p. 18. — Blümner, *Technologie*, III, 265-7. — S. Reinach, *Musée Alaoui*, 7° livr., 1890. — *Monum. de l'assoc. des Etudes Grecq.*, 1891-2, 2° v., pl. 11, p. 1-35 (Michon)...

(2) Wilkinson, *Manners and Customs*, éd. in-12, 1874, p. 346-7, 475-6. — Perrot, I, fig. 563; II, fig. 450-1. — Prisse d'Avennes, *Mon.*, 1847, pl. 47, etc.

(3) Tombeaux de la ville basse, 2° tombeau, Ἐφ. Ἀρχ., 1888, pl. 8, 3 et 9, 2, p. 136-7; 5° t, *ibid.*, p. 172; 25° t., *ibid.*, p. 143-4 (Tsoundas). — On a trouvé à Ialysos, dans un tombeau mycénien, un miroir analogue (*Mykenische Vasen*, p. 11). — Ajouter 2 (ou 3) manches de miroir, découverts en 1892 dans un tombeau et dans le δρόμος de la θόλος de Clytemnestre. Tsoundas, *Mycènes*, 1893, pl. 6, 1-3, p. 77-9.

la fin du septième siècle, peut-être même au début du sixième siècle, les premiers miroirs *grecs* (argivo-corinthiens) : leur manche, de forme différente, est doublé d'appliques de bronze travaillées au repoussé. Les miroirs à pied, supportés par une caryatide, semblent dériver des premiers et leur succèdent jusqu'à la fin du cinquième siècle. Les miroirs à boîte, gravés ou à relief, sont plus récents et ne datent guère que du quatrième siècle. On les rencontre jusqu'à la fin de la période hellénistique, mais, d'une manière générale, la décoration avec figures disparaît à l'époque romaine (1).

Les miroirs grecs sont généralement de forme ronde (2). Ils se distinguent par là des miroirs égyptiens qui sont ovales et des miroirs de Préneste qui sont en forme de poire. Quant aux miroirs étrusques, qui sont également ronds, un sûr moyen d'en distinguer les exemplaires grecs est d'en considérer la décoration et le mode d'attache. Les Grecs ont seuls su remplir le champ sans le surcharger et relier le disque au support d'une manière qui fût harmonieuse et simple.

Les miroirs de verre étaient connus (3), mais la plupart étaient de bronze poli avec soin, parfois même doré et argenté (4). Les miroirs d'argent (5) et de pierres précieuses (6) sont la plupart d'époque romaine.

Généralement, la face réfléchissante est légèrement convexe, de sorte que l'image se trouvait agrandie. Il y a pourtant à la règle des exceptions (7) et nous verrons plus loin que dans les miroirs à boîte les deux faces internes, — convexe et concave, — servent à la fois de surface mirante (8).

Les représentations qu'on trouve sur les miroirs grecs sont

---

(1) Un seul miroir gravé romain, Gerhard, IV, 409, et quelques miroirs à relief : Frœhner, *Ann. de la Soc. de numismatique*, 1889, p. 395; 40 ex. à Bulla Regia, *Musée Alaoui*, 7e livr., p. 85-96, pl. V (Sal. Reinach); cf. la p. 87.

(2) Miroir carré, à Doumanli-Dagh (Aegæ), *Rev. arch.*, 1883, p. 363. Cf. Myrina, Catal., 93.

(3) Pline, XXXVI, 66. Alex. Aphrodis, *Problem.*, p. 292.

(4) On leur faisait subir à Brindisi, et sans doute ailleurs, une sorte d'étamage. Pline, XXXIV, 48.

(5) *Id.*, XXXIV, 48. *Bullettino*, 1885, p. 180.

(6) Pline, XXXIII, 45. XXXVII, 25; Sénèque, *Quest. nat.*, 1, 17. Cf. Gerhard, 1, 77-8.

(7) Miroirs « argivo-corinthiens, » 115-6. Miroirs votifs d'Hagios Sostis, 126-131.

(8) Nos 159, 164-165, 172-3.

surtout érotiques ou dionysiaques (1). Aphrodite, déesse de la parure, a souvent en mains un miroir (2), et, suivant Eschyle, le Dionysos des Edoniens en portait un avec le glaive (3). Mais ces divinités, — et celles qui forment cycle autour d'elles, — ne sont pas seules à faire usage des miroirs : on en consacrait aussi à d'autres déesses (4). Enfin on en trouve en grand nombre dans les tombeaux (5). C'étaient de simples objets de toilette, dont dieux et mortels se servaient également (6).

MIROIRS A MANCHE.

A. — *Miroirs dont le manche est fondu d'une pièce avec le disque.*

Les n°s 115-6 appartiennent à une série encore peu nombreuse, celle des miroirs « argivo-corinthiens. » Furtwaengler comptait, en 1884, trois exemplaires de ces miroirs (7). Un quatrième vient d'être acquis par le musée de Berlin (8). Il faut y ajouter les deux nôtres qui peuvent servir à rectifier des généralisations trop hâtives. Il n'est pas vrai que le diamètre du

---

(1) Cf. les pages suivantes et Dumont, II, p. 242-54 (Pottier). — Les exceptions sont nombreuses (m. à relief, n°s 7, 21, 37, etc. — m. à support, 31) (listes de Pottier).

(2) Signe de la planète Vénus, *Anthol. Palatine*, VI, 18. Vénus d'Arles (Furtwaengler, *Meisterwerke*, p. 548). Sarcophage du Latran, Gerhard, *Antike Bildwerke*, pl. 100-1... Peintures. Helbig, *Wandgemælde*, 291-2. Millin, II, 7... T. C. *Polytechneion*, 696. *Myrina*, VII, 2. Dumont-Chapelain, II, pl. 28, 1.. Br. *Sachen*, pl. 35.5. *Gréau*, XII. Coll. Radowitz (*Constantinople*). Friederichs, 1928. *Anzeiger*, 1851-2, 116; 1858, 167-8; 1890, 14; 1892, 53. Supports de miroir, n°s 21, 37, 39 de la liste de Pottier (Dumont, v. pl. h)...

(3) Aristophane, *Thesmophories*, 140. — Cf. *Roschers*, *Lexikon*, 1138..

(4) Inventaire d'Artémis Brauronia, *C. I. A.*, II, 2, 754, l. 23-4. Pour Hera, cf. Apulée, *Florid.*, 15 ; Sénèque, *Epist.*, 95. Pour Demeter-Despoina, *Pausanias*, VIII, 37, 4. Cf. Paus., VII, 21, 5, etc.......

(5) Pline, XXXVI, 132. Cf. *Myrina*, 80, 82, etc... Larnaca, *Rev. Arch.*, 1885, II, 344. Athènes, Céramique, *Rev. Arch.*, 1888, p. 64, etc. Corinthe, n° 163 et *Ar. Zeit.*, 1875, p. 161. Grande Blisnitza, *C. Rendu*, 1869, p. 143, pl. 1, 29. Tsoundas, *Mycènes*, 1893, p. 78...

(6) Gerhard y voyait des objets de culte (miroirs mystiques), d'où la fantaisie de ses explications symboliques.

(7) *Hist. Aufsætze* (Curtius), p. 181-193. *Miroir Castellani*, *M. de Naupacte*, (7445), *M. de Corinthe* (2818), tous les trois à Berlin. L'applique 701^a d'*Olympie* peut provenir d'un miroir semblable.

(8) *Arch. Anz.*, 1893, p. 97, n° 26.

disque ait toujours les dimensions de la poignée et que le miroir soit toujours convexe (1). Les nôtres sont concaves, le manche est plus long que le diamètre et le disque est entouré d'un rebord.

La forme de ces miroirs est caractéristique. Le manche — très mince, comme le disque lui-même, — se termine en bas par un cercle et de là s'élargit graduellement jusqu'à une plaque rectangulaire, qui sert d'attache au disque. Les trois surfaces superposées, cercle, manche et rectangle, sont recouvertes de lames très minces et travaillées au repoussé dans le style des appliques « argivo-corinthiennes (2). »

Les miroirs suivants, plus lourds et dépourvus d'appliques, ont l'attache trapézoïde. Le rebord est plus élevé et la plaque se distingue de moins en moins du haut du manche, jusqu'à ce que, dans le n° 124, elle disparaisse presque entièrement. J'y ai joint six petits miroirs votifs d'Hagios Sostis.

115 (1001). — *Corinthe.* — H., 40,3. D., 19,8 (du cercle de base, 3). Larg. du manche, 2,3 à 3,4 ; de la plaquette, 5,5 (haut., 5,3). — *B. C. H.*, 1892, 360, nt. 5 (Holleaux).

Sur le cercle de base, tête de Gorgone. Sur le manche, figure virile (?) à g., vêtue du long chiton ionien, la main g. à la hanche et les cheveux tombant en chignon sur la nuque (la tête malheureusement perdue). Sur la plaque rectangulaire, deux sphinx affrontés, l'une des pattes de devant levée verticalement (cf. *Olympie*, pl. 59...). Décor à peu près semblable sur le nouvel ex. de Berlin (*Anz.*, 1893, p. 97).

Mal conservé. Crochet en bas du manche. En haut du disque, anneau de suspension.

Vert sombre.

116 (1002). — *Corinthe.* — H., 34. D., 16 (du cercle, 3,5). H. de la plaque, 4,3. Larg., 4,8. — *Olympie*, p. 155, nt. 1 (Furtwaengler). — *B. C. H.*, 1892, p. 360, nt. 5 (Holleaux).

Les appliques du manche sont détériorées (coq sur le cercle de base?). Sur la plaque, palmette médiane, surmontée d'un grènetis vertical. De chaque côté, lion dressé, la tête retournée en arrière, l'une des pattes de devant levée en haut du grènetis,

---

(1) *Hist. Aufsætze*, p. 183.
(2) 797-801.

l'autre posant sur la palmette (n°s 797-8, 801. *Olympie*, pl. 59...).
Charnière en bas du manche (pour l'anneau de suspension.)

117 (2412). — Prov. incon. — H., 37,8. D., 18,4 (du cercle, 4,2).
Larg. du manche, 2,7 à 3,3 ; de la plaque, 5,7 à 6 (h., 4,5).

Rebord sensible sur le manche et le disque. Vert grisâtre.

118 (sans n°). — H., 33,8. D., 16,6 (du cercle, 3,7). Larg. du manche, 2,8 ; de la plaque, 4,2 à 5,7 (h., 4,5).

Lourd. Argenté. — Même patine.

119 (2413). — Prov. incon. — H., 32,7. D., 17 (du cercle, 4).
L. du manche, 2,5 ; de la plaque, 4,5 à 5.

Manche cassé. — Rougeâtre.

120 (2415). — Prov. incon. — H., 31,3. D., 16,8 (du cercle, 4,3).
Larg. du manche, 2,3 ; de la plaque, 5,7.

Plus mince. — Altéré.

121 (sans n°). — H., 32. D., 16,3 (du cercle, 4). Larg. de la plaque, 4,6 à 5 (h., 4, 5). Ep., 0,2.

Cassé en plusieurs morceaux. — Patine grise.

122 (696). — *Corinthe*. — H., 24. D., 12,2 (du cercle, 4,2). Rebord de 0,6.

Trou de suspension au milieu du cercle ; trou plus petit sous le premier. — Patine terreuse.

123 (2414). — Prov. incon. — H., 30,2. D., 16 (cercle, 3,2).

Sans trou à la base. — Même patine.

124 (228). — Prov. incon. — H., 23,7. D., 11,8 (cercle, 4). Larg. du manche, 2,3 à 3. Rebord, 0,3.

Semblable. — Gris violet.

125 (1115). — *Érétrie.* — H., 26,5. D., 14,5 (cercle, 4). Larg. de l'attache, 2,7 à 8.

L'attache est ménagée par deux fleurs de lotus gravées. — Rosette grossière sur le cercle de base.
Patine brunâtre, oxydée.

126 (112). — *Hagios Sostis* (entre Tripoli et Tégée). — Fouilles de Janv. 1862 ('Εφ. Ἀρχ., 2ᵉ pér., 1ʳᵉ ann., 241-2). — Long., 11. Ep., 0,5.

La face concave est polie et le disque entouré d'un grènetis. Trou en bas du manche. — Bleuâtre, comme les nos suivants.

127 (113). — *Id.* — D., 2,5. Très mince. — Semblable.

128 (114). — *Id.* — Identique au précédent.

129 (sans n°). — D., 3. L., 5,5. — Semblable.

130 (sans n°). — Même provenance (?). — Semblable.

131 (sans n°). D., 4,2. L., 7,6. — Semblable.

B. — *Miroirs à manche rapporté.*

Les miroirs à manche rapporté, bien qu'ils se rencontrent en Grèce moins fréquemment qu'en Étrurie, y étaient cependant connus. Un inventaire du temple d'Artémis Brauronia parle d'un miroir à poignée d'ivoire (1) et nos exemplaires sont terminés par une tige trop mince et trop courte, pour avoir jamais pu être tenus en main, sans être emboîtés sur un manche.

Le disque est relié à la poignée par une attache décorée plus ou moins richement d'ornements ou de figures en relief. Un motif fréquemment répété est celui du chapiteau ionique que des demi-palmettes relient au disque (2); nous le rencontrerons, mais transformé, dans les miroirs à pied. Les exemplaires 137-140 sont plats, assez épais, ne réfléchissant que par le poli de

---

(1) *C. I. A.*, II, 2, n° 754, lignes 23-4.
(2) Pour le motif, n° 67... Cf. le miroir de la coll. Richter, *Rev. Arch.*, 1887, II, p. 88. *Anzeiger*, 1888, p. 246. Miroir d'Anthedon, au Louvre, *Mon. de l'Assoc. des Ét. Gr.*, 1892-3, p. 11...

leur face antérieure. Enfin, les n°s 146-149, bien que certainement postérieurs, ont l'attache presque trapézoïde et rappellent par leur forme les miroirs « argivo-corinthiens. »

132 (1116). — *Érétrie*. — H., 24 (de la tige, 3). D., 17 (de la tige, 0,4).

Croissant régulier entre le disque et la tige carrée qui entrait dans le manche. A l'attache, rinceaux et tête de Gorgone, aux cheveux ondoyants. Sur la face concave (revers) du disque, omphalos et cercles concentriques.
Vert jaunâtre.

133 (731). — Prov. incon. — H., 27, 2. D., 17. H. de la tige, 4. Rebord, 1. — *B. C. H.*, 1878, p. 544, n° 66.

Mince croissant se terminant par deux boutons. Au centre, feuille mordue par une tête de serpent continuant le manche. Par derrière, palmette. Beau style.
Vert cru. Le manche vert olive.

134 (611). — Prov. incon. — H., 25,5. D., 17,2. Rebord, 0,7. — Mal conservé.

Sphinx (?) debout, les ailes éployées, servant d'attache. — Cf. *Anzeiger*, 1890, p. 91 (mus. de Berlin, venant de C)ple). Miroir d'Hermione, au Louvre, *Mon. de l'As. des Et. Gr.*, 1892, p. 12...

135 (895). — *Corinthe*. — H., 18. D., 15,8. Larg. de l'attache, 9,8. — Ἐφ. Ἀρχ., 1884, pl. VI, 4 (Mylonas).

Chapiteau ionique qu'une demi-palmette éployée relie de chaque côté au disque. La tige d'attache est cassée.
Autrefois doré. — Vert grisâtre.

136 (371). — Prov. incon. — H., 27,5. D., 17. Rebord, 0,9. — Ἐφ. Ἀρχ., 1884, pl. VI, 5 (Mylonas).

Attache semblable. Au revers, palmette soudée sur le disque et surmontée, à l'autre bout du diamètre, d'une palmette de même forme, auj. disparue (à laquelle devait tenir un anneau de suspension). Cercles concentriques sur la face concave.
Lourd. — Oxydé.

TOILETTE. 35

137 (1032). — Prov. incon. — H., 22,7. D., 16,8. Ep., 0,3.

Rinceaux à l'attache, qui, comme la tige emboîtée dans le manche, a l'épaisseur du disque. — Lourd et doré.

138 (653). — *Athènes* (asile de la rue de Képhissia). — H., 21,2. D., 18,5. Ep., 0,6.

Semblable. — Oxydé.

139 (808). — Prov. incon. — H., 21,8. D., 15,8. Largeur de l'attache, 7,5.

Même motif. — Brunâtre.

140 (2). — *Athènes*. — H., 27. D., 20. Ep., 0,8.

Semblable. — Oxydé.

141 (sans n°). — D., 16 (h., 16,8).

Le manche est cassé au ras de l'attache, après les rinceaux. Le miroir est légèrement concave sur la face antérieure. — Vert grisâtre.

142 (580). — *Tchesmé (Krènè)*. — H., 17. D., 15,3.

Semblable, mais la tige de base est percée d'un trou transversal, servant à la fixer au manche. — Vert jaunâtre.

143 (1016). — Prov. incon. — H., 17. D., 14.

Semblable, sans trou transversal. — Oxydé.

144 (sans n°). — H., 17. D., 13,2 (de la virole, 2,2).

La tigette carrée porte une virole qui servait d'arrêt au manche rapporté. — Autrefois doré.

145 (414). — *Dombrena*. — H., 28,2. D., 13,1. Long. de la tige, 11,5.

Palmette des deux côtés du disque. Celle de la face antérieure continue une mince tige (d., 0,2), terminée en bas par un arrêt et qui traversait toute la longueur du manche. — Argenté.

146 (582). — Prov. incon. — H., 13,4. D., 12,4.

Attache trapézoïde des deux côtés du disque qui est mince et bombé.

147 (581). — Prov. incon. — H., 20,5. D., 15,3.

Miroir presque piriforme. Patine grise.

148 (sans n°). — H., 24,8. D., 16,8. Rebord, 1,5.

Semblable. Fortement bombé. Oxydé.

149 (10). — Prov. incon. — H., 25,6. D., 17. Larg. de l'attache, 8.

Palmette devant et derrière l'attache qui est presque trapézoïde.

MIROIRS A PIED.

La liste, dressée en 1890 par M. Pottier (1) et complétée en 1893 par M. Michon (2), comprend cinquante-deux miroirs à pied auxquels il faut ajouter au moins deux exemplaires (3). Dans tous, le motif est le même (4). Une femme (5), le plus souvent vêtue (6), debout ou non sur une base, sert de support au disque, qui restait vertical (7). La plupart des statues vêtues relèvent d'une main leur robe et, dans l'autre main étendue, tiennent une offrande, colombe ou grenade, fleur ou bouton.

---

(1) Dumont, *Céramiques de la Gr. propre*, II, p. 249-253.
(2) *Mon. de l'Assoc. des Et. Gr.*, 2ᵉ v., 1891-2, p. 33-5.
(3) *Acropole*, n° 1384. Munich (Hermione, *Anz.*, 1890, p. 94).... Ajouter quelques miroirs de Londres (*Berl. Phil. Woch.*, 1894, p. 80), et très probablement notre n° 879...
(4) Il est probable que ces miroirs ont commencé par être à *manche*. — Cf. un « Apollon » archaïque du musée de Leyde, debout — comme les manches de patère — sur une tête de bœuf (Grande-Grèce), Janssen, V, 368. D'après Furtwaengler, *Berl. Phil. Woch.*, 1894, 81.
(5) Les ex. soutenus par un « Apollon » (n° 67; ex. à Naples..) sont en général postérieurs. — Cf. pourtant la note précédente.
(6) Sauf le n° 41 de Michon (Amyclées), le miroir d'Hermione. (*Anz.*, 1890, 94), le n° 879..
(7) Le miroir du Louvre (*Pottier*, 16; *Ass. des Et. Gr.*, 1891-2, pl. 11, au centre) est pourvu à la base d'un anneau de suspension (cf. les crochets des miroirs « argivo-corinthiens »). Ce ne peut être qu'une exception.

Mais les exceptions sont nombreuses. Sans parler de la statuette d'Amyclées, certaines figurines se coiffent simplement à leur miroir (1) ou conservent, en le modifiant, le geste hiératique de 'Aphrodite orientale (2).

Parmi ces « Aphrodites, » celles qui portent en écharpe sur le chitonisque et sur le chiton l'himation ionien tombant en plis nombreux, sont, sauf exception, les plus anciennes (3). Mais, vers l'an 500 environ, peut-être sous l'influence d'Hagéladas, paraît la statuette vêtue du diploïdion dorique non serré à la taille; le pan tombant se terminant de face par une ligne horizontale et s'abaissant par gradins vers les hanches (4). Le succès en fut tel, que presque tous les supports du cinquième siècle, sans compter nombre d'autres statuettes, se rattachent à ce type. Il est vrai d'ajouter qu'avec le temps les bronziers lui enlevèrent beaucoup de son archaïque raideur.

Entre ces statuettes minces et verticales et le grand disque circulaire, il fallait une transition qui servît à la fois d'ornement et de support au miroir. Une palmette entière, que deux demi-palmettes éployées relient de chaque côté à la tranche du disque, sert à déguiser la minceur de l'arc, et des lions (5), des sphinx (6), des sirènes (7) dressées ou deux Eros volant (8) relient les demi-palmettes aux épaules de la figurine. Enfin, la tranche du miroir est décorée d'appliques. Chiens et lièvres, coqs, colombes et rosettes sont les motifs les plus fréquents. En haut, parfois un sphinx (9) ou une double sirène (10).

Parmi les exemplaires du Polytechneion, je mentionnerai

---

(1) N°ˢ 21, 37, 39 de Pottier...
(2) Id., n°ˢ 4 et 31.
(3) Cf. 151, 880..
(4) Cf. 153-5, 881-5..... — Cf. Furtwaengler, Meisterwerke, p. 38 et les notes...
(5) Miroir d'Amyclées. Gerhard, Akad. Abhand., pl. 60, 3.. Protomes de cheval, n° 30 de Pottier.
(6) N° 2 de Pottier.
(7) Miroir d'Hermione (Anz., 1890, 94)... Des oies (?) dans deux ex. du British (Ar. Zeit., 1846, 221)..
(8) N°ˢ 3, 4, 10, 11, 13, 18, 21, 24, 28, 32, 34, 35, 37, 38 de Pottier. N°ˢ 42, 45, 46, 50 de Michon...
(9) N°ˢ 19, 21, 35 de Pottier...
(10) N°ˢ 45, 46, 50 de Michon, qui voit là des sphinx par analogie avec le miroir de Crotone (Gerhard, Etr. Sp., IV, 243 A, p. 240). Ce miroir est d'ailleurs d'époque postérieure et a été certainement fabriqué en Italie, comme les figurines Sachen, pl. 17, 3; 18, 2, 6..

38 BRONZES DU POLYTECHNEION.

à part la statuette d'Amyclées dont le style est déjà tout grec (150). Les autres font partie de la série déjà connue : le miroir de Léonidion (151) est le plus archaïque et peut dater de la fin du sixième siècle. Vient ensuite le support trouvé sur l'Acropole (152) et les trois figurines (153-5), toutes les trois de style sévère et dont la plus récente, celle d'Hermione, est de la deuxième partie du cinquième siècle. — J'ai joint à ces statuettes un bronze votif suspect et un élégant support à rinceaux (156-7).

150 (1323). — *Amyclées*. — H., 16 (14,5 sans le diamètre). — Ἐφ. Ἀρχ., 1892, 19-20, pl. I (Tsoundas). — Cassée aux genoux, le disque non conservé. — Fig. 1.

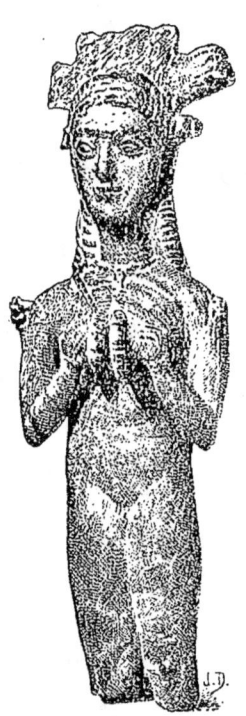

Femme nue jouant des cymbales, les coudes au corps, les jambes presque unies, la gauche avançant légèrement. Cou et tête très allongés avec nappe de tresses sur le dos; la figure, à l'ossature marquée (front bas, paupières saillantes..), la taille à peine indiquée, les hanches non renflées sont des signes cer-

tains d'archaïsme. Collier à pendeloque, baudrier sur l'épaule droite et diadème que coupe en deux l'attache fleuronnée du miroir. Deux tenons aux épaules sont la preuve que deux lions soutenaient le disque (cf. un bronze chypriote de style récent : Perrot, III, 862, fig. 629 ; Ohnefalsch-Richter, *Kypros*, pl. 107, 2 ; Körte, *Arch. Stud. H. Brunn gewid.*, 1893, p. 28...)
Vert noirâtre.

151 (2363). — *Léonidion*. — H., 26,5 (de la statuette, 12,8 ; de la base, 1,7). D., 12,8 ; de la base, 2,2 à 3,8. Rebord du disque, 0,5. Dumont-Pottier, p. 250, 14. — Pl. I.

Femme debout sur une base en forme de cloche, non décorée. Vêtue du chiton, du chitonisque, de l'himation en écharpe sur l'épaule droite, elle élève de la main droite une grenade. Le corps descend, depuis les aisselles, comme un pilier vêtu d'une gaine, que strient — sauf à la hanche gauche où la main tire l'étoffe — des sillons parallèles et verticaux. Les pieds, chaussés, sont sur la même ligne. La tête, plus rectangulaire que celle du numéro précédent, en rappelle le style ; des tresses gaufrées, divisées par une raie, encadrent le visage et deux tombent sur chaque épaule. Sur la tête, haut polos coupé par une fente où passe le disque.
Vert franc.

152 (2338). — *Acropole* (fond. du Musée). — H. totale, 21,5 (statuette, 16,4). — Dumont, pl. 32, n° 1 de Pottier, p. 249. *Arch. Zeit.*, 1875, pl. 14, 2. Ἑλλ. κάτοπτρα (Mylonas), n° 14. — Le disque et le pied manquent.

Même motif. Le pied gauche en avant, les avant-bras horizontaux et les paumes présentées presque verticales, la main droite tenant une fleur des deux premiers doigts. Souliers pointus et chitonisque en blouse, brodé au bord et incisé de lignes ondulées (Pottier, n° 17...). La tête, d'autre style, aux contours plus arrondis, sans tresses tombant sur la poitrine, est ceinte d'un diadème et supporte directement l'arc d'attache (volute et court éperon aux deux bouts : au milieu, palmette qui se soudait sur le revers, cf. 67..). — Facture déjà très libre (à remarquer la largeur des épaules).
Fonte pleine. Belle patine olive.

153 (1000). — *Athènes.* (N.-E. de Kypséli). — H., 36,5 (base, 4,6 ; statuette, 14,2). D., 15 ; base, 6,5 et 3,5. — Ἐφ. Ἀρχ., 1884, p. 78-9 (Mylonas). Dumont-Pottier, 13, p. 250.

Semblable, mais avec le diploïdion dorique, la main droite à la hanche, la gauche à plat, portant une colombe disparue. Pieds nus, le gauche plus oblique. Corps presque cylindrique, à cannelures régulières. Figure légèrement à droite, plus sobre, les cheveux relevés aux tempes sans être divisés en tresses. Base sur trois griffes, ornée d'oves et de perles. Attache très semblable, plus élégante ; deux Eros, bras étendus, ailes éployées, s'envolent des épaules (*Karlsruhe*, 24..). Sur la tranche du disque, deux chiens, deux lièvres et deux coqs affrontés ; dans l'intervalle, rosettes et une sorte de ressort à spirales.

Patine craquelée. Le cuivre transparaissant donne au visage une sorte de vie (Pline, 34, 40).

154 (400). — Prov. incon. — H., 43,8 (base, 4,6 ; fig., 18,2). D., 17,5 (base, 6,5 et 4,2.) — Mylonas, Ἀθήναιον, I, 175, pl. A ; Ἑλλ. κάτοπτρα, pl. 2. Dumont-Pottier, 4, p. 249, pl. 35.

Semblable, la main droite à plat, la gauche sous l'apoptygma et appliquée au sein. Tête de beau style ; draperies plus libres. Base comme la précédente. Attache avec demi-palmette de droite et de gauche, sans éperon. Deux Eros ailés, un bras collé au corps, l'autre tendu vers la figurine. Gouttes sur le bord du disque.

Vert grisâtre. Traces d'argenture.

155 (1051). — *Hermione.* — H., 36,5 (base, 4 ; fig., 15,5). D., 14,8 ; base, 6 et 3,7. — Ἐφ. Ἀρχ., 1884, p. 78. Dumont-Pottier, 12, p. 250.

Même motif que le n° 153, mais avec la main droite à plat et la main gauche tirant plus fortement l'étoffe. Les pieds sont chaussés. Quoique les draperies soient plus simples, sans κόλπος et moins sillonnées de plis, la statuette est plus récente (la jambe gauche s'aperçoit sous le chiton, les cheveux, au lieu de se partager en ondulations parallèles, sont relevés librement dès la raie...). Base semblable, attache du n° 153, gouttes et cercles concentriques au bord du disque. Un fleuron, un coq et trois colombes sont conservés des appliques de la tranche.

Vert olive, oxydé.

156 (90). — *Thisoa* (Arcadie). — H., 9,8 (sans l'attache, 8,3). — Le disque non conservé.

Semblable au n° 155, la main droite tenant encore une colombe. Exécution très grossière. Attache brisée, de forme simple.
Patine noirâtre, suspecte.

157 (499). — Prov. incon. — H., 27,7 (base, 1,3) D., 13 (base, 8). — Ἐφ. Ἀρχ., 1884, pl. VI, 3 (Mylonas).

Base en forme de godet, d'où partent deux tiges flexibles, s'entrecroisant et s'enroulant en volutes sous le disque.
Vert rougeâtre.

MIROIRS A BOÎTE.

Ils ont le caractère commun d'être ronds et sans manche. On les tenait à plat (1). Quelques-uns sont à charnière, mais, la plupart du temps, le couvercle s'emboîte sur le fond (2).
Parfois le disque poli est mobile et enfermé à l'intérieur de la boîte (3). Mais il semble que ce soit l'exception. La plupart du temps, la face interne et convexe du fond, ou — mais rarement — la face également interne du couvercle, celle-ci plane ou légèrement concave, servent de surfaces réfléchissantes. Souvent même les deux faces sont polies : de cette manière, la boîte étant ouverte à angle droit, l'image se trouvait doublement réfléchie.
1. — La face interne du couvercle (4) est, dans une vingtaine de cas (5), décorée à la pointe. Ces précieux dessins, gravés

---

(1) *Gaz. Arch.*, 1878, pl. 18. *Antike Denkmaeler*, I, pl. 20. *Antiq. du Bosp. Cim.*, VII, 12. Cartault, *Lécuyer*, pl. II.
(2) Il ne semble pas que l'on puisse, comme l'a tenté M. Reinach (*Musée Alaoui*, p. 88-9), distinguer chronologiquement ces deux variétés de miroirs à boîte.
(3) Aristophane, *Nuées*, 751-2, 1ᵉʳ scol. (l'explication du 2ᵉ scoliaste paraît devoir être écartée). — Cf. n° 15, p. 245, Dumont-Pottier.....
(4) Cf. la coupe du miroir de Lyon, publiée par de Witte, *Rev. Arch.*, 1868, p. 372-3..
(5) 12 ex. dans Dumont, p. 200 [il faudrait supprimer le n° 5]; 2 autres,

d'une main légère (1), sont ordinairement argentés (2) et s'enlèvent sur fond d'or (3), d'où la rareté de ces miroirs et le prix qu'on y attachait. Elien semble y faire allusion lorsqu'il parle des miroirs dorés fabriqués à Corinthe (4) : il semble, en effet, que Corinthe fût le centre de cette industrie de luxe (5).

2. — Plus nombreux que les miroirs gravés et plus longtemps usités, car, au lieu de s'arrêter au troisième siècle, leur fabrication descend jusqu'à l'époque romaine, sont les miroirs dits à relief, dont le couvercle, et parfois les deux faces (6), sont décorés d'une applique en relief. La liste de M. Pottier comprend 71 exemplaires (7). En la modifiant légèrement (8) et en ajoutant quelques pièces nouvelles, on arriverait à 89 miroirs (9), dont beaucoup proviennent de Corinthe (?). Dans les exemplaires de

---

p. 207 et 210; enfin 6, n°ˢ 3, 11, 13, 19, 31, 45 de la liste de Pottier, p. 244-8. — Ajouter le miroir de Bammeville (Pallas), *Rev. Arch.*, 1893, II, 385 et celui de la collect. Tyskiewicz (Apollon Citharède), 1ʳᵉ livr., Munich, 1893 (je n'ai pu voir l'ouvrage)..

(1) Blümner suppose que, dans un certain nombre de cas, la gravure s'obtenait non pas directement, mais par une sorte d'eau-forte. La chose est possible pour les miroirs étrusques, mais non pour les exemplaires grecs, dont la gravure est très fine et qui portent des traces évidentes de reprises (*Technologie*, IV, 265-7).

(2) N° 13 de Pottier. Cf. *ibid.*, p. 200 (miroir de Lyon)..

(3) Cf. notre 158 et surtout le miroir de Lyon (cf. *Rev. Arch.*, 1868, de Witte, v. pl. h.)...

(4) *H. var.*, 12, 58.

(5) Dumont, 1-6, p. 200; p. 210; 3, p. 244; 11, p. 245; 19, p. 246; 31, p. 247...

(6) N° 161-2. — Cf. Ἐφ. Ἀρχ., 1893, pl. 15...

(7) 23, p. 201-2 et 48, p. 244-8..

(8) Il faut supprimer le n° 5, p. 244, déjà compté n° 23, p. 201 — les deux miroirs « argivo-corinthiens », 10 et 36, p. 245 et 247 [peut-être aussi le n° 40, p. 247-8, que je n'ai pas retrouvé dans le Catalogue Gréau]. Restent 68 [ou 67] exemplaires.

(9) La liste n'a d'ailleurs rien de définitif et doit être déjà incomplète. — 1° *Antiq. du Bosph. Cim.*, pl. 43; *C. R. de Sᵗ P.*, 1865, 162; — 2° *C. R.*, 1869, 143, pl. 1, 29 (Gr. Blisnitza); — 3° A Constantinople, *Rev. Ar.*, 1886, 161 (Myrina); — 4°, 5°, 6° Soc. Archéol. (n°ˢ 160, 167 bis, 170); — 7°, 8°, 9°, 10°, 11°, 12° *Musée Central d'Athènes*; 7° Deltion, 1888, 146, 9 (Ἐφ. Ἀρχ., 1893, 166 [Achaïe]); 8° Ἐφ. Ἀρχ., 1893, 161-6, pl. 11 (Corinthe); 9° et 10° Deltion, 1889, 141, 15-6 (1005-6, Érétrie); 11° et 12° Ἐφ. Ἀρχ., 1893, 213-222, pl. 15; — 13° Coll. *Carapanos* (deux femmes assises, affrontées); — 14° Musée *Kircher*, *J. H. S.*, IV, 90; Roscher, 1666 (Athena et un géant); — 15°, 16°, 17°, 18° *Louvre*; 15° Dumont, 207; 16° *Myrina* (Pottier-Reinach), 295; 17°, 18° *Bull. des Musées*, 1893, 67; — 19° *Cabinet des Médailles*, Dumont, 210-1; — 20° *British* (Héraklès et nymphe), *Anzeiger*, 1893, 186; — 21° Coll. Bammeville, *Rev. Arch.*, 1893, II, 385...

bonne époque, la lame d'applique est très mince et travaillée au repoussé, parfois avec un relief assez fort. Pour protéger les parties en saillie, on coulait du plâtre ou du plomb dans la cavité ménagée entre le couvercle et l'applique. Souvent même la feuille de métal a partiellement disparu et nous ne pouvons en reconstruire la silhouette qu'en notant les différences d'oxydation de la surface externe du miroir (1).

La Société Archéologique possède un miroir gravé de beau style (158). En y comprenant l'applique de ce miroir et la double applique du miroir d'Érétrie (161-2), les reliefs sont au nombre de 14. Sauf Héraklès (166) et Athèna (168), la plupart des sujets sont érotiques ou dionysiaques (v. pl. h). L'une des plus médiocres appliques, celle aussi où le relief plus fort indique une époque plus tardive, est celle du miroir d'Athèna (168).

3. — Les miroirs simples sont généralement du modèle suivant : le fond est convexe à la partie supérieure (surface mirante) et orné de cercles concentriques à la partie inférieure. Pour protéger le miroir et lui donner en même temps une base solide, la tranche a une épaisseur supérieure à celle du disque et fait par suite rebord en haut et en bas. Le rebord supérieur, moins élevé que le rebord inférieur sur lequel pose le fond, sert d'arrêt au couvercle, qui s'emboîte dans le cadre ainsi formé. Il suffisait généralement de le poser horizontalement, mais il est parfois relié au fond par une charnière.

Le plus souvent il n'y avait pas de couvercle. La face supérieure (réfléchissante) ne touchait pas la surface de base et se trouvait suffisamment protégée par le rebord : un couvercle n'eût fait qu'alourdir. Ainsi s'explique le grand nombre de fonds de miroir que l'on rencontre dans les collections (2).

Deux de nos exemplaires (176-7) ont sur leur face convexe un morceau de toile antique adhérent encore au miroir (3). Peut-

---

(1) *Compte rendu de Saint-Pétersbourg*, 1865, p. 159-164. — Cf. certaines appliques d'anses, par exemple notre n° 29...

(2) Il est de même très rare qu'entre le couvercle et le fond soit intercalé un disque réfléchissant.

(3) Miroir de la Cyrénaïque, au British (Ar. Z., 1876, p. 39). Miroir de la coll. *Gréau*, 596......

être faut-il voir là une sorte de gaîne ou de fourreau qui aurait par la suite adhéré au métal (?). Notons enfin deux disques sans courbure, provenant d'un miroir à boîte ou qui étaient peut-être simplement tenus à la main (179-180).

158 (1025). — *Corinthe.* — D., 15,4. Ep. max. du relief, 1, 3. — Ἐφ. Ἀρχ., 1884, pl. VI, 1-2, p. 74-9 (Mylonas). Dumont-Pottier, 3-4, p. 244. — Miroir gravé et à relief.

Sur le couvercle, Thétis, assise, presque de face, sur un hippocampe galopant à droite. Longue tunique flottante, collier et bracelet. Le coude g. pose sur le cou de l'animal : le bras droit tient la cnémide que la Néréide porte à son fils (Millin, *Gal. myth.*, II, pl. 151, 586 et 150, 585. Helbig, *Wandgemælde*, 1319-1321. Clarac, 1804-5, etc....). — Cassé en bas et à la figure de Thétis.

Sur la face interne, mal conservée et boursouflée, gravure sur fond doré. — Figure ailée, de trois quarts à gauche, debout sur une caisse de char et le haut du corps penché vers l'attelage. Ses cheveux coupés court et son chiton sans manches semblent désigner Eros ou peut-être Nikè. Les chevaux sont de fine allure : ils galopent par paires, la tête à gauche ou tournée à droite d'une manière quelque peu conventionnelle.

Le fond, décoré en bas de cercles concentriques, s'emboîtait à l'intérieur du couvercle. — Vert clair.

159 (511). — *Corinthe.* — D., 14,5. — Parnasse, 1, pl. A. Ἑλλ. κάτοπτρα, n° 20 (Mylonas). *C. R. de l'Ac. des insc.*, 1877, 166-70 (Heuzey). Dumont-Pottier, n° 20, p. 201.

Femme, vêtue de même, mais entourant du bras gauche le cou du cheval à demi cabré vers la droite et soulevant de la main droite un grand voile qui pend derrière elle. Le cheval est de mauvais style et l'épaisseur du relief indique une époque postérieure. — Aphrodite Hippodamie? Sélènè? Dèmèter Mélæna? (Heuzey et Mylonas). — Le motif est celui de la Sélènè, qu'on attribue à Phidias (Furtwaengler, *Meisterwerke*, p. 70-1)..

Charnière entre le fond et le couvercle. Les deux faces internes étaient dorées. — Vert foncé, bleuâtre.

160 (1222). — *Crète (Kissamos)*. — D. max., 14. Ep., 0,2. — Non cité par Pottier. L'applique seule est conservée. — Fig. 2.

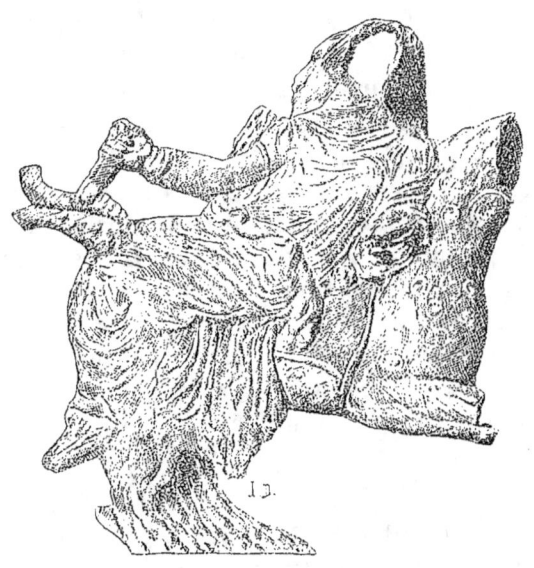

Femme assise, presque couchée, sur un tigre ou panthère tachetée allant à droite. La tête disparue était tournée à droite, mais non de profil. Même ample vêtement à plis multipliés, avec himation posé sur les genoux. La main gauche (non conservée) pendait sur le cou de la bête, près de la selle. La main droite se cramponne à un appendice bizarre, sorte de crochet double et recourbé qui semble partir de la croupe (il est possible que l'applique se continuât par là et que ce ne fût pas un relief de miroir). Ajouter aux cassures la tête et les pattes de devant de la panthère.

Cf. les Ménades sur des panthères (bien que ce ne soit guère le vêtement d'une Ménade). — Müller-Wieseler, 2, 575. Helbig, *Campan. Wandgem.*, 574, 577, 579.....

161-2 (1120). — *Érétrie*. — D., 15,4 (du disque, 12,5; de l'applique, 9,6). — *Mittheil.*, 1886, XI, p. 93. Dumont-Pottier, p. 244, 1-2. — Miroir avec relief sur les deux faces. Cf. un miroir analogue (Ἐφ. Ἀρχ., 1893, pl. 15)..

D'un côté, homme nu, assis à gauche sur un rocher couvert

d'une draperie. Le bras gauche en arrière, passé autour d'un thyrse, il entoure du bras droit le buste nu d'une femme qui tend vers lui ses lèvres. Thyrse à gauche dans le champ (Dionysos et Ariane? — Pour ces scènes sur les miroirs à relief, cf. les n°s 12, 31, 32, 42, 48, 51 de Pottier).

Sur l'autre face, Aphrodite, assise à droite, tenant sur ses genoux Eros nu et ailé, déjà presque éphèbe (Furt., *Meisterw.*, 238). Elle entoure son fils du bras gauche et de la main droite relève son voile qui tombe sur un long chiton flottant. — Cf. 22, 23, 32, 33, p. 201-2, et 12, 23, 43, p. 244-8 (Pottier)...

Les proportions fortes, les cheveux massés, les têtes de beau style, tout indique dans ces reliefs le cinquième siècle. Chacun est soudé sur un disque plus large, décoré de cercles concentriques, qui entre dans un cadre rond décoré de gouttes et de rais de cœur. Une charnière disparue servait à lever chaque couvercle : à l'opposé du diamètre, une colombe mobile, fixée sur le cadre, servait d'arrêt au disque et deux poignées fixes, appliquées sur la tranche, soulevaient le miroir.

Fonte lourde.

163 (1089). — *Corinthe* (tombeau où l'on a trouvé les vases 3482-3, armoire 20). — D., 12,5 (de l'applique, 10,5). — Pottier, 8, p. 245.

Jeune satyre à droite, une peau de fauve nouée au cou, soutenant des deux bras Dionysos ivre, le buste nu et tombant en avant. Le bras droit du dieu tient une œnochoé, sa tête est ceinte d'un diadème. — Cf. Müller-Wieseler, II, 2, 601, etc.....

Noirâtre. — De nombreuses répliques fausses de ce miroir existent à Athènes dans le commerce...

164 (1121). — *Corinthe*. — D., 16,2. H., 1,3. — Pottier, 9, p. 245.

Eros, nu, à grandes ailes, assis presqu'à gauche, les jambes croisées, sur un rocher où il s'appuie d'une main et sur lequel retombe la chlamyde qu'il lève du bras droit. La tête, de profil à droite, est féminine, les cheveux librement ondulés.

Fond s'emboîtant, avec charnière et anneau soulevant le couvercle (*Sabouroff*, pl. 147...). Un autre fixe sur la tranche, comme dans le n° 161-2. — Les deux faces internes sont dorées.

Vert grisâtre.

165 (604). — *Kiapharapi (Attique).* — D., 15,7 (de l'applique, 12,3). — Ἑλλ. κάτοπτρα, 22 (Mylonas). Dumont, p. 201.

Aphrodite à gauche sur un rocher baisse légèrement la tête vers Eros qui s'élance à gauche. La jambe droite repliée en arrière, elle laisse pendre la main correspondante, et de la gauche relève son voile. Même vêtement que le n° 160. — Très abîmé et oxydé.

L'intérieur du couvercle argenté. Sur la tranche, bouton (?), comme dans une terre cuite du Polytechneion, 696..

166 (1012). — *Corinthe.* — D., 10,4 (de l'applique, 5). H., 0,6. — *Mitth.*, III, pl. X, p. 265. Dumont-Pottier, 7, p. 244.

Relief soudé sur un disque plus large, comme dans le miroir d'Érétrie, n° 1120. — Héraklès, enfant, assis, nu et la tête à gauche, saisissant des deux mains à la gorge les serpents qui l'enserrent. — Cf. *Néméennes,* I, 39. Pline, 35, 36, 4. Waddington, *Mél. de num.*, 1867, 2e sér., pl. III, 3 (Thèbes); pl. III, 1 (Zante). — Br., *Caylus*, IV, pl. 64, 1-2. *Sacken*, pl. 49.3..

La surface interne du fond est dorée.

167 (654). — *Tanagra.* — D., 15,5. — Ἑλλ. κάτοπτρα, n° 23 (Mylonas). Dumont-Pottier, p. 201 (cité à tort p. 244, 5).

Aphrodite assise à droite soutenant des deux mains Eros tout enfant qui va tirer de l'arc. — Altéré, de relief très fort et de style médiocre.

Charnière et anneau disparu servant à soulever le couvercle. — Noirâtre.

167 (*bis*) (1483). — *Thyréon (Acarnanie).* — D., 9 (de l'applique, 5). — Πρακτικά, 1891, p. 64.

Nikè (?) ailée, assise sur un rocher et s'appuyant sur la main droite. Ailes déployées. A gauche, colonne ionique. — Cf. 164...

168 (512). — *Athènes.* — D., 7,6. Relief max., 3. — Ἑλλ. κάτοπτρα, 21 (Mylonas). Dumont, p. 201.

Athèna assise de 3/4 à droite sur un rocher, vêtue de la tunique à manches avec l'égide et d'un lourd himation, qu'elle retient de la main gauche. La main droite tient la lance. Casque corinthien, bouclier et serpent. — Cf. Gerhard, *Etr. Spiegel*, III, 241...

Fort relief. Le casque dépasse de 0^m,01 le bord du cadre.

169 (976). — *Corinthe*. — D., 11,2. Relief, 1,5. Larg., 7. H., 9. — Ἐφ. Ἀρχ., 1884, p. 80, 4 (Mylonas). Dumont-Pottier, p. 244, 6.

Tête de femme de profil à gauche. Style libre (troisième siècle). Cheveux coiffés par bandeaux ondulés et boucles d'oreille faites d'un simple anneau.

Sans charnière. Sous le fond, cercles concentriques. Grisâtre.

170 (513). — Prov. incon. — D., 8.

Couvercle mince avec applique au repoussé. Tête de Ménade (?) de face aux cheveux emmêlés de lierre (?). — Cf., pour ces têtes d'applique, 25, 27^b, 34, p. 201-2 et 14, 17, 26, 37-41, 52, p. 244-8 (Dumont-Pottier). Ajouter *ibid.*, p. 207 (*M. du Louvre*)...

Mal conservé. Oxydé.

171 (1473). — *Héraklée de Propontide*. — D., 10. Ep., 0,1.

Disque de miroir avec incrustations d'or, de mauvais style et d'époque romaine. Au centre, deux bustes, l'un radié. Autour, lions courant, crabe, taureau, centaure, personnages voilés de longs manteaux, etc...

172 (15). — *Athènes*. — D., 14,8 (couvercle, 12,8). Rebord, 0,5.

Miroir à charnière. A l'autre bout du diamètre, crochet mobile fermant le couvercle dont la face interne est dorée. Cercles concentriques.

Vert clair.

173 (1094). — Prov. incon. — D., 12,3.

Semblable, les deux faces internes polies. Charnière avec anneau.

TOILETTE.

174 (585). — Prov. incon. — D., 12,5.

Fond de miroir à charnière. Mêmes cercles concentriques.

175 (583). — Prov. incon. — D., 10. — Couvercle.

176 (sans n°). — D., 10,7 (couvercle, 9,85).

Miroir avec couvercle. Sur la face convexe du fond, traces d'étoffe. Cercles concentriques. — Brunâtre.

177 (sans n°). — D., 8,2.

Disque plat. Traces d'étoffe.

178 (sans n°). — D., 8.

Fond de miroir. Sur la tranche, lignes de trous minces servant à attacher l'étoffe (?).

179 (869). — *Tanagra*. — D., 12,7. Ep., 0,3.

Disque sans courbe.

180 (sans n°). — D., 12, 3. Ep., 0,1.

Semblable. — Patine olive.

181 (428). — *Thèbes*. — D., 14,6. Rebord, 0,5.

Fond de miroir. Une palmette à jour est soudée sur la face inférieure, ornée de cercles concentriques; elle se termine par un anneau qui servait à soulever le miroir.
Vert grisâtre.

182 (868). — *Tanagra*. — D., 8,5.

Fond de miroir. Cercles concentriques.

183 (544). — *Athènes*. — D., 6,7. — Semblable, sans ornements. — Vert brillant.

184 (982). — *Eleusis*. — D., 10. Ep. du reb., 0,45. — Id., cercles concentriques. — Olivâtre.

185 (496). — Prov. incon. — D., 11,5. — Semblable. — Oxydé.

186 (649). — *Tanagra*. — D., 8,5. — Sans ornements.

187 (584). — Prov. incon. — D., 14. Ep. du reb., 1,4. — Id., cercles concentriques. — Oxydé.

188 (sans n°). — D., 15,5. — Autrefois doré.

189 (sans n°). — D., 8,7. — Cercles concentriques. — Oxydé.

190 (sans n°). — D., 21,5. Ep. du reb., 0,4. — Sans ornements. — Oxydé.

191 (sans n°). — D., 12,8. Ep. du reb., 0,9. — Cercles concentriques. — Brunâtre.

192 (sans n°). — D., 9,5. — Semblable.

193 (sans n°). — D., 24. — Semblable. — Vert bleuâtre.

194 (sans n°). — D., 12,9. — Semblable, avec omphalos rapporté. — Vert grisâtre.

195 (sans n°). — D., 12. — Cercles concentriques, sans omphalos. — Grisâtre.

196 (sans n°). — D., 10,8. Ep. du reb., 0,4. — Id. — Oxydé.

197 (sans n°). — D., 10. — Sans ornements.

198 (sans n°). — D., 9. — Cercles concentriques. — Vert foncé.

199 (sans n°). — D., 10,2. Rebord, 0,4. — Simple omphalos rapporté.

200 (sans n°). — D., 9. — Cercles concentriques. — Grisâtre.

2. — Boîtes et vases a parfums (201-221).

BOÎTES.

Les boîtes, suivant leur contenu, sont d'une forme différente : les coffrets à bijoux, rectangulaires ; les pots à parfums, cylindriques.

1° *Les coffrets.* — Ils sont à décor simple, portés sur pieds bas, et leur couvercle est doublé, à l'intérieur, d'une plaque décorée comme la face antérieure (201-3). Depuis le cinquième siècle, ils paraissent d'un usage courant en Grèce. — Cf. le bas-relief d'*Hegeso. Carapanos*, 54, 8. *Millin*, II, pl. 33. *Anzeiger*, 1893, 97, 11 (Berlin). *Mus. de Naples*, 78202...

2° *Les boîtes à parfums.* — Pots ronds ou longs étuis cylindriques, ces derniers souvent à compartiments et faits de la superposition des premiers, il est difficile souvent de distinguer s'ils devaient contenir des onguents ou bien des parfums (1). Il est probable que la même forme devait parfois servir aux deux usages. Les pots que possède la Société n'ont pas, comme ceux de *Naples* (2), un couvercle soulevé par une chaîne et suspendu à un anneau ; ils sont, comme les étuis, de forme simple.

201 (520). — *Corinthe.* — H., 2,7 (3,5 avec les pieds). Larg., 8,2. Prof., 5,6.

Boîte rectangulaire très mince, portée sur quatre pieds. Elle est ornée à mi-hauteur d'un rectangle en retrait, et percée par devant de deux trous où passaient des clous (cf. *Carapanos*, pl. 54, 8). La charnière ne fait qu'un avec le couvercle, à l'intérieur duquel est soudée une applique rectangulaire.

Grisâtre.

202 (806). — Prov. incon. — H., 2,1 (2,8). Larg., 6,4. Prof., 4,7. Plaque, 5,7 sur 3,9.

Semblable, les clous de la face antérieure conservés. Sur le

---

(1) On a trouvé en octobre 1887, à Pompei (*M. de Naples*, table LXVI *bis*, 116445..), la boutique d'un pharmacien avec des pots et des étuis semblables à nos boîtes à parfums... Cf., d'ailleurs, les n°° 208-9 et 637-640..

(2) 73988, 78208, 116441..

couvercle, à l'extérieur, clous et crochet : à l'intérieur, plaque percée au centre d'un trou rectangulaire d'où partent, vers les coins, des échelons au trait.

Oxydé.

203 (1055). — *Exarchos* (Locride). — H., 3 (3,8). Larg., 8. Prof., 5,8.

Semblable, le couvercle percé, près du bord, d'un trou carré où passent deux chaînes à quadruple chaînon et suspendues à un anneau. Même plaque à l'intérieur.

Grisâtre.

204 (866). — *Tanagra*. — H., 2, 7. D., 3,5.

Boîte ronde faite, comme son couvercle, d'une lame très mince, crevée par endroits. A l'intérieur est une masse résineuse, brune et légère, résidu de quelque parfum. — Cf. *Carapanos*, pl. 43, 10…

205 (111). — Prov. incon. — H., 4,5. D., 4. Ep., 0,1.

Couvercle orné haut et bas d'une moulure et strié de cercles horizontaux très rapprochés.

206 (178). — *Tégée*. — H., 4. D., 7.

Boîte dont le fond manque. Sur la tranche, entre deux lignes de gouttes, fleurs épanouies, au trait. Sur le couvercle, bordure d'oves.

Belle patine bleue.

207 (548). — *Céramique*. — H., 3. D., 3 (de l'orifice, 0,8).

Boîte à orifice très étroit. — Oxydé.

208 (420). — *Thèbes*. — H., 19. D., 4. — Cf. *Mus. de Naples*, 78188…

Longue boîte cylindrique à quatre compartiments superposés, très minces et s'emboîtant. Cercles concentriques à l'un des bouts et lignes parallèles sur le corps de la boîte.

Grisâtre.

209 (421). — *Thèbes.* — L., 24. D., 3 à 2,1.

Semblable, mais les compartiments vont en diminuant de diamètre.

VASES A PARFUMS.

Les vases à parfums comprennent cinq vases à haut col et à embouchure étroite (210-214), dont l'un au moins (211) est d'une forme élégante. Viennent ensuite les aryballes (215-220) et un alabastron suspect (221) que sa forme seule nous fait ranger ici.

210 (874). — *Mégare.* — H., 17,5 (h. du pied, 1 ; h. du goulot, 7). D. de l'orifice, 0,9. Ep., 0,05.

Vase en forme de gourde surmontée d'un haut goulot cylindrique (bourrelet à l'attache). Côtes sur la panse, ornées alternativement d'écailles gravées et de deux rosaces superposées. — Cette décoration paraît faite après coup.
Gris verdâtre.

211 (1485). — *Arcadie.* — H., 12,3 (h. du pied, 4 ; h. de l'anse, 17). D. de la base, 6. D. supérieur, 4,4. D. de l'orifice, 0,7.

Vase mince à panse de lécythe, porté par trois pieds ornés de volutes. Orifice en forme de T et anse très haute, avec attache de palmette.
Gris cendré, bleuté.

212 (370). — Prov. incon. — H., 8,7 (h. du goulot, 2,5). D. inf., 3,8. D. sup., 2,3. D. max., 5,2. D. de l'orifice, 0,7.

Flacon sans pied, s'évasant régulièrement et surmonté d'un goulot bas à deux filets. — Cf. un vase d'Assos, au *Musée de Constantinople*, n° 216. *Musée de Naples*, 69910, 69941, 74171..

213 (449). — Prov. incon. — H., 6,7. D., 2,8 et 2. D. max., 3,5. D. de l'orifice, 0,6.

Semblable. — Vert pâle.

214 (483). — Prov. incon. — H., 4,6. D., 1,5 et 2,6.

Vase à panse sphérique, à pied et à goulot se partageant en double col de cygne. — Vert clair.

215 (423). — *Thisbé.* — H., 6,5. D., 3,8 à la base ; 4,6 à l'orifice. D. max., 5,8. Ep., 0,25. — *Mus. de Naples*, 69925, 110684...

Aryballe à goulot évasé. L'applique de l'anse est en forme de feuille et le fond est enlevé. — Oxydé.

216 (992). — *Cérigo.* — H., 7. D., 4,8 à la base ; 5,5 à l'orifice.

Cercles gravés au fond et nervures sur la panse. L'anse n'est pas conservée. — Vert olivâtre.

217 (669). — Prov. incon. — H., 8,2. D., 4 et 4,5. D. max., 6,2.

Goulot plus bas. L'anse est reliée à la panse par une tête bouclée formant applique. — Vert olivâtre.

218 (525). — Prov. incon. — H., 7,5. D., 3,5 à la base. D. de l'orifice, 0,7.

L'anse (h., 2) est petite et reliée au vase par une palmette. — Terne.

219 (429). — Prov. incon. — H., 10. D., 3,7 et 3,2 (d. sup.). D. max., 5,2.

Filets sur le goulot ; anse élevée (3,2). A mi-hauteur de la panse, bande d'1,7 avec ligne de cercles gravés. A la base, cercles concentriques. — Le tout repose sur une soucoupe ou sur une patère ombiliquée (d., 9,5 ; d. de base, 6,5 ; h., 1,5).
Gris olivâtre.

220 (89). — *Tégée.* — H., 6. D. minima, 2,9. D. max., 6,7. Ep., 0,1.

Aryballe sans anse ni rebord. — Gris verdâtre et violacé.

221 (1092). — *Corinthe.* — H., 21. D. inf., 7. D. max., 9. — Alabastron en fonte pleine, avec couvercle, et appendice en forme de bouton à la hauteur du goulot.

Sur le champ, semé de disques et de rosettes, en assez fort relief, figure à droite, agenouillée dans sa course, barbue, l'œil de face, les ailes largement déployées, des ailettes à la jambe droite.

Ce personnage, Typhon (?), est, on le sait, fréquent parmi

les vases « corinthiens ». — Cf. Salzmann, *Camiros*, 40. Dumont, *Céramiques*, I, 177. *Museo Italiano*, I, p. 4, 868, 869, 890 (*Megara*, tombes 29, 166, 239)....

Vase suspect, à patine bleuâtre. Restaurations modernes à la pointe, mais le relief peut être ancien. — Très lourd.

3. — Fibules, épingles... (222-307).

fibules (1).

Les fibules, inconnues à Hissarlik (2), se rencontrent, à une époque relativement récente, à Mycènes (3), Chypre (4), Camiros (5) et Assarlik (6).

Parmi les fibules de la Société, notons une agrafe identique à un exemplaire de Mycènes (222), une autre, à « navicelle » ou « sanguisuga » (223), pareille aux fibules italiques, enfin, trois fibules à spirales (224-6), d'un type, fréquent à Hallstadt et en Hongrie (7), que l'on rencontre en Italie (8), et, en Grèce, à Rhodes (9), à Mycènes (10), à Olympie (11), à Mégare (12), à Thèbes (13), à Elatée (14), à Velestino (15)..

(1) Pour les fibules grecques, cf. surtout Studniczka, *Beitræge zur G. der a. Tr.*, p. 12... *Id., Mittheil*, XII, p. 9... *Olympie*, p. 51-6, 210. Daremberg et Saglio, p. 2001-2011 (S. Reinach)..
(2) *Mitt.*, XII, p. 9...
(3) En dehors des tombeaux de l'Acropole. Plusieurs ex., Ἐφ. Ἀρχ., 1888, pl. 9, 1-2, p. 167. *Ibid.*, 1891, pl. 3, 5, p. 26. Tsoundas, *Mycènes*, 1893, pl. 7, 11-2, p. 57-8..
(4) Après l'âge du cuivre (Ohnefalsch-Richter, *Kypros*, I, p. 364-5). — Exemplaires de Kition (*Kypros*, p. 470, fig. 260; Perrot, h. de l'a, III, fig. 595, p. 831); — de Tamassos (*Kypros*, p. 365); — de Nikitari-Kutrafa (*Arch. Anz.*, 1891, p. 125, à Berlin); — de Paphos, *J. H. S.*, 1892-3, 223^{52}...
(5) Perrot, III, fig. 594 (au British). *Jahrbuch*, 1891, p. 269 (Dümmler)..
(6) *Hellenic Studies*, 1887, p. 74, fig. 17 (Paton)..
(7) Daremberg et S., p. 2007.
(8) Helbig., *Hom. Epos*, 2ᵉ édit., p. 280-1. *Musée de Naples*, 75413-4..
(9) *Olympie*, p. 53 (fouilles de Biliotti, à Berlin). *Karlsruhe*, pl. I, 1, 9..
(10) *Mycènes*, fig. 297-300.
(11) *Olympie*, 359-361, pl. 21, p. 53.
(12) Helbig, *Hom. Epos*, 2ᵉ édit., fig. 101, p. 280-1.
(13) *Jahrbuch*, III, 363 b (Boehlau); nᵒˢ 224 et 226 (cf. les nᵒˢ 324, 375-8).
(14) Pâris, *Elatée*, p. 291-2, fig. 32, nᵒ 37 (*B. C. H.*, XII, 56), 8 exemplaires.
(15) *Soc. Archéol.*, nᵒ 1322, Πρακτικά, 1890, p. 89.

La plupart des exemplaires (n°s 227-241) sont des fibules à plaque. L'arc n'y est pas relié directement à l'ardillon, comme dans la fibule à navicelle, mais des arrêts en forme de bouton le séparent, d'une part, de la tige carrée d'où part la tête de l'aiguille, de l'autre de la plaque, — ou lame quadrangulaire, — dont le bord relevé sert de pied à la pointe. Parfois la nef se relie directement à la plaque ou se trouve remplacée par deux, trois, quatre ou cinq coquilles juxtaposées, mais l'essentiel reste la plaque, dont le décor est gravé d'une pointe fine dans un cadre de zigzags ou de demi-cercles s'entrecroisant (avec ou non triangles en biais à l'angle d'attache). On a trouvé de ces fibules à *Rhodes* (1), au *Dipylon* (2), à *Olympie* (3), mais surtout en Béotie, à *Elatée* (4), *Orchomène* (5), *Thèbes* (6), *Tanagra* (7), *Eleuthères* (8)... Il faut en rapprocher les diadèmes et les bracelets de Béotie (308, 325-338), dont la décoration est identique.

Le style de cette décoration se distingue de celui du Dipylon, bien qu'il ait avec lui les rapports nécessaires des styles de transition (motif des chevaux, des poissons...). Mais les différences sont nombreuses. Les oiseaux y sont d'autre espèce (9). Les motifs pris à l'Orient commencent d'y être fréquents (griffon, 227-8 ; vaisseau d'un type nouveau, 232, 308.. ; cerf percé de flèches, *Annali*, 1880, 123..). — Surtout la technique est tout opposée. Au lieu de silhouetter la forme en plein (10), — de ne tracer par suite qu'un simple trait, — le graveur s'inspire

---

(1) *Jahrbuch*, 1891, 269 (Dümmler)..

(2) *Arch. Z.*, 1885, 139 (*Furtwaengler*)... — A l'Acropole, on n'a pas trouvé de fibules (*Hérodote*, V, 87 ; *J. H. S.*, 1892-3, p. 247..)

(3) 362, pl. 22, p. 53,5. — Cf. Studniczka, *Mitt.*, XII, p. 14 (liste de ces fibules)..

(4) Pâris, *Elatée*, fig. 33, 4, n°s 39-40. *B. C. H.*, 1888, 57-9..

(5) Fouilles de 1893. Une coquille de fibule..

(6) *Jahrbuch*, 1886, 126 ; 1888, 250, 261-4 (Bœhlau).

(7) *Anzeig.*, 1891, p. 20 (Bonn). — Cf. pourtant *Jahrbuch*, 1888, 342-3 (depuis, il est vrai, de nombreux vases ont été trouvés à Tanagra, Ἐφ. Ἀρχ., 1893, 239..)

(8) *Anzeig.*, 1892, p. 110, 4 (Berlin). *Soc. Archéol.*, Πρακτικά, 1890, 95..

(9) *Jahrbuch*, 1888, 356, note 23 (Bœhlau). — Les bandes à travers le cou et le corps des chevaux sont de même mycéniennes (cf. *Myken. Vasen*, 423..).

(10) Dipylon. La technique est à peu près la même sur les vases italiens à couverte et de style géométrique, dont le rapport est étroit avec la céramique *proto-corinthienne*. Les objets y sont toujours peints en plein ; les exceptions (Gsell, *Vulci*, p. 386, fig. 94 ; aryballe de la *Raccolta cumana*, 85862..) diffèrent de nos fibules. Donc celles-ci n'ont rien à voir avec l'art *proto-corinthien*.

visiblement des vases où les objets sont peints d'un contour épais, ce qu'il rend par un double trait (1), pendant que les zigzags superposés dont il remplit le corps reproduisent des traits peints remplissant tout l'intérieur du contour. Or cette technique est celle du potier mycénien (2). Nos fibules se rattachent donc directement à l'art mycénien, comme la céramique béotienne (3) conserve elle aussi la couverte des vases mycéniens (4).

Cela ne veut pas dire que le style de nos fibules soit le style mycénien. Des motifs récents y apparaissent, empruntés à l'art oriental (v. pl. h.). Mais ils sont l'exception, et des plaques gravées, comme celles de l'Acropole (5), restent comme isolées : l'art dont témoignent les fibules et les diadèmes est par nature un art de transition, d'évolution entre l'art mycénien et l'art oriental, participant presque également aux deux, et, par suite, contemporain, — sans être seulement tributaire, — des styles géométriques de transition. Chalcis fut, sans doute, l'intermédiaire par lequel les graveurs de ces fibules connurent et subirent l'influence orientale (6).

222 (1215). — *Therapnae* (près de l'hiéron de Ménélas, Sparte). — L., 11,5. Larg. max., 3,5. — Πρακτικὰ, 1889, p. 64.

Fibule, dont l'arc est fait d'une lame plate et losangiforme, se recourbant à une extrémité pour recevoir la pointe de l'aiguille. — Cf. une fibule de *Mycènes* (Ἐφ. Ἀρχ., 1891, pl. 3, 5, p. 26). Rapprocher un ex. de *Constantinople* (n° 116), un d'*Olympie* (343, p. 21) et plusieurs des *Terramare* (*Zeits. für Ethnologie*, 1889, pl. 1-4, p. 205, Undset)...

Vert bleuâtre.

---

(1) Il y a quelques exceptions, mais elles sont peu nombreuses (cf. 227-8). — Cf. au contraire 229-232 ; *Annali*, 1880, 125; *Jahrbuch*, 1888, 362 d...
(2) *Myken. Vasen*, 24, 63...... — Cf. Perrot, VI, fig. 400, p. 630 (Orsi, *Urne cretesi*, pl. I)..
(3) Elle n'a guère d'ailleurs, avec nos fibules, qu'un rapport d'origine. — Cf. *Jahrbuch*, 1888, 325-364 (Bœhlau), *passim* ; Ἐφ. Ἀρχ., 1893, 238-9...
(4) Il ne faut, bien entendu, attacher aucune importance à ce fait qu'une de ces fibules a été trouvée dans une tombe du Dipylon. — On a trouvé des vases du Dipylon et des vases proto-attiques en Béotie, ce qui ne prouve pas qu'ils en proviennent (*Jahrbuch*, 1887, pl. 4, p. 39-43 ; *Id.*, 1888, p. 351, Bœhlau...)
(5) *J. H. S.*, 1892-3, fig. 17-8, p. 244-7...
(6) La céramique rhodienne, à couverte comme celle de Cyrène, de Clazomène, de Milo, de Chalcis et de Béotie, dut jouer ici un rôle important. — Cf. les fibules trouvées à Camiros (v. pl. h.)...

223 (122). — Prov. incon. — L., 7. Larg., 3. L. de la coquille, 2.

Fibule à « navicelle, » dont la coquille est ornée d'un décor géométrique au trait, et dont l'ardillon est relié à l'arc sans transition. — Cf. *Olympie*, 348-9, pl. 21. *Karlsruhe*, pl. I, 7. *Carapanos*, pl. 51, 1. *Mus. Greg.*, I, pl. 12, 26, 72. Martha, *L'Art étrusque*, fig. 48-9. *Hallstadt*, pl. 13, 14-5. Daremberg et S., p. 2005, fig. 2987, n. 16...

224 (182). — *Thèbes*. — H., 7,5. Larg., 7,2. D. des spirales, 2,9. — Helbig, *Hom. Epos.*, 2ᵉ édit., fig. 102, p. 280. — Cf. l'intr. et *Naples*, 75413...

Fibule formée de quatre spirales, reliées deux à deux en 8. Deux des spirales se terminent l'une par une aiguille, l'autre par un crochet. — Cf. *Karlsruhe*, pl. I, 1, n° 9 (*Rhodes*), etc. (v. pl. h.).

225 (946). — *Atalante*. — D., 5. Larg., 10,8. — Cf. *Olympie*, 359, pl. 21. *Naples*, 75414...

Fibule faite de deux spirales juxtaposées.

226 (1058). — *Béotie*. — D., 3,8. Larg., 9,1.

Semblable.

226 bis. — *Velestino (Phères)*. — Πρακτικὰ, 1890, p. 89.

Semblable...

227 (838). — *Pirée*. — L., 15,7 (coquille, 9,2 ; larg., 4,2). Tige, 3,8. Plaque : H., 6,1. Larg., 6,5 et 4,5. — *Mitt.*, XII, 14, N (Studniczka). — L'aiguille manque.

Fibule à plaque, avec boutons aux deux extrémités de l'arc, la tige quadrangulaire striée de traits gravés. Dans un cadre de zigzags, sur une face, cheval, avec bande à l'encolure et oiseau dans le champ ; sur l'autre, griffon à dr., la queue relevée et une étoile entre les jambes.

228 (28). — *Thèbes*. — L., 15 (coquille, 12 ; larg., 4,4). Larg. totale, 9,8. — *Annali*, 1880, pl. G, A, p. 122-4 (Furtwaengler). *Mitt.*, XII, 14, 5 (Studniczka).

Semblable. — Zigzags, lignes parallèles sur l'arc ; losanges sur la tige quadrangulaire. Sur la plaque, cassée à droite, d'un côté, navire et griffon; de l'autre, fleur et cheval avec le bandeau et un cordon pendant.

229 (1284). — *Thèbes.* — L., 13,5. H. de la plaque, 5,2. Larg.; 5,2. — Πρακτικὰ, 1890, p. 95. — Cf. *Zeitschrift für Ethnologie*, 1889, p. 223... — Ἐφ. Ἀρχ., 1892, pl. II, 1 et 1a, p. 232-3 (Wolters).

Semblable. — Dans un cadre de zigzags et d'arcs entrecroisés, navire portant deux oiseaux opposés, poisson en bas du champ. Au revers, cheval à droite, semblable au précédent (n° 228); en haut, à gauche, oiseau de même sens.

230 (1285). — *Thèbes.* — L., 15,5. H. de la plaque, 6. Larg., 6,7 à 5,5. — Πρακτικὰ, 1890, 95. Ἐφ. Ἀρχ., 1892, pl. II, 2, p. 233.

Semblable, à deux coquilles. — D'un côté, dans un zigzag, cheval à gauche, suivi d'un poulain; dans le champ, oiseaux, poisson et rosettes à quatre branches. Au revers, même motif, sans poulain.

231 (1310). — *Thèbes.* — L., 10,5. H. de la plaque, 4. Larg., 5 et 4. — Πρακτικὰ, 1890, p. 95.. Ἐφ. Ἀρχ., 1892, p. 233.

Semblable. — Sur les deux faces, deux oies superposées, la plus grande au-dessous.

232 (30). — *Platées.* — Plusieurs plaques quadrangulaires de fibules.

1° H., 3. Larg., 5. — A la pointe, deux bateaux superposés.
2° H., 2. Larg., 2. Cassé à dr. et en bas. — Bordure de demi-cercles entrecroisés (cf. 229). Deux poissons. Au revers, traits indistincts.
3° H., 3. Cassé. — Même bordure. Bateau plongeant à droite, avec rame au pied du mât et les deux pointes relevées (cf. 308, bateau phénicien).
4° H., 3,7. Cassé en haut. — Cheval (?) marchant à gauche.

233 (181). — Prov. incon. — L. 18. L. 9 (de la coquille, 5,5; long., 10,5).

Semblable aux n°s 227-232, mais sans lame quadrangulaire.

234-5 (703-4). — Prov. incon. — L., 8. Larg., 4,5 (coquille, larg., 3,5, l. 4). — *Mitt.*, XII, 14, O, P (Studniczka). — Cf. une fibule semblable, trouvée à Velestino (Phères), *Soc. Arch.*, 1322. Πρακτικά, 1890, p. 89...

Semblable, mais la plaque devenue presque triangulaire. — Patine brune.

236-7 (625-6). — Prov. incon. — L., 7,2. Larg., 3. Larg. des nav., 1,7. — *Mitt.*, XII, 14, Q, R (Studniczka). Cf. *Beitraege zur altgr. Tracht*, p. 100, fig. 5. — *Jahrbuch*, III, p. 162 d (Bœhlau).

Deux fibules à quatre coquilles ornées de lignes parallèles à la quille et reliées directement à la plaque non décorée. — Une aiguille conservée.

238 (sans n°). — L., 7. Larg., 4,5. — Helbig, *Hom. Epos.*, 2ᵉ édit., p. 83, note 9.

Cinq coquilles. Pas de bouton à l'attache de la plaque.

239 (sans n°). — L., 5,5. Larg., 4,2 (coquille, larg., 2,5).

Semblable. — L'aiguille et la plaque manquent.

240 (sans n°). — L., 16,6. Larg., 5,6.

Lame ovale, recourbée aux bords. — Navicelle (?).

241 (1221). — *Béotie*. — L., 10. Larg., 5,5.

Navicelle ovale, décorée d'une tête de Gorgone au repoussé dans un grènetis. La plaque est remplacée par un cordon métallique courbé en bas pour recevoir la pointe de l'aiguille.

242 (549). — *Céramique* (dans une λάρναξ). — L., 5,5. Larg., 2,5. — Cf. *Olympie*, 1139-1142, pl. 65, p. 183. *Carapanos*, 51, 6, 9. *Soc. Arch.*, 1322. Πρακτικά, 1890, p. 89 (Velestino)...

Fibule, dont l'arc est côtelé et le pied réduit à un simple fourreau (long., 1,5). L'aiguille est en fer et fixée à une charnière.

TOILETTE.

243 (sans n°). — L., 3,5. Larg., 1,3. — Cf. *Olympie*, 1140.

L'arc s'élargit jusqu'à la tête qui est striée de lignes horizontales et entaillée d'une fente où passe l'ardillon.

244 (678). — *Korseia* (près Khostia, à l'O. de Dombrena). — L., 3,5. Larg., 2,5. — Cf. *Olympie*, 1136-7. *Karlsruhe*, I, pl. 32..

Petite broche, avec aiguille brisée, dont la tête partait de spirales s'enroulant en sens opposé.

ÉPINGLES.

Les épingles à dischetto se sont rencontrées à *Thèbes* (1) et à *Olympie* (2). Celles de Thèbes ont, au-dessus du dischetto, un prolongement en forme de bouton, que l'on ne rencontre pas à Olympie. La Société Archéologique en possède des deux modèles (245-259 et 260-263).

Mentionnons les deux longues aiguilles (264), renflées à divers points de leur longueur et dont la destination est incertaine. On ne peut guère voir là des épingles servant à fixer les plis du chiton (3). Peut-être sont-ce simplement des broches.

245-256 (2556-2567). — *Tombeau de Corinthe*. — H., 14,5 à 24,5.

Douze épingles réunies par un anneau. A la partie inférieure, bouton, dischetto, et à 2 c. plus bas, renflement. La tige même, de section d'abord carrée, devient plus bas cylindrique.

257 (183). — Prov. incon. — H., 21,5 (depuis le renflement, 3,7). — Semblable.

258 (622). — *Céramique*. — H., 28 (dep. le r., 6,2). — Semblable. Tige partout cylindrique.

259 (56). — Prov. incon. — H., 12,1 (dep. le r., 3,5). — Semblable. Cassé en bas.

---

(1) *Jahrbuch*, 1888, p. 362-4, *g* (80643, inv. de Berlin).
(2) Nos 479-485, pl. 25, p. 66-7.
(3) Le vase François (Helbig, *Hom. Epos*, 2ᵉ édit., fig. 54), montre que les épingles précédentes servaient parfois à cet usage. Je crois, avec Furtwaengler, qu'Helbig (*id.*, p. 200), Studniczka (*Beiträge*, p. 97) et S. Reinach (Daremberg, p. 2003) ont tort d'y voir figurées des fibules.

260 (sans n°). — H., 8,2 (d. du dischetto, 2 ; h. de la tête, 3).

Deux renflements au-dessous du dischetto. Au-dessus, pas de bouton. — Cf. *Olympie*, 484-5. — Tige cylindrique.

261 (sans n°). — H., 9,5. D., 1,1. — Semblable. Un seul renflement.

262 (sans n°). H., 12 (dep. le renfl., 2). D. en haut, 0,35.

Sans dischetto. La tête formée de trois renflements successifs.

263 (1199). — *Tirynthe*. H., 32 (dep. le r., 6,5). D. max., 1,5.

Semblable. Deux renflements. Tige carrée, s'arrondissant en bas. — Vert foncé.

264 (719). — *Attique*. — *B. C. H.*, II, 544 (65). — H., 59 et 55 (dep. le r., 22,7). — *Olympie*, p. 66.

Deux épingles à trois renflements et, en haut, 7 autres séparés par des dischetti et faits de deux cônes réunis par leur base. Tige semblable, avec zigzags entre les renflements.

PEIGNES.

265 (768). — *Athènes*. — L., 11. Larg., 1,4. Ecartement, 0,8. H. des dents, 0,5. — Cf. *Mus. de Naples*, 77356 (différent).. — Pour les représentations, *Dubois-Maisonneuve*, Introd., pl. 54, 1.

Dents de peigne, faites d'une applique creuse, que des clous espacés de 2 à 3 c. fixaient sur une plaque de bois disparue. Grisâtre.

266 (652). — Prov. incon. — L., 6. Larg., 1. H. des dents, 0,4.

Semblable.

267 (364). — Prov. incon. — L., 3,3. Larg., 1,5.

Semblable.

268 (9). Prov. incon. — L. 4. Larg. 1,3. H. des dents, 0,6.

Semblable. — Grisâtre.

ÉPINGLES A CHEVEUX.

269 (650). — *Tanagra*. — H. 9. — Cf. *Carapanos*, pl. 51, 11.

Epingle à cheveux, la tête formant boucle, avec un seul enroulement.

270 (1048). — Prov. incon. — L., 10,5.

Semblable. — Vert bleuâtre.

PINCETTES A CHEVEUX.

Ces pinces, qui servaient à arracher les cheveux, se rencontrent dans l'Europe septentrionale, pendant la période du bronze (1) et, en Grèce, dès l'époque mycénienne. A Chypre, elles apparaissent avec cette époque. — Cf. Schliemann, *Mycènes*, 352, 469. Tsoundas, *id.*, 77. Ohnefalsch-Richter, *Kypros*, I, p. 457 ; II, pl. 146, 6 B^h (Hagia Paraskévi). *Carapanos*, pl. 51, 20. *Olympie*, 493-6, pl. 25, p. 68. *Mus. du Capitole. Mus. de Naples*, 115662..

271 (67). — Prov. incon. — H., 7. Larg., 0,7.

Etranglement percé d'un trou, près de la tête.

272 (5). — *Athènes* (rue des Muses). — H., 7. Larg., 0,8. — Semblable.

273 (1103). — Prov. incon. — H., 8. Larg., 0,3 à 1,2.

Une tige en spirale serre les deux lames près de la tête. — Vert marbré.

274 (984). — *Eleusis*. — H., 7. Larg., 0,4. — Semblable.

AIGUILLES.

275 (777). — *Tanagra*. — L., 13. D., 0,3 au milieu. — Cf. Ἐφ.

---

(1) *Mémoires des Antiquaires du Nord*, 1887, p. 268..

Ἀρχ., 1888, p. 153 (*Mycènes*). *Olympie*, 1135, p. 183. *Mus. de Naples*, 78082..

Longue aiguille renflée au milieu, finissant en pointe aux deux bouts.

276 (1219). — *Eleusis*. — L., 27,6. D., 0,4 (au milieu et aux bouts, 0,7).

Semblable, renflée au milieu et aux deux bouts.

277 (964). — *Tanagra*. — L., 17. D., 0,45. — Semblable, renflée aux deux bouts.

278 (*Idem*). — L., 16,5. — Semblable.

279 (*Idem*). — Fragments de trois aiguilles semblables.

280 (639). — Prov. incon. — L., 20. — Cf. 1130, pl. 65, *Olympie. Mus. de Naples*, 76865, 76871..

Aiguille à filet. Pince à chaque extrémité.

281 (830). — *Ambelokipi*. — L., 25,5. — Semblable.

282 (856). — Prov. incon. — L., 17. D. max., 1,2. — Cf. 1128, pl. 65, *Olympie*.

Aiguille pointue d'un côté, épaissie de l'autre, où elle est percée d'un trou.

283 (986). — *Érétrie*. — L., 4,5. D. max., 0,7. — Semblable.

284 (966). — *Tanagra*. — L., 22. — Tige ronde terminée par une pointe. — Cf. *Naples*, 76829...

285 (*Idem*). — L. 10. — Tige carrée terminée de même.

286 (*Idem*). — L., 9. D., 0,4. — Semblable.

CUILLERS A FARD.

Beaucoup doivent être des cure-oreilles, objet que l'on rencontre en Grèce dès l'époque des tombes à coupole, à Vafio et à Mycènes. — Tsoundas, *Mycènes*, 77. *Deltion*, 1891, 68. Friederichs, 242[ab]. *Arch. Zeit.*, 1870, 121, 45. Gozzadini, *Marzabotto*, XVIII, 4. *Mus. du Capitole.. Mus. de Naples*, vitr. 46, 78141, 115690, 121338 (trousses faites d'une fibule, d'un cure-oreilles, d'une épingle à cheveux...). — Beaucoup également étaient des cuillers à onguent, cf. *Mus. de Naples, passim*.

287. — L., 8. — Cuiller emmanchée sur tige carrée.

288 (575). — Prov. incon. — L., 7. D. du manche, 0,3 ; de la cuiller, 0,4.

Dischetti le long du manche. — Cf. *Olympie*, 1109-1113, pl. 65. *Carapanos*, 51, 12..

289 (sans n°). — L., 13,5. — Cf. *Musée de Constantinople* (5° vitr. à dr.). — *Mus. de Naples*, 77739, 77791..

Tige renflée d'un côté ; de l'autre, terminée par une cuiller minuscule.

290 (447). — Prov. incon. — L., 7,2. D., 0,7.

Tige simple terminée par une cuiller semblable.

291 (651). — *Tanagra*. — L., 13. D., 0,5 (de la cuiller, 0,7).

Semblable. Traits gravés sur la tige.

292 (849). — Prov. incon. — L., 11,7. D., 0,3 (de la cuiller, 1,4). — Semblable.

293 (125). — *Mélos*. — L., 7. Section, 0,3. D. de la cuiller, 0,4.

Tige quadrangulaire. Zigzags sur le manche.

294 (829). — *Ambelokipi*. — L., 8,2. D., 0,3 (de la cuiller, 0,4).

Tige cylindrique.

295 (145). — Prov. incon. — L., 10,4.

Semblable. Striures sur le manche. — Vert marbré.

SPATULES A FARD OU A ONGUENT.

296 (964). — *Tanagra*. — L., 16,5 (de la spatule, 4,5). — Cf. *Olympie*, 1117...

297 (828). — *Ambelokipi*. — L., 9. D., 0,15 (de la palette, 0,4). — Noirâtre.

298 (424). — Prov. incon. — L., 14,5. D., 04 (de la palette, 0,6). — Semblable.

299-300 (sans n°). — L., 17,4 (de la spatule, 5,7). D. du manche, 0,4.

Moulures sur le manche. — Semblables.

301 (867). — *Tanagra*. — L., 18 (de la spatule, 6). D., 0,7 à 2. Larg. de la spatule, 1.

Semblable. Manche renflé à une extrémité. — Cf. 1120, pl. 65, *Olympie*. *Naples*, 77719, 115644..

302 (775). — *Tanagra*. — L., 16,3 (de la spatule, 6,5). — Semblable.

303 (719). — *Attique*. — L., 12,5 (de la spatule, 3). — Semblable.

304 (sans n°). — L., 15 (de la spatule, 3,5). Largeur, 0,7.

Spatule engagée dans une masse de plomb cylindrique.

305 (986). — *Eleusis*. — L. 14 (de la spatule, 5). D., 0,15 à 0,4. Larg. de la spatule, 1,2.

Semblable.

306 (918). — Prov. incon. — L., 22 (de la spatule, 8,5). D., 0,3. Larg. de la spatule, 1.

Semblable. La spatule percée de deux trous. — Cf. *Olympie*, 1129, pl. 65.

307 (sans n°). — L., 11. D., 0,4. L. de la palette, 2 ; larg., 0,6. — Semblable.

4. — COLLIERS, BRACELETS, BAGUES.. (308-472).

DIADÈMES ET COLLIER.

Des diadèmes, analogues aux n°ˢ 309-317, faits comme eux d'une lame mince travaillée à la pointe ou au repoussé, ont été trouvés en grand nombre en Béotie (1), bien qu'on en connaisse aussi d'Olympie (2). On peut, suivant le style du décor, distinguer trois variétés successives.

1° *Diadème à décor gravé*, 308. — L'ornementation rappelle les fibules à plaque (227-232) (scènes de chasse, oiseaux d'eau, poissons, croix gammées, vaisseaux à pointe recourbée..). La technique est la même et les motifs sont accumulés dans la même intention de remplir tout le champ. Une même origine doit donc être attribuée à ce diadème et aux fibules.

2° *Diadèmes estampés*, les plus communs, souvent dorés (309-312, 315-7). — Décor de torsades, de postes, de grènetis et de palmettes, avec têtes de clous au centre des volutes. A la fermeture, et çà et là sur le bandeau, sont fixées des rosettes (3) dont le diamètre est généralement supérieur à la largeur du diadème, mais qui parfois sont simplement estampées sur la bande. Furtwaengler, s'appuyant sur les exemplaires d'Olympie, voit, dans les torsades, le τρίπλαξ ἄντυξ du bouclier d'Achille (*Iliade*, 18,479) et attribue, par suite, à ces diadèmes une origine argienne, Argos passant pour la première fabrique de boucliers (Pausanias, 2, 25, 7). Comme Thèbes avait semblable renommée (Pline, VII, 200), l'argument tombe de lui-même. D'ail-

---

(1) *Anzeiger*, 1891, 125, Berlin (Thèbes). *B. C. H.*, 1892, 366, note 2 (Ptoïon). Paris, p. 288-9, fig. 27-9 (Elatée). Fouilles de 1893 (Orchomène). Πρακτικά, 1890, p. 95. *J. H. S.*, 1892-3, 252-3, fig. 22-4 (Eleuthères)...

(2) *Olympie*, 734, 743, 749-50, 778, 1008-1010, p. 109.... — Ajouter Carapanos, 19, 20, 22 (Dodone).. La plupart de ces objets, ainsi que ceux de la note (1), appartiennent à la deuxième variété et quelques-uns, surtout parmi les ex. d'Olympie, sont des rebords de bouclier (*Mus. Greg.*, I, pl. 18-20..)

(3) L'habitude de fixer des rosettes sur le bandeau qui retient la chevelure est très ancienne en Grèce. On a trouvé, dans un tombeau de Mycènes, autour du crâne, soixante-douze rosettes d'or et de verre (Tsoundas, *Mycènes*, 69-70)...

leurs, l'invention de ces torsades semble le fait des Ioniens (cf. *B. C. H.*, 1892, 252 et quelques exemples cités au n° 309). Dans l'état, mieux vaut réserver toute question d'origine.

3° *Diadèmes au repoussé avec décor de sphinx et d'animaux passants* (313-4). — Au-dessous de la bande travaillée est une zone de même hauteur, non décorée, qui se repliait peut-être sous la première. — Pour la discussion de ces reliefs, cf. les n°s 797-801.

On le voit, il faut distinguer profondément à tout le moins deux genres de décoration, les bandeaux estampés et les diadèmes simplement gravés (1). Non que les derniers soient toujours antérieurs aux premiers (2). Mais ils témoignent d'un art antérieur, et, si on a continué de les fabriquer jusqu'à une époque relativement récente, la raison en est l'esprit religieux et conservateur de l'Ancienne Grèce, esprit dont l'influence n'a nulle part été plus grande qu'en Béotie (3). —

Le curieux collier 318 a même provenance béotienne. J'y ai joint un certain nombre de pendeloques (319-323 *bis*). Peut-être faudrait-il y ajouter l'oiseau primitif (1043), qui pouvait être suspendu (d'autres exemplaires, pareils, sont percés d'un trou). De même, beaucoup d'animaux à bélière devaient être des pendeloques (981, 984-5, 1025)....

308 (29). — *Thèbes* (tombeau). — H., 2,5. L., 42. Ep., 0,03. — *Annali*, 1880, pl. G, p. 124.. (Furtwaengler). — Diadème, cassé à gauche.

De 5 c. en 5 c. grosses têtes de clous au repoussé, avec décor gravé dans les champs ainsi formés. Au milieu, croix gammée; à droite, trois oiseaux d'eau — lion à gauche, la gueule ouverte, poursuivant un oiseau pareil (Micali, *Monum.*, pl. 46, 141..); trois poissons — deux autres, puis deux oiseaux à gauche avec trois poissons et un bateau aux extrémités recourbées (*Monum.*, IX, pl. 4, etc.) — oiseaux; homme à droite, un bras levé — chevreuil, deux lions et trois oiseaux.

A gauche de la croix, les figures sont renversées. Homme à

---

(1) Wolters, Ἐφ. Ἀρχ., 1892, 240..

(2) On a trouvé dans un même tombeau les fibules à plaque (229-231), le diadème estampé (312), les bracelets gravés (326-332), les bracelets simples (335-6), l'amphore (5839) (Ἐφ. Ἀρχ., pl. 10, p. 219 et suiv.).

(3) Les formes dialectales s'y maintiennent jusqu'à la fin du troisième siècle....

gauche, tenant un bâton — deux oiseaux et cheval à droite — poissons — cheval, dont la tête est seule visible.

Patine brune.

309 (1155). — *Thèbes* (tombeau, où l'on a découvert les vases 3545-53 et les bronzes 1149-1156). — *Jahrbuch*, 1888, p. 362. Ἐφ. Ἀρχ., 1892, p. 237 (Wolters), pl. 10, 3, 4. — Fragments de diadèmes, décorés de rosettes.

1° H., 3,4. — Fragment insignifiant. Une rosette de grand diamètre (7.) appartenait à ce diadème.

2° H., 2,9 (Ἐφ. Ἀρχ., pl. 10, 3). Long. totale, 50 (54 Wolters). — Onze fragments et deux rosettes (d., 4,6). L'un des bords, conservé, est percé de deux trous superposés. Haut et bas grènetis entre filets. Au milieu, quadruple torsade avec têtes de clous entre les chaînons; pour ce motif, cf. *Olympie*, 736. *Naukratis*, I, pl. 5, 28 ; II, pl. 5, 7. *Arch. Zeit.*, 1883, pl. 10 (lécythes proto-corinthiens). Ἐφ. Ἀρχ., 1888, pl. 9, 27 a, b, 28 a. *Jahrbuch*, 1888, p. 247, 4 (Thèbes).....

3° H., 2 (Ἐφ. Ἀρχ., pl. 10, 4). Long. environ, 23. — Cinq fragments et une rosette (d., 2,8). Haut et bas, entre filets, échelons verticaux, parallèles. Au milieu, postes et les mêmes têtes de clous (*Olympie*, 735. *Naukratis*, I, pl. 5, 30.....).

4° H., 1,5. L., 12,5. — Quatre fragments, dont trois portent encore des rosettes (d., 2), comme dans le diadème de Berlin (*Anzeiger*, 1891, pl. 125, 12).

Patine verte. Autrefois doré (au moins les diadèmes 2° et 3°).

310 (436). — *Platées*. — Fragments de diadème.

1° Larg., 2,1. — Plusieurs fragments. Décor du 309-3 (postes entre deux suites d'échelons).

2° Rosette (d., 5,5). — Brisée.

311 (162). — *Vari*. — D., 5.

Rosette semblable. — *Olympie*, 778, pl. 43, etc... Ἐφ. Ἀρχ., 1892, pl. 10..

Patine brune.

312 (1287). — *Thèbes*. — Ἐφ. Ἀρχ., 1892, pl. 12, 1, 2, 3, 4, p. 234-6. — Πρακτικά, 1890, p. 95. — Fragments de diadèmes.

1° H., 6,5. L., 54,5, pl. 12,1. — Les bouts, repliés l'un sous l'autre, sont percés de deux trous carrés superposés, et les bords déchirés de la lame inférieure, repliés autour de l'ouverture supérieure, servent au diadème de fermeture. Par-dessus est clouée (par un clou de plomb) une grande rosette, avec rosette plus petite au milieu. Décoration très riche de palmettes alternées, d'une torsade simple et de têtes de clous au repoussé. Vers le tiers de la hauteur est ménagée une bande sans ornements.

2° H., 7. — Incomplet. — Fragments de deux diadèmes (pl. 12, 2). Décoration semblable. — Négligences d'estampage, comme dans le n° suivant.

3° H., 7. L., 42 (pl. 12, 3). — Semblable.

4° L., 80. — Fragments de deux diadèmes.

5° H., 6,5. L., 50 (pl. 12,4). — Décoration de deux zones superposées et décorées de rosettes. Sur les bords, têtes de clous.

313 (1286). — *Thèbes*. — H., 6. — Ἐφ. Ἀρχ., 1892, pl. 12,5, p. 236. — Πρακτικὰ, 1890, p. 95.

Fragments de deux diadèmes. Bande d'animaux passants, lion, sphinx, cheval et tigres. Aux bouts (?), rosette ménagée dans la lame. Haut et bas, têtes de clous. En bas, zone analogue, sans ornements. — Cf. *Anzeiger*, 1891, 125..

314 (30). — *Platées*. — *Annali*, 1880, pl. H, p. 131. Ἐφ. Ἀρχ., 1892, pl. 10, 2, p. 237. H., 3,8. L. 37. — Six fragments de diadème.

Grènetis haut et bas. En haut, sous les têtes de clous, oves gravés, avec rosettes clouées sur la bande. Sur celle-ci, lions au repoussé, passant à gauche, la tête tournée vers la droite et la gueule ouverte.

Oxydé.

315 (624). — Prov. incon. — H. max., 5,3. L., 21,5.

Diadème simple, diminuant graduellement de largeur vers les extrémités. Onze séries de têtes de clous, superposées deux à deux et reliées par un grènetis.

316 (sans n°). — L., 10,7. H., 1,5. Ep., 0,2.

Diadème (?). — Têtes de clous. L'une des extrémités est recourbée, l'autre cassée.

317 (sans n°). — H., 2. L., 7. Ep., 0,1.

Fragment, semblable.

318 (1151). — *Thèbes* (tombeau, avec les vases 3545-3553). — L., 20,5. D. du fil, 0,2. H. de la pendeloque, 3,7 ; du bouton, 2,5 (largeur, 0,9 ; 2 ; 1,2). Dimensions du triangle, 1., 2,8 ; larg., 1,5. — *Jahrbuch*, III, 326, 363ᵃ (Bœhlau). — Deux colliers semblables ont été trouvés à Orchomène (*Fouilles de l'Ecole française*, 1893)... — Pour ces pendeloques, cf. notre n° 150. *B. C. H.*, 1890, pl. 14...

Collier à deux branches, recouvertes d'un fil à spirales. Pendeloque en forme de bouton, surmonté d'un long chevalet régulier.
Oxydé.

319 (1152). — Même provenance. — H., 3,3. Larg. du front., 2,6.

Pendeloque semblable. Zigzags et points gravés sur les faces du fronton.
Brunâtre.

320 (532). — *Béotie*. — H., 8. D., 4. — Pendeloque.

Fusaïole faite de deux cônes réunis par leur base et suspendus par deux crochets, passant dans des trous percés près de cette base.
Mince. — Grisâtre.

321 (1154). — *Thèbes*. — H., 3,5. D., 2,5. Ep., 0,05. — Pendeloque.

Cylindre terminé par deux hémisphères percées d'un trou. Cercles parallèles gravés au milieu de la hauteur.

322 (20). — *Stoa d'Attale*. — H., 1,4. D., 0,9.

Pendeloque oviforme, suspendue par une bélière et ornée de zigzags.
Vert foncé.

323 (1489). — *Péloponnèse.* — H., 6. D. max., 4,5; min., 2.

Comme le n° 320, mais lourd, les deux cônes coupés avant leur pointe et percés d'un trou de large diamètre (1,4 env.).
Vert foncé.

323 bis (24). — *Tégée* (H. Sostis). — 2,6 de côté. — *Mitt.*, 1879, p. 169.

Pendeloque cubique, aux arêtes arrondies. D'un côté bélière, avec crochet en 8; de l'autre, bouton de grenade.
Patine piquée. — Très beau vert bleuâtre.

BRACELETS.

La Société Archéologique possède un bracelet à grosses spirales superposées (324), et une riche collection de bracelets de Béotie (325-338) qu'il faut rapprocher des fibules à plaques (227-232), des diadèmes (308-317), des spirales et des bagues thébaines (364-9, 375-8, 380-1, 384). Ces bracelets sont le plus souvent minces, très larges et à double spirale. Le décor est gravé — parfois orné de figures (325), ordinairement composé de zigzags et de lignes en spirale. — Cf., pour ce genre d'ornementation, nos fibules et nos diadèmes (v. pl. h.).

Après ces exemplaires archaïques, je noterai de nombreux bracelets dont la face extérieure est en forme de toit (340-6), forme qui semble spéciale à la Grèce. Plusieurs (341, 344-5, 347-353, 358) se terminent en têtes d'animaux, généralement (sauf les n°s 345; 350-1) en têtes de serpents.

Deux exemplaires (350-1) ont un diamètre supérieur. Peut-être étaient-ce des *armillae* ou des περισκελίδες. Le n° 355 doit être un bracelet d'enfant.

324 (621). — Prov. incon. — Ep., 0,2. H., 1,1 à 6,7. D. des spirales, 3. — Cf. *Olympie*, 405, p. 59.

La lame, d'épaisseur inégale, se recourbe aux extrémités en deux grosses spirales superposées, opposées deux à deux. — Cf. les fibules (224-6), les bagues thébaines (377-8) et quelques exemplaires de Hongrie et d'Allemagne (*Olympie*, p. 59)...

TOILETTE.

325 (1110). — *Béotie.* — D., 6. Ep., 0,1. H., 3,1.

Paire de bracelets, à triple tour, faits d'une lame mince, dont la largeur diminue aux extrémités, de manière que la hauteur du bracelet reste toujours la même. Les bouts, superposés en sens inverse, sont en forme de boutons.

Décor à la pointe. Haut et bas, demi-circonférences entrecroisées, comme dans les plaques de fibules (n°s 229, 232, 'Εφ. 'Αρχ., 1892, pl. 11, 1ª, etc...). Au milieu, bande oblique de cercles reliés par des tangentes, entre deux bandes de zigzags. A droite et à gauche, poisson nageant ; dans l'angle, oiseau à long cou.

Cf. *Olympie*, 392, pl. 23, p. 57, etc... Plusieurs exempl. à Berlin, *Jahrbuch*, III, p. 363 h. D'autres, presque semblables, à Suessula, coll. Spinelli...

326 (1274). — *Thèbes.* — H., 5. D., 6,5. — 'Εφ. 'Αρχ., 1892, pl. 11,3, p. 233 (1). Πρακτικά, 1890, 94.

Paire semblable. Cercles repoussés et gravés, reliés par des lignes en zigzags figurant des losanges.

327 (1275). — *Thèbes.* — H., 3,8. D., 4,2. — 'Εφ. 'Αρχ., 1892, p. 233 (2). Πρακτικά, v. pl. h.

Semblable. Sans ornements..

328 (1279). — *Thèbes.* — H., 2. — 'Εφ. 'Αρχ., pl. 11,5, p. 233-4 (6). Πρακτικά, *id.*

Double spirale, comme les n°s suivants. L'un des bracelets raccommodé par un clou en fer. — Zigzags.

329 (1276). — *Thèbes.* — H., 2,5. D., 6. — 'Εφ. 'Αρχ., 1892, p. 233 (3). Πρακτικά, *id.*

Semblable.

330 (1277). — *Thèbes.* — H., 1,8. D., 5,5. — 'Εφ. 'Αρχ., 1892, p. 233 (4). Πρακτικά, *id.*

Semblable.

331 (1278). — *Thèbes.* — H., 1,5. — Ἐφ. Ἀρχ., 1892, p. 233 (5). Πρακτικὰ, *id.*

Sans décoration.

332 (1280). — *Thèbes.* — H., 2,5. D., 6. — Ἐφ. Ἀρχ., 1892, p. 234 (7). Πρακτικὰ, *id.*

Un bracelet, mais décoré.

333 (180). — Prov. incon. — D., 6. H., 2.

Un bracelet, semblable.

334 (937). — *Thèbes.* — D., 4,5 à 5,8. H., 1,3 à 0,5.

Paire semblable. Décor plus simple : deux lignes parallèles gravées haut et bas.

335 (1281). — *Thèbes.* — D., 8,5. H., 0,5. — Ἐφ. Ἀρχ., 1892, pl. 11,4, p. 234 (8). Πρακτικὰ, 1890, p. 94.

Bracelet à section parfaitement circulaire, terminé par deux boutons qui se superposent.

336 (1282). — *Thèbes.* — H., 0,7. — Ἐφ. Ἀρχ., 1892, p. 234 (9). Πρακτικὰ, 1890, 94.

Semblable.

337 (1150). — *Thèbes.* — D., 5,8 (section, 0,8).

Semblable, mais les bouts se renflent simplement et se touchent à l'extrémité. Type très fréquent, cf. *Hallstadt*, pl. 16, 15, etc...

338 (1368). — *Thèbes.* — D., 5,5 (section, 0,7).

Semblable. Avec une curieuse moulure.

339 (153). — Prov. incon. — D., 4 (section, 0,3). — Cf. *Olympie*, 386, pl. 23, p. 57.

Semblable, plus mince. Les bouts forment deux anneaux placés vis à vis l'un de l'autre.

TOILETTE.

On connaît beaucoup de colliers de ce genre, mais peu de bracelets (sauf celui d'Olympie).

340 (739). — *Macédoine.* — D., 7,5 à 8,5. H., 2,2 à 1,2. Ep., 0,1 à 0,3. — Cf. *Olympie*, 385, pl. 23.

Bracelet épais, concave à la face interne, en forme de toit à la face externe (l'arête est adoucie). La largeur diminue aux extrémités qui sont opposées. Sur la tranche, cercles superposés reliés par des lignes parallèles.

341 (615). — *Pirée.* — D., 6,5. Ep., 0,4. H., 0,9 à 0,5.

Des plaques rectangulaires, décorées de traits verticaux parallèles et s'espaçant d'1. à 1,5, divisent la tranche en neuf champs ornés de cercles à la pointe. Au bout, tête de serpent.

Ces plaques rappellent les fils de fer serrant l'anneau de distance en distance, comme un écrou. — *Olympie*, 394. *Karlsruhe*, pl. 2, 26...

342 (738). — *Macédoine.* — D., 6,2 à 7. H., 4 à 6,5. Ep. minim., 0,2.

Bracelet épais dont la section est celle du n° 340, mais dont les bouts, massifs, presque cubiques, sont superposés (cf. *Olympie*, 395-6, pl. 23). Striures transversales au milieu et vers les bouts. Lignes parallèles au milieu et sur les bords.

Vert clair.

343 (2261). — Prov. incon. — D., 6. H., 0,5 (de chaque lame). — Cf. *Olympie*, 400. *Carapanos*, pl. 50, 9.

Deux bracelets (?), l'un formant sept spirales et l'autre cinq, de section semblable aux n°ˢ 340, 342.. Bouts arrondis.

Vert bleuâtre, marbré.

344 (518). — Prov. incon. — D., 5,6. H., 0,8. Ep., 0,4. Têtes, 3,5.

Même section. L'une des extrémités repasse sur 4,5 du cercle inférieur. Têtes de serpents aux bouts, très schématiques.

Olive clair.

345 (179). — Prov. incon. — D., 5,3. H., 1,4. L. des têtes, 1,5. Ep., 0,6.

Semblable, la largeur diminuant vers les extrémités (têtes de cygnes).
Grisâtre.

346 (1149). — *Thèbes.* — D., 6,5. Ep., 1,2. — Cf. *Gréau*, 495.

Deux bracelets de même section, avec motif trois fois répété d'une côte saillante, entourée à droite et à gauche de moulures.
Brunâtre.

347 (sans n°). — D., 5,8. Ep., 0,15. H., 1,3. Tête, 3,5. — Cf. *Olympie*, 1163, pl. 66. *Mus. de Naples*, 77181..

Bracelet à spirales (2 $\frac{1}{2}$ sont conservées). Section demi-circulaire, avec spirales gravées près de l'extrémité (tête de serpent).
Vert foncé. Oxydé.

348 (395). — Prov. incon. — D., 5. Section, 0,4.

Section cylindrique. L'un des bouts dépasse l'autre d'1 c.

349 (sans n°). D., 6. — Section, 0,9.

Semblable, les bouts finissant en section rectangulaire.

350 (129). — *Mégare.* — D., 10,8. H., 0,5. L. des têtes, 4.

Semblable, mais cannelé sur la face externe. Les bouts sont en forme de têtes de béliers, l'un des museaux évasé pour recevoir la pointe de l'autre.

351 (sans n°). D., 8,5. Section, 0,4.

Semblable. Une extrémité se termine en pointe, l'autre en tête de cygne creusée pour recevoir la pointe.

352 (397). — Prov. incon. D., 4,7. L. des têtes, 7,5.

Semblable, avec têtes de serpents. L'un des bouts repasse sur le cercle sur une longueur de 3,5.

TOILETTE.

353 (396). — Prov. incon. — D., 4,5.

Semblable, les bouts se dépassant de 2.

354 (218). — *Panitza* (dème de Malérios, Laconie). — D., 5,5. Larg., 0,9. Ep., 0,05.

Lame mince finissant d'un côté en double crochet, de l'autre en crochet simple entrant dans la fourche ainsi formée. Une tigette de métal s'engageait dans les crocs et servait de fermoir.

355 (811). — Prov. incon. — D., 4. Ep., 0,1. H., 0,8 à 0,4. — Cf., pour les têtes, *Karlsruhe*, pl. 2, 20.

Lame mince diminuant aux bouts (têtes de serpents gravées sans saillie). Bracelet d'enfant (?) (*Friederichs*, 496).
Vert clair.

356 (1098). — *Eleusis*. — D., 5,8 à 6,5. H., 0,9. Ep., 0,2.

Semblable. Sur la tranche, haut et bas, pointillé. Au milieu, lignes de gouttes.
Vert foncé.

357 (sans n°). — D., 7. Section, 0,5. — Cf. *Kalsruhe*, 125 et pl. II, 24. *Olympie*, 1352. Bronzes *d'Hissarlik*, 84, *Mus. de Constantinople*...

Tige cylindrique se terminant d'un côté par un fil métallique qui s'enroule autour de l'extrémité opposée et fait de la sorte nœud coulant.

358 (129). — *Mégare*. — D., 7. — Cf. *Mus. de Naples*, 74262..

Semblable, l'un des bouts terminé en tête de serpent.

ANNEAUX DE SUSPENSION.

Ces anneaux simples devaient, dans certains cas, être des bagues; mais ceux qu'étoilent quatre arrêts étaient certainement des anneaux de suspension.

359 (706). — *Asklepieion* (Athènes). — D., 2,2 (section, 0,2). —
Anneau à section circulaire.

360 (845). — Prov. incon. — D., 2,3 (section, 0,3). — Semblable.

361 (sans n°). — D., 3,5. — 2 exemplaires. Semblable.

362 (sans n°). — D., 0,9 à 2,1. — 10 exemplaires. Semblables.

363 (sans n°). — D., 4 à 8,2 (section, 0,3 à 0,5). — Semblables, mais sorte de tenon aux extrémités de deux diamètres perpendiculaires l'un sur l'autre. — Cf. *Olympie*, 459, pl. 24, p. 64. — Exemplaires à *Villanova*, en *Hongrie*, etc..... — Avec deux arrêts à *Naples*, *Vitr.*, XX.

Κάλυκες (1).

C'est ainsi qu'il faut, je crois, appeler les spirales, trouvées en grand nombre dans les tombeaux, qui servaient, à l'époque homérique (2), chez les Etrusques (3), jusqu'en Courlande (4), à orner et maintenir les boucles de cheveux. Mais toutes n'avaient pas cet usage. Certaines, d'un plus large diamètre, étaient des bracelets (5), d'autres des bagues (6) ou des boucles d'oreille (7); mais il semble établi que beaucoup ont eu cette destination (8). La lame, généralement mince, se renfle en forme de toit sur la face extérieure. Par suite de son élasticité, elle se tendait et se distendait d'elle-même.

364 (1156). — *Thèbes*. — D., 2. H. de la lame, 0,25.

17 fragments. — 8 fragments, d., 1,7 et 4 fragments, d., 1,3.

---

(1) *Iliade*, 17, 52. Cf. les scoliastes, ainsi que Photius et Suidas, au mot κάλυκες.

(2) *Ilios*, 694-5, 698-702, etc... *Mycènes*, p. 401, n° 529 (cf. Ἐφ. Ἀρχ., 1888, pl. 9, 12, 14). Chypre, cf. *Olympie*, p. 58. — Cf. *Dodone*, pl. 50, 9.

(3) Exemples de Helbig, *Commentationes in h. Mommsen.*, p. 619, et *Hom. Epos*, 2° édit., p. 242-3. D'autres à Suessula (*Olympie*, 59).

(4) *Musée de Dorpat*, pl. 1, 29 (*Ol.*, p. 59).

(5) Cf. notre n° 343. *Raccolta cumana*, 86115, 86482-3. Gantelets de gladiateurs, *Naples*, 73922...

(6) Chantre en a trouvé aux doigts d'un squelette (*Caucase*, II, p. 59, pl. 16, 10-11); d'autres recouvraient des tiges de bois (à Corneto, d'après *Ol.*, p. 59). — Bagues semblables trouvées à Kaza (Πρακτικά, 1890, p. 95); à Orchomène (fouilles de 1893). — Cf. Gsell, *Vulci*, 291, 2...

(7) Crâne de Sybaris (*Not. dei Scavi*, 1888, p. 664, pl. 19, 14). Canopes de Castiglion et Chiusi à Florence (Gsell, *Vulci*, 290, not. 6-7)...

(8) Helbig, *Hom. Epos*, 2° édit., 242-4. *Olympie*, p. 58-9...

365 (422). — *Béotie*. — Helbig, *Hom. Epos*, 2ᵉ édit., fig. 78.

Semblable. Haut. totale, 3. Avec ce morceau, 4 fragments, d., 1,7; 8 fragments, d., 1,5, et 5 fragments, d., 1,4.

366 (169). — *Béotie*. — Helbig, *ibid.*, fig. 77. D., 2.

Cinq spirales, sans renflement.

367 (170). — *Béotie*. — D., 2,3, 2 ; 1,7 et 0,6.

11 fragments.

368 (526). — *Béotie*. — D., 3,3. — Helbig, *ibid.*, fig. 79.

Quatre spirales, de section circulaire. — Grisâtre.

369 (527). — *Béotie*. — D., 3,3.

Semblable, brisé. — Grisâtre.

BOUCLES D'OREILLE.

370 (741). — *Kythnos*. — H., 3,3 (d., 0,3). — *Olympie*, 1155, pl. 66.

Boucle d'oreille en U, les deux bouts tordus en crochets et terminés par des boutons en forme de pyramides.

371 (579). — Prov. incon. — D., 0,8.

Semblable. — Olive clair.

372 (sans n°). — H., 3. Larg., 2,5.

Semblable.

373 (1153). — *Thèbes*. — D., 2,5. H. totale, 3. — Cf. les pendeloques piriformes d'Etrurie, Gsell, *Vulci*, 293, note 1...

Deux boucles rondes, creuses et très minces. En haut, trou et double bélière, où passent les crochets de deux anses.

374 (760). — *Pirée*. — L., 2. H., 2,4. Ep., 1,1. Tête, 1,3. — Cf. un exemplaire de Smyrne, *Ant. Denk.*, I, pl. 12-22.....

Deux boucles faites de trois fils tordus en spirale. D'un côté, tête de femme, coiffée de cheveux massés en bourrelet (style du troisième siècle) ; de l'autre, pointe se rapprochant de la tête, où un trou était percé pour la recevoir.

Doré.

BAGUES.

375 (530). — *Béotie*. — D., 2. H., 0,95. — Cf. *Jahrbuch*, III, 363ᵐ (Thèbes). — *Olympie*, 404, pl. 23, p. 59 (autres ex. du Caucase).

Anneau mince et haut, terminé par deux spirales superposées.

376 (531). — *Béotie*. — D., 2. H., 0,75. — Semblable.

377 (173). — *Béotie*. — D., 1,9. H., 0,7. — Cf. le n° 324 et *Olympie*, pl. 23, n° 405.

Chaque bout finit par deux spirales superposées, opposées deux à deux.

378 (174). — *Béotie*. — D., 1,9. H., 0,7. — Semblable.

379 (706). — *Asklépieion* (Athènes). — Plusieurs bagues.

1° D., 2,7. H., 0,8. — Deux bouts soudés ensemble. Décor de ligne gravée. — Bronze doré.
2° D., 1,8. H., 0,45. — Les deux bouts se terminent en pointe de sens opposé.
3° D., 1,9. H., 0,9. — Semblable.
4° D., 1,8. — Un bout terminé en spirale, l'autre en pointe.
5° D., 1,6. H., 0,6. — Semblable.

380 (528). — *Béotie*. — D., 2. H., 9. — Semblable aux nᵒˢ 4 et 5 de 379.

381 (529). — *Béotie*. — D., 1,6. H., 1,1. — Semblable.

382 (270). — Prov. incon.

3 anneaux simples (D., 1,9. H., 1,5. — D., 2,2. H., 1,6. — D., 1,9. H., 1,7).

2 anneaux à côte (D., 2,7. H., 1,1. — D., 1.8, phalange avec l'anneau).

TOILETTE. 81

383 (645). — Prov. incon. — Diamètres : 2,3 ; 1,9 ; 1,8 ; 2 ; 1,9.
— Hauteur respective : 1 ; 0,6 ; 1,8 ; 1,1 ; 1,4.

Phalange avec le 1er anneau. Toutes ces cinq bagues sont simples.

384 (759). — *Thèbes.* — D., 3.

Un des bouts pointu, l'autre terminé par un bouton en forme de pyramide.

385 (sans n°). — D., 15. — Les deux bouts terminés par des boutons et se dépassant d'un cent. — Cf. 409, *Olympie.*

CAMÉES.

386 (486). — Prov. incon. — Anneau brisé. — 3,1 sur 2,5.

Tête de femme à gauche, avec grosses boucles d'oreille et coiffure romaine (cf. les monnaies de Crispine). — Deux exemplaires, l'un brisé.

387 (487). — Prov. incon. — 1,8 sur 2,3. Ep., 0,1 à 0,4.

Tête à gauche, stylisée. De travail grossier.

388 (488). — Prov. incon. — 1,7 sur 2,1.

Semblable, front bas, nez retroussé. — Vert clair.

INTAILLES.

Aucune n'est de beau travail. Je signalerai seulement deux bagues avec inscriptions (389, 417...)

389 (1133). — *Olympieion* (Athènes). — D., 1,9 sur 1,7. Chaton circ. : 1,3. Ep., 0,3.

Figure primitive, comme les personnages peints sur les vases du Dipylon. Deux bras levés ; jambes en forme de racines. Inscr. (postérieure ?).

390 (727). — Prov. incon. — D., 1,5 sur 1,7. Chaton : 1,1 sur 0,9.

Déesse (?) debout, de face, les bras étendus. Artémis d'Ephèse (?). — Cf. Chabouillet, 1494-7.

391 (842). — *Athènes*. — D., 1,7 sur 1,9. Chaton : 1,2 sur 0,9.

Semblable, entre deux tiges dont l'une semble une croix. — Vert jaunâtre.

392 (1173). — Prov. incon. — Chaton rectangulaire : 1,3 sur 1,1.

Artémis (?) à droite, ailée (?) et tenant l'arc. — Cf. *Antiq. du Bosph. Cim.*, pl. 17, 2 ; Chabouillet, 1499..

393 (1172). Prov. incon. — Chaton : 1,3 sur 0,9.

Femme à droite, vêtue, tenant d'une main une fleur, de l'autre une corne.

394 (968). — Prov. incon. — 2 sur 1,7. Chaton : 1,7 sur 1,3.

Femme à droite, voilée, tenant un enfant (?) dans ses bras.

395 (825). — *Ambelokipi*. — Anneau brisé. Chaton : 1,4 sur 1,1.

Femme à droite, la main étendue portant un objet indistinct.

396 (843). — *Athènes*. — Semblable. — Chaton : 2 sur 1,3.

Femme debout, de face, les bras pendants. — Doré.

397 (sans n°). — Semblable. — Chaton : 1,9 sur 1,1.

Ménade nue, dansant à droite, la tête renversée. Draperie sur le bras gauche.

398 (1064). — Prov. incon. — Semblable. — Chaton : 2 sur 1,4.

Semblable. — Thyrse à droite dans le champ.

399 (826). — *Ambelokipi*. — Semblable. — Chaton : 1,8 sur 1,3.

Symplegma. Femme assise sur les genoux d'un homme, à droite. — Doré.

TOILETTE. 83

00 (157). — *Crète* (?). — Semblable. — Chaton : 1,9 sur 1,2.

Eros ailé (Niké?), fendant l'air à gauche. — Cf. *Antiq. du
osph. Cim.*, pl. 18, 14.

01 (1054). — *Hermionide* (Porto Cheli). — Semblable. — 1,5
ur 1,2.

Niké ailée, volant à droite, le genou gauche en terre.

02 (128). — Prov. incon. — Semblable — Chaton : 1,6 sur 1.

Pan capripède à gauche, les cheveux hérissés, portant un oi-
eau sur son bras.

03 (844). — Prov. incon. — Semblable. — Chaton : 1,8 sur 1,5.

Pan capripède à droite, jouant de la double flûte. — Chabouil-
et, 1641, 1656, 1658, 1661, 1680..

404 (734). — Prov. incon. — *B. C. H.*, 1878, 543 (62). — Semblable. — Chaton : 1,7 sur 1,3.

Semblable. — Doré.

405 (1171). — Prov. incon. — Semblable. — Chaton : 1,5 sur 1,4.
— Agate brune.

Flûte de Pan. — Cf. Chabouillet, 1643.

406 (60). — Prov. incon. — Semblable. — Chaton : 1,5 sur 1,1.

Asklépios (?) debout à droite, s'appuyant sur un bâton. — Chabouillet, 1490-3.

407 (sans n°). — Anneau entier. — D., 2. Chaton : 0,8 sur 0,6.
— Agate brune.

Dieu, le buste nu, la tête à droite, tenant un rhyton et une
corne.

408 (270). — Prov. incon. — Semblable. — D., 2,2 sur 1,6. Chaton : 3,5 sur 1,3. — Pierre brun violacé.

Homme diadémé à gauche, la main sur une stèle.

409 (114). — *Hagios Sostis* (Tégée). — Anneau brisé. — Chaton : 2,1 sur 1,7. Ep , 0,3. — Ἐφ. Ἀρχ., 2ᵉ pér., 1862, p. 241-2.

Homme nu, debout, de face, les bras pendants, tenant une patère (?).

410 (824). — *Ambelokipi*. — Semblable. — Chaton : 1,5 sur 1,1.

Homme nu à droite, tenant le pedum. Chlamyde par derrière. — Cf. Chabouillet, 1649, 1903..

411 (sans n°). — Semblable. — Chaton : 2,3 sur 1,9.

Homme nu, debout, à gauche. — Grisâtre.

412 (sans n°). — Semblable. — Chaton : 1,5 sur 1.

Lion courant à droite, d'assez bon style. — Chabouillet, 1927-9. *Ant. du B.*, pl. 18, 14...

413 (820). — Prov. incon. — Anneau entier. — D., 1,9. Chaton : 1,7 sur 1,6.

Semblable, négligé. — Noirâtre.

414 (1170). — Prov. incon. — Anneau brisé. — Chaton : 1,7 sur 1,2.

Semblable. — Brun clair.

415 (967). — Prov. incon. — Anneau entier. — D., 2 sur 1,7. Chaton : 1,7 sur 1,2.

Semblable. — Doré.

416 (720). — *Tanagra* (Kokkali). — *B. C. H.*, 1878, p. 543 (55). — Semblable. — D., 2,4 sur 2. Chaton : 2 sur 1,7.

Chimère courant à droite, d'assez bon style.

417 (726). — Prov. incon. — Semblable. — D., 2,3 sur 1,6. Chaton, 1,5 sur 1,1. Ep., 0,3.

Semblable. — En haut : ΧϽΡΦΝΡႹ.
Mylonas (*B. C. H.*, 1878, p. 543) lit : ΡꞱΝΑꞱJΧ. — Argenté

418 (1171). — Prov. incon. — Anneau brisé. — Chaton : 1,8 sur 1,3.

Griffon à droite.

419 (sans n°). — Semblable. — Chaton : 2 sur 1,3.

Lionceau et panthère tordus en sens opposé.

420 (902). — Prov. incon. — Semblable. — Chaton : 1,8 sur 1,2.

Chèvre dressée à droite, au-dessus d'une amphore. — Cf. Chabouillet, 1958. — Olive.

421 (sans n°). — Semblable. — Chaton : 2 sur 1,7.

Chien courant à droite. — Cf. Chabouillet, 1913-5. — Gris fer.

422 (1169). — Prov. incon. — Semblable. — Chaton : 2,2 sur 1,4.

Deux béliers, affrontés et dressés. — Cf. Chabouillet, 1953.

423 (sans n°). — Semblable. — Chaton : 1,9 sur 1,1.

Loup à droite. — Vert marbré.

424 (61). — Prov. incon. — Semblable. — Chaton : 1,7 sur 0,8.

Vautour. — En bas, cylindre et palmette. — Grisâtre.

425 (sans n°). — Semblable. — Chaton : 1,7 sur 1,6. Ep., 0,25.

Aigle volant à droite, les ailes recroquevillées. — Cf. Chabouillet, 1977.

426 (1166). — Prov. incon. — Anneau entier. — D., 1,7. Chaton : 1,7 sur 0,8.

Colombe au repos, à gauche. — Vert foncé.

427 (sans n°). — Semblable. — D., 1,6. Chaton : 1,1 sur 0,9.

Coq à droite et tête de dauphin. — Cf. Chabouillet, 1995-8.

428 (1167). — Prov. incon. — Semblable. — D., 1,8. Chaton : 1,7 sur 0,6.

Papillon — Cf. Chabouillet, 1615. — Vert marbré.

429 (839). — Prov. incon. — Anneau brisé. — Chaton : 1,5 sur 1,1.

Deux têtes barbues, affrontées. — Cf. Chabouillet, 1644. — Vert bleuâtre.

430 (822). — Prov. incon. — Anneau entier. — D., 2,1 sur 1,8. Chaton : 1.

Masque de Bacchos (?), entouré de lierre.

431 (sans n°). — Anneau brisé. — Chaton : 1;5 sur 1,2.

Tige fleurie.

432 (823). — Prov. incon. — Semblable. — Chaton : 1,2 sur 0,8.

Gouttes et traits verticaux.

432 *bis*. — D., 2,5. — Πρακτικά, 1889, p. 65.

Sur le chaton : **ΤΟΥ ΑΙΓΙΟΥΔΙΙΟΓΕΝΗ**.

433 (1168). — Prov. incon. — Anneau entier. — D., 1,8. Chaton : 1,2 sur 1. Ep., 0,4.

Cercles et traits à la pointe.

434 (sans n°). — Anneau brisé. — Chaton : 1,8 sur 1,6.

Champ simplement divisé en trois zones ornées de spirales.

435 (620). — *Céramique*. — Anneau entier. — D., 2,1 sur 1,8. Chaton : 1,6 sur 1,2.

Pâte de verre violette, sans décoration.

436 (sans n°). — Semblable. — D., 2. Chaton : 1,7 sur 0,8.

Sans décoration. — Vert clair.

TOILETTE. 87

437 (sans n°). — Semblable. — D., 2,1 sur 1,7. Chaton : 2 sur 1,8.

438 (627). — Prov. incon. — Semblable. — D., 2,5 sur 2. Chaton : 2,1 sur 1,1.

La pierre encastrée manque.

439 (827). — *Ambelokipi.* — Semblable. — D., 1,5. Chaton : 1,7 sur 1,4.

Semblable. — Vert jaunâtre.

440 (878). — *Amorgos.* — Semblable. — D., 1,5. Chaton : 1 sur 0,7.

Semblable.

441 (sans n°). — Semblable. — D., 1,8 sur 1,5. Chaton : 1 sur 0,7.

Semblable.

Les cachets qui suivent, presque tous d'époque assez basse, sont en relief, sauf huit empreintes en creux. Les lettres, généralement tracées de droite à gauche, sont encadrées dans une moulure et le tout soulevé par une bélière.

442 (1043). — Prov. incon. — 6 sur 3. Ep., 0,5. — En creux.

Cheval de style « géométrique, » tourné à gauche. Oiseau (?) à droite et svastica dans le coin gauche. La plaque, rectangulaire, est percée de 5 trous.

443 (1137). — *Asklépieion d'Epidaure.* — 4,5 sur 3. — De forme ovale. En creux.

Au centre, un autel et trois bustes : empereur lauré à droite; à gauche, bustes d'homme et de femme. En exergue :

7. ΜΟΙΑΝΡΥΜϹ-ΝΩϘ-ΟΧΩϽΝ .. Σμυρναίων νεωκόρων.

444 (477). — Prov. incon. — D., 2,2. H., 1,5. — En creux.

<pre>
    Ρ Ρ Υ
    ꓶ Μ ο   ?
     ꜚ ‾
</pre>

445 (577). — Prov. incon. — H., 1. D., 0,9.

Chouette (?) en creux.

446 (578). — Prov. incon. — H., 3. D., 1,5.

Charnière en haut de l'anneau. — En creux : (+ΚΙ / ΕΘΙ)

447 (614). — Prov. incon. — D., 1,5.

En creux :
<pre>
ΟƎΘ+
ΟꓶΙΠ
ΙꓘVΔV
ΟΤ
</pre>

448 (710). — *Magnésie.* — *B. C. H.*, I, 356 (33). — 3,5 sur 4.

En forme de cœur : Monogramme byzantin.

449 (451). — Prov. incon. — Larg., 1,6. H., 1,5. — Hexagonal.

Semblable.

450 (70). — *Stoa d'Attale.* — Larg., 5,5. H., 5. — ’Εφ. ’Αρχ., 1872, pl. 58,9 (p. 404).

Dans un oiseau, grossièrement figuré, sont tracées trois lettres :

ш̄Κ   ἰχε(σίου).

451 (960). — Prov. incon. — 1,4 sur 1,7.

Plaque rectangulaire avec deux serpents en relief. La bélière est remplacée par un oiseau (h., 3).

452 (377). — Prov. incon. — Diam., 2,2.

Lettres très effacées.

453 (1044). — Prov. incon. — D., 3,7.

Monogramme byzantin.

454 (46). — *Mont Athos* (H. Pavlos). — Ἐφ. Ἀρχ., 1872, pl. 58, 2 (p. 403). — 5,7 sur 2,7.

ΗΛΚϽΑ
VOΔΑΙΠ

Ἀσκληπιάδου.

455 (384). — Prov. incon. (de *Cyzique*?). — H., 5 sur 2. — Ἐφ. Ἀρχ., 1872, pl. 58, 1 (p. 403).

ΙΗΜϤƎ
SϽΟ↙Δ

Ἑρμῆδος.

456 (555). — Prov. incon. — Plaque rectangulaire (13,8 sur 7,2). — Ἐφ. Ἀρχ., 1872, pl. 58, 4 (p. 404).

Εὐτυχίου καὶ Θεοδώρας.

457 (607). — Prov. incon. — Plaque rectangulaire.

Εὐτυχιάνης.

458 (709). — *Magnésie du Méandre*. — B. C. H., I, p. 356 (32). — 6. sur 2.

Dans un rectangle irrégulier : ΤΕΟΝ.

459 (637). — Prov. incon. — D., 4,5.

Monogramme byzantin.

460 (476). — Prov. incon. — D., 3,2. — Ἐφ. Ἀρχ., 1872, pl. 58, 8 (p. 404).

Semblable (?).

461 (sans n°). — Larg., 6,5. H., 6. — Ἐφ. Ἀρχ., 1872, pl. 58, 5 (p. 404).

En forme de croissant : Κάρποι.

461 bis (1473 bis). — Forme semblable. — Πρακτικὰ, 1891, p. 64.

Inscr. ◇ϚCTIC

462 (376). — Prov. incon. — 5,5 sur 2,5. — Ἐφ. Ἀρχ., 1872, pl. 58, 3 (p. 403).

M(άρχου) Βελ(ληίου) Ὀνησίμου.

463 (1003). — Prov. incon. — Sceau byzantin, gravé en creux.

464 (380). — Prov. incon. — En relief. — Ἐφ. Ἀρχ., 1872, pl. 58, 10 (p. 404).

Monogramme byzantin.

465 (378). — Prov. incon. — H., 6,5. Larg., 6,6. — Ἐφ. Ἀρχ., 1872, pl. 58, 6 (p. 404). — En coin.

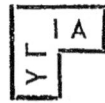   ὑγία.

466 (59). — Prov. incon. — 2,7 sur 2,4.

Plaque rectangulaire, ornée à mi-hauteur d'une ligne sinueuse.

467 (1007). — Prov. incon. — H., 4,5. Larg., 1,8.

Plaque en écusson renversé, percée de deux trous. — Lettres Λ—Ϛ (?).

468 (367). — Prov. incon. — L., 3. H., 2. — Ἐφ. Ἀρχ., 1872, pl. 58, 11 (p. 404).

Dans un cœur renversé : ∣m∣

469 (730). — *B. C. H.*, II, 543 (54). — Prov. incon. — 7. sur 2,2. — Plaque rectangulaire.

ΧΑΡΑ

Χαρά.

470 (606). — Prov. incon. — D., 6,7. — Ἐφ. Ἀρχ., 1872, pl. 58, 7 (p. 404).

.... Δημήτριος.

471 (860). — Prov. incon. — 7. sur 13. — En creux :

ΝΙΘΟΙƎΙV
⚹ΝΙSΛΙƎ

472 (642). — Prov. incon.

En relief : lettres indistinctes.

III

Guerre et Palestre (473-575).

1. — Casques (473-490).

Les casques de la Société Archéologique sont de trois variétés différentes, mais tous à géniastères fixes et plus ou moins obliques (casques dits corinthiens).

1° *Casques à nazal.* — On peut distinguer : a) Timbre rond, ne dessinant pas la tête, sans que la nuque soit séparée et dégagée (473). Lame mince, percée de trous aux bords (pour le rembourrage de cuir) (1). Pas de panache. — b) La séparation de la nuque est indiquée, le couvre-nez a près d'un centimètre d'épaisseur (475-7); une bande gravée avec soin remplace la ligne de trous sur les bords, ce qui supprime le rembourrage (475, 477). Enfin, dans deux cas sur trois (476-7), deux crochets servaient à fixer le panache. La transition entre a) et b) est faite par le n° 474. — c) (N° 478). La forme générale reste la même, mais les couvre-joues, au lieu d'être droits, sont obliques et dirigés en avant. (Cf. *Caylus*, III, pl. 61.4; *Karlsruhe* pl. XIII, 1; *Olympie*, 1015, pl. 62; *Anz.*, 1893, p. 188 (Heidelberg)...).

2° *Casques à nazal embryonnaire* (479-481). — Ils sont faits d'une lame mince, sans cimier ni panache, et étaient entièrement rembourrés. (Sauf le couvre-nez, ils sont assez semblables au n° 1, a).

3° *Casques sans nazal, à couvre-joues verticaux* (482-5). — Ils

---

(1) Cf. les casques 1016 et 6384 de Berlin (*A. Z.*, 1882, 25). — La statuette de *Dodone* (*A. Z.*, 1882, pl. 7) porte des jambières et un casque rembourrés. — Cf. une amphore de *Vulci*, Gsell, pl. 5-6...

étaient rembourrés dans deux cas sur quatre (483, 485). Dans tous ces exemplaires, une double moulure en relief simule en haut du timbre une sorte de cimier, et aucune échancrure n'est ménagée de droite et de gauche, à la hauteur des yeux, comme dans les deux premières catégories. (Cf. n° 1029 d'*Olympie*).

On trouvera, aux n°ˢ 486-490, un beau masque votif, des ceintures et des sandales, que j'ai réunis pour la seule commodité du classement.

473 (1016). — Prov. inconnue (1). — 20 c. de h., 20 c. de profondeur et 16,8 de large. Couvre-joues (8 c. de h.). Couvre-nez (8 c. 2 à 2,5 de large). — Trou carré derrière la tête produit par un coup de lance. — Cf. *Olympie*, pl. 42, 1015.

Casque corinthien, en forme de marmite renversée, ne dessinant pas la forme de la tête et se recourbant à peine vers le bas. Il est fait d'une feuille de métal très mince et les bords, même ceux du couvre-nez, sont percés, à des intervalles de 8 mm. à 1,2 de trous de 2 à 3 mm.; ils servaient à fixer au casque son rembourrage de cuir.

Bien conservé. Patine d'un brun de rouille.

474 (1019). — Prov. inconnue. — 17 c. de haut., 18 c. de prof., 15,5 de large. Couvre-nez (8 c., 2 c. de large, 8 mm. d'épaisseur).

Semblable, mais la nuque est mieux dégagée et le rembourrage manque (pas de ligne de trous). Déchirure de 2,5 à la tempe droite.

Vert inégal, grisâtre.

475 (79). — Prov. inconnue. — 20,5 de h., 20 de prof., 15,5 de l. Couvre-nez, 8 c., 1,3 à 1,9 de large, 6 mm. 5 d'épaisseur.

Sur les bords, dessin d'oves, surmonté d'un grènetis, entre lignes parallèles rapprochées. La forme du casque, semblable, est plus élégante, la nuque bien séparée des couvre-joues et s'abaissant par une courbe harmonieuse.

Assez belle patine verte, altérée.

---

(1) L'*Archaeol. Anzeiger* de 1861, p. 233, mentionne 3 casques d'*Olympie* Peut-être sont-ce les n°ˢ 475, 478, 480.

476 (1268). — Prov. inconnue. — 22 de h., 17 de larg., 1 mm. 5 d'épaisseur. Couvre-nez, 9,5, 1,5 de larg. et 7 mm. d'épaisseur. Couvre-joues, 6 c. de h.

Semblable, cassé sur les côtés et au sommet du timbre ; le couvre-joue de gauche est détaché. — Sur les bords, grènetis, entre lignes parallèles, avec trous espacés de 7 mm. en 7 mm. Sur le front, palmette gravée entre deux feuilles et serpents en volute le long des sourcils, avec petites palmettes aux tempes ; clous argentés parmi les volutes et les pétales.

En haut du timbre, de chaque côté du casque, une boucle de métal, passant par deux trous distants d'un c., servait d'attache au panache.

Belle patine d'un vert bleuâtre, conservée par endroits.

477 (508). — Prov. incon. — 21 de h., 20 de prof. et 15,5 de large, 2 mm. d'ép. aux bords. Couvre-joues (8,8). Couvre-nez (7 c. à 2 c. de large, 7 mm. d'épaisseur).

Semblable, avec trois lignes parallèles sur les bords. — Mêmes trous en haut du timbre ; l'un des crochets est en place. Sur la nuque est percé un trou qui servait à fixer la crinière retombante.

Vert foncé, bistré.

478 (80). — Prov. incon. — 15,5 de h., 27 de prof., 17,8 de large, 2 mm. 5 aux bords. Couvre-nez, 8 c., 2,3 de large, 6 mm. d'épaisseur.

Forme plus allongée, les couvre-joues finissant plus obliquement. Sur le front, palmette gravée entre deux sourcils en relief ; au sommet, de chaque côté, la double boucle du panache.

Vert inégal.

479 (1017). — Prov. incon. — 20 de h., 20 de prof. 15 de large.

Forme semblable, mais sans couvre-nez, la ligne des sourcils s'infléchissant seulement au milieu. En bas, rebord fait de la simple courbure de la lame très mince. Trous sur les bords à intervalles de 7 mm. à 2,7.

Vert brunâtre.

480 (81). — Prov. incon. — 22 de h., 21 de prof., 15 de large. Couvre-joues, 9,5.

Semblable. L'un des couvre-joues manque ; il était relié au timbre par une ligne en saillie servant de charnière. Trous à des intervalles de 7 mm. à 1,5.
Patine verte, jaunâtre.

481 (1018). — Prov. incon. — 19,5 de h., 19 de prof., 14 de large. Couvre-joues (9,5 de h.).

Semblable. Les couvre-joues sont presque détachés. Trous tous les 3 c.
Vert grisâtre, légèrement bleuâtre.

482 (82). — Prov. incon. — 20 de h., 22 de prof., 13 de large. — Cf. *Olympie*, pl. 42, 1029.

Casque sans couvre-nez, dont la moitié latérale est seule conservée (les deux parties du casque étaient rivées ensemble et si solidement que, dans l'exemplaire d'*Olympie*, la cassure ne n'est pas faite suivant la ligne de suture).
A 2 c. et de chaque côté de la fente médiane, ligne en saillie d'un à 2 mm. A côté de la fente, trous distants de 2., où passaient les rivets. En bas, rebord de 7 mm., percé de trous servant au rembourrage.
Patine d'un vert brunâtre.

483 (1020). — Prov. incon. — 22. de h., 14 de prof., 16,5 de large. Couvre-joues, 14, 6 ; 2 mm. d'ép. aux bords.

Semblable. Aux bords, cercles de 4 mm. gravés tous les 6 mm. En haut, double crête de 5 mm. de haut et de 5 c. de large. Trou en haut du timbre et au milieu du front pour l'attache de la crinière.
Grisâtre.

484 (1021). — Prov. incon. — 20 de h., 25 de prof., 15 de large. Couvre-joues, 13,5, 1,5 à 3,5 d'épaisseur.

Sur les bords, grènetis entre deux lignes en relief. En haut, double crête, large de 4,5.
Gris jaunâtre.

485 (1022). — Prov. incon. — 20 de h., 19,5 de prof., 15 de large.

Crête de 3,7 de large et de 3 mm. de relief. Rebord de 9 mm., percé de trous à des intervalles de 3. à 4,2.

Vert clair, oxydé.

486 (474). — *Stemnitza* (Arcadie). — H., 20. Larg., 14 à 16,8. Ep., 0,2 environ.

Masque plat, couvert d'un casque à géniastères obliques et richement décoré au repoussé et à la pointe. Dessin de spirales en haut du front. Les yeux sont remplis d'un émail blanchâtre et les cils figurés comme le n° 714 d'*Olympie*. — Trous d'attache en haut de la tête. Le couvre-joue de droite est détaché. — Cf. les appliques apuliennes qui décoraient la tête des chevaux, *Karlsruhe*, 780-5...

Olive foncé, légèrement brunâtre.

CEINTURE.

487 (14). — *Béotie* (Platées). — H., 8,5. D., 21 à 32. Ep., 0,05. — *Arch. Anz.*, 1861, p. 233. Cf. *Friederichs*, p. 230-1, 1026-8. *Karlsruhe*, pl. 13, 16. Cf. les agrafes de *Pietrabbonddante* au *Musée de Naples*, 5827, 5840, 5843, le ceinturon 121331...

Ceinture, encore élastique, autrefois doublée de cuir (à 0,3 de chaque bord, série de trous espacés de 2 à 4 c.). — Double agrafe, en forme de palmettes d'où partent des crochets, avec triple rangée d'œillères (servant à desserrer ou à serrer). Deux bucrânes de sens opposé à 7 c. des palmettes ou des œillères : chacun est percé d'un trou avec anneau, d'où devaient pendre des pendeloques (cf. les ceinturons romains, *Friederichs*, 1078).

488 (85). — *Attique* (tombeau). — H., 6. Long., 1,50 et 1,40. Ep., 0,7.

Deux ceintures (?), élastiques et très épaisses, sans décoration aucune. — Très abîmées.

489 (2352). — *Attique* (tombeau). — Talon, l., 16,8; larg. max., 9. L. totale, 26,5.

Sandale « étrusque. » — Le talon est réuni à la partie large lu pied par une lame verticale et moulurée (h., 2,5), le tout étant entouré d'un rebord (h. 3) et cloué sur une semelle de bois.

Cf. Hesychios (Τυρ.). — Pollux, 2,92. — *Museo Italiano*, v. I, p. 2ª, 1891, pl. X, 30, p. 275. — *Friederichs*, 1552bd. — *Mus. Greg.*, pl. 57,7. — *Karlsruhe*, 204. — *Micali*, pl. 17,9. — *Notizie dei Scavi*, 1881, p. 167; 1886, p. 145... Pour les sandales dans les tombeaux, cf. Pline, XXXVI, 132 (h. de la pierre d'Assos).

490 (26). — *Argolide* (tombeau). — L. 24,2. Larg., de 4. à 8. — *Arch. Anz.*, 1861, p. 233.

Semblable, d'une pièce, avec clous de 3,5 en 3,5. 2 exempl.

2. — Lances, flèches, épées (491-526).

Pointes de lances et de flèches.

Les pointes de lances étaient d'abord assujetties dans une fente de la hampe, soit directement, par une soie en forme de langue (1), soit à l'aide de courroies qui entraient dans deux fentes percées à droite et à gauche de la nervure médiane (2). Il semble qu'on ait ensuite protégé le haut du bois par une grossière douille de métal (3). La transition était tout indiquée vers les fers d'une pièce, dont la nervure se continue par une douille. Aussi ces pointes à αὐλός paraissent-elles de bonne heure en Grèce (4). Les exemplaires du Polytechneion ont presque tous cette forme, la plus commune (5); deux pourtant sont

---

(1) N° 491. — Cf. S. Müller, *Ursprung u. erste Entwickelung der Europ. Bronzecultur*, Bruns., 1884 (*Archives d'Anthropologie*), p. 27. Hissarlik, *Ilios*, 801-5, 815. Ohnefalsch-Richter, *Kypros*, I, p. 457 f...
(2) Nᵒˢ 492-4. — S. Müller, v. pl. h, notes 1-4 (p. 27).
(3) *Ibid.*
(4) *Iliade*, 17, 295. — *Ilios* (6ᵉ ville), 1424. — *Mycènes*, 361, fig. 441 (4ᵉ tombeau)... — Ialysos, *Myk. Vasen*, pl. D, 12, 14-6. — Ohnefalsch-Richter, *Kypros*, II, pl. 146, 6 B, f. — *Olympie*, 1035, pl. 65...
(5) Nᵒˢ 495-498. — *Carapanos*, pl. 57, 7-9. — *Friederichs*, 1090-1110. — *Karlsruhe*, 729-739, pl. XIV. — Defenneh, *Fl. Petrie*, pl. 39. — Caylus, I, pl. 96, 3. — *Hallstadt*, pl. VII, 1-6. — *Musée du Capitole*. — *Mus. Greg.*, I, pl. 21, 6-7. — *Naples*, raccolta cumana, 86136; lances de *Pietrabbondante* 5809; de *Ruvo*, 5720...

faits d'une tige en forme de pyramide simple (1) ou quadrangulaire (2), qu'un départ relie à la douille. Ces fers, plus rares, nombreux surtout à Olympie (3), portent parfois des inscriptions (4). Aux pointes de lances s'ajoutent deux talons (σαυρωτήρ), 501-2 (5).

Les pointes de flèches étaient d'abord assujetties comme les fers de lance (6). Elles sont à double ou à triple crochet (ὄγκοι). — Parmi les exemplaires de la Société se retrouvent à peu près toutes les variétés connues (7).

491 (403). — *Amorgos.* — L., 25. Larg. max., 4. Ep. max., 0,8.

Fer de lance, à nervure, sans douille, finissant en baguette vers le bas. — Grisâtre.

492 (402). — *Amorgos.* — L., 28,3. Larg. max., 4,6. Ep., 0,2. — S. Müller (v. pl. h.), p. 27, fig. 35.

Semblable, avec deux fentes longitudinales vers le bas. On aperçoit sur la nervure, entre les fentes, la trace laissée par la hampe. — Vert marbré.

---

(1) Dans un seul ex. d'*Olympie*. — S. Müller, v. pl. h, p. 22.
(2) Nos ex. 499-500, et la plupart de ceux d'*Olympie*.
(3) S. *Müller*, pp. 22-3. — *Ploïon*, (*Bullet. des Antiq. de France*, 1880, pp. 174-7). — *Thespies* (*Deltion*, 1890, 164. 15). — *Acropole* (*J. of H. St.*, 1892-3, pl. VII, p. 128). — *Musées de l'Ermitage, de Copenhague* (S. M., p. 23).
(4) *Olympie*, 1052, 1058, pl. 64. — Ex. de *Thespies*, du *Ploïon* et de l'*Acropole* (v. pl. h).
(5) A *Mycènes*, ils apparaissent seulement sur les vases (Tsoundas, M., p. 87). Mais à *Vulci*, on les trouve dans les tombes à fosses (Gsell, p. 414). — Exempl. du *Ploïon*, de l'*Acropole*. *Olympie*, 1063-4. *Friederichs*, 1112ª. *Karlsruhe*, 743-7, pl. XIV, 17... — Sur les vases, Gerhard, III, 184. — Bas-reliefs, *Mitt.*, VIII, pl. 4.
(6) On ne les trouve pas à *Mycènes*, mais à *Menidi*, à *Spata*, à l'*Heraion* (S. Müller, fig. 22, p. 8), à *Olympie*, p. 23, etc...
(7) Defenneh, *Fl. Petrie*, pl. 39, 20. — *Antiq. du Bos. Cim.*, pl. 27, 11-9. — *Kalymna* (Kemble, *Horae ferales*, VI, 3, 4). — Carapanos, pl. 58, 17-8. — *Olympie*, 1059, 1082, 1086, 1090, 1095-6, pl. 64. — *Marathon* (Karlsruhe, pl. XIV, 24, 27, 29, 31, 38, 40). — *Syracuse* (*Mon. Ant.*, v. I, 1892, p. 940, note I). — *Megara Hyblæa* (ibid.). — *Musées de Constantinople, de Naples* (*Pietrabbondante*). — *Arch. Zeit.*, 1870, p. 121, 46. — Caylus, I, pl. 93, 5-7. — *Hallstadt*, pl. VII, 7-8. — Gréau, 711. — *Friederichs*, 1113-1124...

493 (357). — Prov. incon. — L., 18. Larg., 6,5. Ep., 0,25. — S. Müller, p. 27.

Semblable. — Brunâtre.

494 (401). — *Amorgos*. — L., 31. Larg., 4,8. Ep., 0,2. — S. Müller, p. 27.

Semblable, sans nervure.

495 (sans n°). — H., 12,5. D., 1,2.

Douille cassée en haut. Vert très pâle.

496 (996). — *Attique*. — H., 15. D., 3. Larg. max., 4,2.

Fer de lance à nervure et à douille. — Cf. *Olympie*, 1035....

497 (1145). — *Rhodes*. — H., 16,8. L., 4,4. D., 2,2. — Semblable.

498 (510). — *Amorgos*. — H., 11,3. L., 4,8. D., 2. — S. Müller, p. 26 (cf. p. 23, fig. 26).

Semblable : trous de clous en bas de la douille.

499 (sans n°). — H., 17. D., 2,4. — Cf. *Olympie*, 1052..

Pointe rectangulaire, s'amincissant vers le sommet et reliée par un tore à la douille de base.

500 (360). — Prov. incon. — H. 18,5. D., 2.

Semblable, reliée par un départ au tore de la douille.

501 (2514). — *Delphes*. — H., 12, D., 2,5.

Talon cannelé à pointe conique, cassé haut et bas. — Cf. *Olympie*, 1067..

502 (sans n°). — H., 18,2. D., 1,8.

Talon conique, fixé sur le bois par un clou.

503 (1288). — *Kasa* (Eleuthères). — H., 9,5. D., 1,2. Larg. max., 1,9. — Πρακτικὰ, 1890, p. 95.

Pointe de flèche votive. Sur la douille de base, incrustations d'argent (dessin de feuilles). Sur les pennes, lignes transversales gravées.
Beau vert olive.

504 (sans n°). — Environ 150 pointes de flèches, de 15 modèles différents. — H., 1,8 à 7. — Quelques-unes sont à soie et étaient fichées dans une fente du bois; la plupart sont à douille, forme qui commence d'apparaître dans les tombeaux les plus récents de la *Crimée* (S. Müller, p. 23).

ÉPÉES, POIGNARDS, HACHE DE GUERRE.

L'épée de *Steni*, 505, est plus récente que les lames de l'époque mycénienne (1). Au lieu de se terminer par une soie assez courte (2) entrant dans un pommeau rond (3) ou conique (4) d'os ou d'albâtre (5), elle a une garde longue, à hauts rebords, doublée de deux plaques de même forme. Les clous, disparus, devaient être, comme ceux des poignards, à grosse tête et de bronze, d'or ou d'argent (6).

Parmi les poignards, assez nombreux, notons plusieurs exemplaires sans nervure, fixés à la garde par des clous épais et par une soie mince et courte (7). D'autres, que l'on retrouve à *Mycènes*, sont minces, effilés de tous côtés, et terminés en haut par une ligne droite : ce devait être des rasoirs (8). Parmi les exemplaires dont la lame se renfle en son milieu, notons trois poignards à nervure très fine, dont l'un a les tranchants légè-

(1) Cf. S. Müller, v. pl. h, fig. 1-2, p. 5.
(2) *Ibid.*, fig. 1 et 2.
(3) *Ibid.*, fig. 12-3, p. 7.
(4) *Ibid.*, fig. 15, p. 7.
(5) *Ibid.*, p. 6.
(6) Homère, « χρυσόηλος, ἀργυρόηλος, » *passim*. — Cf. Ohnefalsch-Richter, *Kypros*, I, p. 451. — *B. C. H.*, 1886, I-III (*Mycènes*). — Ἐφ. Ἀρχ., 1889, pl. 7, 1 (*Vafio*). — *Anz.*, 1891, 122 (*Galaxidi*)... Cf. nos n°ˢ 506...
(7) 506-513. — S. Müller, p. 26-7, fig. 36. Cf. fig. 16, pp. 7-8 (*Mycènes*); p. 22 (*Olympie*).
(8) 514-5. — S. Müller, p. 26. Cf. fig. 23, pp. 8-9.

-ement concaves (1). Les autres, plus simples, sont de formes plus communes (2).

Un glaive, pareil à ceux que l'on rencontre sur les vases de style sévère (3), et un ciseau (4)(?), complètent la série des armes. J'y ai joint la hache 526, qui ne peut être qu'une arme de combat : elle rappelle un objet pareil trouvé à *Vafio*, et semble d'origine orientale (5).

505 (1112). — *Steni* (Eubée). — L., 76,8 (de la poignée, 13,5). Larg. de la garde, 5,5 ; de la petite branche, 3,3. Ep., 0,5. H. du rebord, 0,5. — Cf. les épées de *Pietrabbondante* au *Mus. de Naples*, 5818, 5820...

Epée d'une pièce. — L'arête médiane est remplacée par un bandeau plat compris entre deux filets. La lame, qui s'est élargie depuis la pointe, est reliée par une attache triangulaire à la garde, longue et mince, qu'une petite branche embryonnaire coupe à mi-hauteur. Autour de la garde, rebords, entre lesquels cinq clous fixaient les lames d'applique.

Belle patine bronze florentin.

506 (879). — *Amorgos*. — L., 19. Larg. max., 6. — S. Müller, fig. 36, p. 26-7.

Poignard, sans nervure médiane, à soie courte et cassée, fixé par trois clous à lame d'or.

507 (880). — *Amorgos*. — L., 25. Larg., 6,5. Ep., 0,4. — D. des clous, 1,2 (h., 1,5).

Semblable, fixé par quatre clous.

---

(1) 516-8. — S. Müller, pp. 26-7, fig. 34...
(2) 519-523.
(3) 524. — Cf. *Millingen*, pl. 6... — Cette forme apparaît déjà sur les plaques de bronze estampées de l'*Acropole*; cf. *J. H. S.*, 1892-3, pp. 262, 268, fig. 29 et 32...
(4) 525.
(5) Cf. une hache de *Vafio* ('Εφ. Ἀρχ., 1889, pl. 8, 1, pp. 155-6); une autre du *Musée de Naples*, 72042; une intaille de *Vafio* ('Εφ. Ἀρχ., 1889, pl. 10, 26), et des bijoux d'or lydiens (*B. C. H.*, 1879, pl. 4 et 5)... Montelius (*Archiv. für Anthropolog.*, 1892, cité par Tsoundas, *Mycènes*, p. 88) rapproche les haches de *Syrie*, en particulier une hache de *Beyrouth*.

508 (359). — Prov. incon. — L., 22. Ep., 0,5. — S. Müller, p. 26.

Semblable. — A la soie, un clou encore en place. — Cassé en bas.

509 (sans n°). — L., 8. Larg., 2,8.

Semblable. — Brisé.

510 (sans n°). — L., 26. Larg., 5,5. Ep., 0,3.

Semblable. — Bronze florentin, altéré.

511 (sans n°). — L., 14. Larg., 3.

Semblable. Brisé. Trois clous conservés.

512 (sans n°). — L., 21,5. Larg., 2,9. Ep., 0,4.

Semblable. Trace de deux clous.

513 (sans n°). — L., 23. Larg., 4. Ep., 0,2.

Semblable. Brisé.

514 (877). — *Amorgos*. — L., 20. Larg., 3,5. Ep., 0,1. — S. Müller, p. 26, fig. 23.

Rasoir (?) sans soie, effilé partout, sauf en haut où il était fixé par trois clous. — Oxydé.

515 (878). — *Amorgos*. — L., 19. Larg., 2,8.

Semblable. — Oxydé.

516 (427). — *Amorgos*. — L., 22. Larg., 6,5. Ep., 0,3. — S. Müller, fig. 34, p. 26-7.

Poignard à nervure médiane très fine. La courbe qui va de la pointe à la garde est concave au lieu de convexe. Quatre clous à l'attache. — Grisâtre.

517 (223). — Prov. incon. — L., 26. Larg., 6,5. Ep., 0,4. — S. Müller, p. 26.

Semblable, sauf la courbe des deux tranchants. Deux trous. — Brunâtre.

518 (358). Prov. incon. — L., 18,5. Larg., 3,8. Ep., 0,3.

Semblable. Quatre clous. — Gris verdâtre.

519 (881). — *Amorgos.* — L., 30, 6. Larg., 6. Ep., 0,25. — S. Müller, p. 26.

Poignard à nervure plus saillante. Un clou encore en place. Cassé en bas.

520 (sans n°). — L., 10. Larg., 2,2. Ep., 0,15.

Semblable. — Cassé haut et bas.

521 (sans n°). — L., 12. Larg., 3. Ep., 0,2.

Semblable. — La soie conservée.

522 (sans n°). — L., 26. Larg., 2,3. Ep., 0,8.

Semblable.

523 (sans n°). — L., 16. Larg., 2,5.

Semblable.

524 (995). — *Attique.* — L., 31,7 (de la lame, 22). Larg. max., 6. Ep., 0,7. Rebord, 0,9.

Poignard de forme plus récente. Lame large finissant en triangle ; garde étroite et longue, entourée d'un rebord et surmontée d'un croisillon.

525 (362). — Prov. incon. — L., 25. Larg., 3. Ep., 0,8.

Lame épaisse, sans fentes ni nervures. Ciseau (?). — Patine grise.

526 (363). — *Pergame.* — H., 9. Larg., 4. Ep. max., 2,3. — V. pl. h. (cf. Ἐφ. Ἀρχ., 1891, pl. 8, 1).

Hache de forme demi-circulaire, percée de deux fentes transversales, de sorte que le manche passe dans trois douilles superposées. Cassé en partie.
Noirâtre.

3. — Disques et strigiles (527-575).

DISQUES.

527 (149). — Prov. incon. — Mylonas, Ἑλληνικὰ κάτοπτρα, 1876, n° 36. — D., 19. Ep., 0,6.

Disque de cuivre, décoré de cercles concentriques. A 9,5 du centre est l'inscription :

ΣΙΜΟΝ ΘΕΟΙΣ ΣΩΤΗΡΙΟΙΣ

528 (600). — Prov. incon. — D., 11,5. Ep., 1,8 à 2,1.

Disque en fonte pleine avec rebord saillant. Au milieu, trou carré où passait un tenon.
Cuivre apparent sous la patine.

529 (2451). — Prov. incon. — D., 25,3. Ep., de 0,5 à 2,2.

Disque lourd, grossier.

530 (1467). — *Amyclées.* — D., 19. Ep., 1,5. Poids, 3 k. 360. — Ἐφ. Ἀρχ., 1892, p. 13. (Tsoundas.)

Disque en fonte pleine, renflé au centre.

STRIGILES.

La στλεγγίς ou strigile servait dans les palestres et dans les bains. Elle n'était pas spécialement réservée aux hommes. Le témoignage formel d'Aristophane (1) et toute une série de monuments (2), dont un manche de strigile venant de *Palestrine* (3), montrent la στλεγγίς employée par les femmes. Aussi la découverte d'un strigile dans une tombe ne suffit-elle pas à prouver le sexe du mort (4). — La στλεγγίς se compose d'un manche et d'une partie plus large, courbe et généralement convexe. — Le manche, dans les exemplaires grecs, est en forme d'anneau long, où l'on passait les doigts ; la lame qui le compose revient sur elle-même, sur toute sa longueur, et se termine, à la partie inférieure, par une applique en forme de feuille, qui était soudée ou clouée à la naissance de la courbure. Plus tard, l'anneau est supprimé ou les deux lames sont si rapprochées qu'il faut saisir le manche du strigile à poignée. — De même la partie qui raclait l'épiderme, au lieu de se relier à la grande branche par une courbe insensible, fait bientôt avec elle un angle presque droit. — Chez les Romains, enfin, la στλεγγίς devient lourde, massive et semble avoir été d'ailleurs moins usitée (5).

On a trouvé à Myrina (6), en Macédoine (7), à Kertch (8) et à Pompéi (9) l'attirail complet d'un baigneur. Il comprend plusieurs strigiles suspendus à un anneau, parfois aussi un vase à parfums (Pompei, Kertch) et une patère (Pompei) (10).

Les strigiles sont généralement en bronze, mais souvent aussi en fer (11). Il y en a de dorés (12). D'autres, trouvés en

---

(1) *Thesmophories*, 556. — *Scoliaste des Chevaliers*, 580.
(2) Vases de l'*Ermitage* (*Atlas du C. R de S. P.*, 1862, pl. I, 1 (?), et 1863, pl. II, 20). — Coupe de Capoue (*Anz.*, 1893, p. 90). — Nicolo de l'*Ermitage* (*C. R. de S. P.*, 1870, p. 86). — Plaques de marbre venant d'*Amyclées*, aujourd'hui au British, représentant deux trousses de toilette féminine : *C. I. G.*, 1466, 1467 (*Caylus*, t. II, pl. 51, 1...). — Miroirs étrusques (*Gerhard*, III, 317, 318). — Support de *Vulci* (*A. Z.*, 1847, 187, 13)...
(3) *Monumenti*, IX, 29, 3.
(4) Les conclusions de MM. Pottier et Reinach (*Myrina*, p. 63 et p. 108, note 1) semblent prématurées.
(5) Ex. de *Pompei*, 70080...
(6) *Myrina*, p. 93 et p. 201, note 4. — Cf. les strigiles trouvés dans les cistes, *Mus. Greg.*, I, pl. 37 (Etr. Spiegel, I, pl. VI).
(7) Notre n° 569.
(8) *Antiq. du Bos. Cimmérien*, pl. 31, 3.
(9) *Museo Borbonico*, VII, 16 (*Herculanum et Pompéi*, par Roux, t. 7, pl. 87). — *Musée de Naples*, 69904, 69962-3, 109797...
(10) Pour les strigiles sur les vases peints, cf. *Caylus*, II, pl. 37. Millin, II, 45. *Mus. Greg.*, II, pl. 87. — *Musée de Naples*, 1150...
(11) Cf. la plupart des strigiles de *Myrina* (p. 81, 20 ; p. 30, 81 ; p. 93)...
(12) *Soc. Arch.*, 546-7.

Italie et en Russie, sont en argent (1). Enfin, le musée de Constantinople a une στλεγγίς de Kyme, dont la poignée est décorée de boutons de verre incrustés (2).

La Société possède un strigile dont le manche est gravé, 531. La scène figurée est, comme dans les rares exemplaires conservés (3), un épisode de la palestre.

Plus nombreux sont les strigiles à inscriptions, portant, comme les tuiles et les anses d'amphores, le nom du fabricant. Beaucoup sont connus en dehors d'Athènes (4). Il faut ajouter à la liste huit exemplaires du Polytechneion, 532-9, et un neuvième, 540, qui porte à la fois une inscription et une marque de fabrique. Quatre autres, 541-4, n'ont que ces marques, dont l'une seulement paraît avoir quelque rapport avec les exercices de la palestre, 541. Je mentionnerai enfin une στλεγγίς avec ornements gravés, 542, et deux exemplaires dorés, 543-4.

Les autres strigiles sont sans décoration, la plupart de bon style, mais les autres plus lourds, la petite branche à angle droit et la poignée déjà massive, 573-4.

531 (700). — Prov. incon. — L., 10 (du manche, 8). Larg., 1,1. — Collignon, *Archéologie*, fig. 138, p. 352. — Cassé en bas.

Sur le manche est gravé un enfant nu, de profil à droite, mais la tête presque de face. Il s'appuie sur le pied droit, le gauche en arrière et portant sur la pointe. De la main gauche renversée, il relève ses cheveux : la droite, non conservée, était ramenée sur la poitrine et tenait la στλεγγίς. Cf. un bas-relief du Pirée (Cavvadias, *Catal.*, 888. — Le Bas, pl. 62, 2). — Le motif de l'Apoxyomène est très ancien : cf. le relief de Delphes, les statues de Polyclète (Furtw., *Meisterw.*, p. 470-1, fig. 78-9), de Lysippe...

Patine brune.

---

(1) *Antiq. du Bos. Cimmérien*, pl. 31, 2 et 3. — Str. de Chiusi, *Jahrb.*, 1888, p. 244.
(2) *Catalogue du Musée*, par S. Reinach, p. 81.
(3) *Myrina*, p. 201-2 (*B. C. H.*, X, 296-8), strigile du Louvre. — Reinach (*loc. cit.*) fait mention, d'après le P. Garucci (*Bullettino*, 1866, p. 69), de trois autres strigiles trouvés en Italie.
(4) Pour ces inscriptions et pour les marques de fabrique, cf. *Friederichs*, p. 88-9, nos 202, 206-214, 230. *Carapanos*, pl. 26, 8. *Bullettino*, 1863, pp. 21-9, 188. *Karlsruhe*, 214-5, 217. *Jahrbuch*, I, 126. *Anzeiger*, 1892, 176... Pour la bibliographie, cf. *Myrina*, p. 201, note 6.

GUERRE ET PALESTRE.   107

532 (991). — *Pirée* (Keratsine). — L., 17 (du manche, 7 ; de la petite branche, 7). Larg., 2,6 (partie courbe).

Dans un cartouche : EhWIιW (?).

533 (2260). — Prov. incon. — L., 18 (manche, 7 ; pet. br., 8). Larg., 2,1 (du manche, 1,6).

Dans un cartouche : EΛVPXO (?).

534 (714). — *Tanagra* (Kokkali). — *B. C. H.*, I, 356 (37). — L., 21 (man., 8 ; p. br., 3). Larg., 2,5. — Cassé.

Dans un cartouche : TIMOMAXO.

535 (465). — Prov. incon. — L., 22 (man., 7 ; p. br., 10). Larg., 2,6 (man., 1). — Ἐφ. Ἀρχ., 1872, pl. 58, 13.

Dans un cartouche : PIΣTAPΙ [Ἀ]ριστάρ[χου].

536 (540). — *Dombrena*. — L., 15 (man., 7,2 ; p. br., 3). L., 2,4 (man., 1). — Ἐφ. Ἀρχ., 1872, pl. 58, 12. — Cassé en bas :

Dans un cartouche : APTI.

537 (1188). — *Érétrie*. — L., 12 (man., 10). Larg., 3 (man., 0,6). — Cassé en bas.

Gravure verticale :

Ἄλκεος Ἡρακλεώτης.

ΑΛΚΕΟΣΗΡΑΚΛΕΩΤΗΣ

538 (415). — *Attique*. — L., 8. Larg., 1,6. Ep., 0,5. — Ἐφ. Ἀρχ. 1872, pl. 58, 14. — Cassé.

Dans un cartouche : ΛΡΙΣΤΙC Ἀριστίο[νος].

539 (990). — Prov. incon. — L., 13 (man., 9). Larg., 1,4. Ep., 0,2. — Cassé.

Dans un cartouche : ΔΟΛΟΓΙΔΟ Δολοπίδο[υ].

540 (2362). — *Leonidion.* — L., 10 (man., 7). Larg., 1,3. — Cassé. L'attache du manche est clouée.

Cartouche rond, avec cheval galopant à dr. Dans le champ : $\genfrac{}{}{0pt}{}{\text{IE}}{\Delta}$.

541 (713). — *Tanagra* (Kokkali). — *B. C. H.*, I, 356 (36). — L., 10 (man., 8). Larg., 0,7. — Cassé.

Dans un cartouche, éphèbe nu, tenant une στλεγγίς de la main droite et de la gauche une situle, marchant à droite.

542 (2224). — Prov. incon. — L., 22 (man., 9 ; p. br., 10). Larg., 3,1 (man., 0,5).

Dans un cartouche, Apollon (?) assis à droite et tenant une lyre (?).

543 (742). — *Athènes.* — L., 14 (man., 6). Larg., 2,3 (man., 1,1). — Cassé.

Dans un cartouche rond, centaure dressé à droite et jouant des cymbales. — Cf. Chabouillet, 1680, intaille : centaure ailé jouant de la double flûte.

544 (740). — Prov. incon. — *B. C. H.*, 1878, 544 (63). — L., 12 (man., 6,5). Larg., 2,5 (man., 1,1). — Cassé.

Dans un cartouche, trois jambes tournant en ailes de moulin.

545 (632). — *Tithorée* (Phocide). — L., 18 (man., 9 ; p. br., 7,5). Larg., 1,4. Ep., 0,25.

Sur le manche, sont gravés, à l'avers, des cercles entre deux lignes de gouttes, au revers, une ligne médiane d'où partent des barbes de flèche.

546 (729). — Prov. incon. — L., 20 (man., 8 ; p. br., 8). Larg., 2,5 (man., 1,5).

Doré. Palmette gravée sur le manche.

GUERRE ET PALESTRE.

547 (655). — Prov. incon. — L., 22 (man., 8; p. br., 7). Larg., 1,9 (man., 0,7). — Doré.

548 (2223). — Prov. incon. — L. 21 (man., 6; p. br. 5). Larg., 1,9 (man., 1).

549 (2244). — Prov. incon. — L. 19,4 (man., 6,4; p. br., 8). Larg., 2,2 (man., 1).

550 (2245). — Prov. incon. — L., 18,5 (man., 8; p. br., 8). Larg., 2,2 (man., 1).

551 (2246). — Prov. incon. — L., 18 (man., 8; p. br., 5). Larg., 2,2 (man., 0,5).

552 (2247). — Prov. incon. — L., 12 (man., 6; p. br., 5). Larg., 2,3 (man., 0,3).

553 (2248). — Prov. incon. — L., 18 (man., 7; p. br., 7). Larg., 1,9 (man., 0,6).

554 (2249). — Prov. incon. — L. 17 (man., 7,5; p. br., 7). Larg., 2,5 (man., 0,5).

555 (2250). — Prov. incon. — L., 20 (man., 8; p. br., 7). Larg., 2,5 (man., 0,5).

556 (586). — Prov. incon. — L., 13 (man., 7; p. br., 5). Larg., 2,6 (man., 0,9).

557 (sans n°). — L., 14 (man., 7; p. br., 9). Larg., 2 (man., 1,4).

558 (sans n°). — L., 10. Larg., 2. — Cassé.

559 (762). — *Corinthe.* — L. 21 (man., 8; p. br., 8). Larg., 2,3 (man., 1,2).

560 (763). — *Corinthe.* — L. 19 (man., 8; p. br., 9). Larg., 3 (man., 0,6).

561 (587). — Prov. incon. — L., 15 (man., 7 ; p. br., 8). Larg., 2,5 (man., 0,7).

562 (859). — Prov. incon. — L., 10 (man., 4,5 ; p. br., 4). Larg., 1,8 (man., 0,4).

563 (168). — *Egine.* — L., 25 (man., 8 ; p. br., 10). Larg., 2,4 (man., 1).

563 *bis* (1104). — Prov. incon. — L., 25 (man., 7,2 ; p. br., 6). Larg., 1,7 (man., 0,6).

564 (1118 *bis*). — *Érétrie.* — L., 16,5 (man., 7 ; p. br., 6,5). Larg., 2,1 (man., 0,7). — Attache soudée.

565 (743). — *Athènes.* — L., 15 (man., 6 ; p. br., 7). Larg., 2,6 (man., 0,5). — Attache clouée.

566 (948). — *Corinthe.* — L., 19 (man., 8,5 ; p. br., 10). Larg., 3,5 (man., 0,8). — La partie courbe de la στλεγγίς est clouée au manche.

567 (sans n°). — L., 20 (p. br., 6). Larg., 2,9. Ep., 0,4. — Semblable. Petite branche à angle presque droit.

568 (sans n°). — L., 22 (p. br., 8). Larg., 2,5. Ep., 0, 6. — Semblable.

569 (861). — *Macédoine.* — D. extér., 12,5. Intér., 10. — L. du str. A, 16 (man., 9,5 ; p. br., 7). Larg., 1,3 (man., 1,3). — Str. B. L., 20 (man., 11,5 ; p. br., 12). Larg., 2,3 (man., 1,2).

Anneau fermé par un lion rampant saisissant une branche. Deux strigiles y sont suspendus, dont la poignée est rectangulaire, la palmette étant remplacée, comme dans les n°s suivants, par une lame perpendiculaire au manche. — Cf. *Mus. Borb.*, 7,16.

570 (737). — *Tanagra.* — *B. C. H.*, 1878, 543 (60). — L., 24 (man., 11,5 ; p. br., 13). Larg., 3 (man., 1,7). — Semblable.

571 (222). — Prov. incon. — L., 19 (man., 10). Larg., 2,5, cassé. — Semblable. Suspendu à un anneau (d. ext., 8).

572 (437). — *Platées*. — L., 25 (man., 11; p. br., 14). Larg., 2,5 (man., 1,8). Anneau (d. ext., 10,5; d. int., 8,7).

573 (438). — *Platées*. — L., 22 (man., 11; p. br., 10). Larg., 1,1 (man., 1,2). — La poignée a 0,5 de large, et les lames sont reliées, au milieu, par une cloison transversale : la στλεγγίς devait être saisie à poignée (*Musco Borbonico*, VII, 16).

574 (947). — *Corinthe* (Korako-Vrysi). — L., 33 (man., 11; p. br., 4). Larg., 2 (man., 1,5).

D'une seule pièce. Le manche est cylindrique et surmonté d'une sorte de pommeau.

575 (962). — Prov. incon. — L., 7. Manche, 3 (percé d'un trou).

Petit strigile votif qui devait être suspendu.

IV

Métiers... (576-792).

---

1. — Clous, serrures, clefs (576-610).

J ai réuni aux clous (576-586) la boule de fauteuil (587), le chapeau de timon (588) et les pièces (589-592) dans lesquelles on peut voir trois gonds (?) et une crapaudine.

Les clous sont à tête ronde, plate ou convexe. Deux sont de forme particulière (582-3) et deux ont la tête carrée (585-6).

576 (601). — Prov. incon. — H., 9. D., 9,3. Ep., 0,4. — Cf. *Olympie*, 1218, pl. 67, p. 192...

Grosse tête de clou en forme de cloche, surmontée d'un bouton. Sur la tranche, moulures et cercles horizontaux. Elle devait être posée sur un vantail.

577 (602). — Prov. incon. — H., 9,1. D., 8,2. Ep., 0,5. — Semblable.

578 (sans n°). — H., 8,5. D., 8,2. Ep., 0,3. — Semblable.

579 (523). — Prov. incon. — H., 9,5. Côté, 0,3. D. de la tête, 5.

Semblable. Le clou carré est conservé.

580 (524). — Prov. incon. — H., 3,2. D., 5.

Semblable. Clou cylindrique plus court.

581 (1024). — *Attique*. — H., 16 à 22. D. des têtes, 1,6 à 2. Ep. en haut, 0,7 à 0,9.

Lot de 14 clous à tête ronde. — Cf. *Olympie*, 1214, pl. 67...

582 (57). — Prov. incon. — H., 5. Larg., 9,5. Ep. max., 0,8.

Clou en T et de section triangulaire. — Cf. *Carapanos*, pl. 52, 16...

583 (865). — *Tanagra*. — H., 2. L., 5,5.

Deux clous partant du milieu d'un arc d'éperon. — Cf., pour les éperons véritables, *Carapanos*, pl. 52, 1-4...

584 (141). — Prov. incon. — H., 11,8. L., 1,5.

Clou à tête creuse, où passe une tige cylindrique. — Vert jaunâtre.

585 (142). — Prov. incon. — H., 13,2. L. de la tête, 0,9. Largeur, 1,4. Ep., 0,15.

Tige carrée à tête rectangulaire.

586 (985). — *Eleusis*. — H., 19. H. de la plaque, 3. Larg., 2. Ep., 0,1.

Semblable.

587 (462). — *Atalante* (H. Constantinos). — H., 5,6. L., 10,5. Larg., 5,5.

Applique creuse et de section presque carrée qui recouvrait un bras de siège, terminée en avant par une volute, surmontée d'une boule sur laquelle est gravée une rosette. Trous d'attache vers le bas.
Fonte lourde.

588 (166). — *Athènes* (théâtre de Dionysos). — H., 7. Larg., 7 et 5 au sommet. Larg. totale, 16.

Chapeau de timon, formé d'un tronc de pyramide octogonal, limité haut et bas par deux moulures en forme d'écrous et sur-

monté d'une calotte hémisphérique. A droite et à gauche se détachent, en fonte pleine, deux appendices en col de cygne.
Fonte lourde. La calotte est brisée.
Vert clair.

589 (663). — *Tanagra*. — D., 6,7. H., 6. Ep., 0,3.

Douille cylindrique terminée, d'un côté, par un bandeau surmonté d'un chapeau convexe, de l'autre, par deux tenons troués au centre et rectangulaires. Gond (?). Cf. *Mus. de Naples*, 71660...
Olive clair.

590 (664). — *Tanagra*.

Semblable, mal conservé.

591 (sans n°). — D., 6,3. H., 3.

Semblable, avec moulures et filets gravés.
Patine brune.

592 (852). — *Karystos* (Eubée). — H., 7 (avec les pieds, 7,6). Ep., 0,45.

Crapaudine à 3 pieds, avec moulure haut et bas (cf. l'exemplaire rapporté par M. Heuzey de Macédoine, *Dar. et Saglio*, *Cardo*). Sur le bandeau supérieur :

ΑΠΟΛΛΩΝΟΣ : ΑΛΑΙΘΙΚΑ

Bleuâtre.

SERRURES ET CLEFS (1).

593 (870). — *Tanagra*. — H., 3,8. L., 3,9.

Serrure composée de deux plaques ajourées et clouées par trois clous l'une sur l'autre. — Cf. Fink, pl. II, 16, 20, 25, p. 48, 50, 52. *Mus. de Naples*, 71278, 71284...

---

(1) Cf. *Friederichs*, p. 324-5. *Karlsruhe*, p. 58 (331 b. etc..). Surtout Fink, *Der Verschluss bei den Griechen u. Röm.*, Regensburg, 1890, p. 1-58, 2 pl., etc...

594 (134). — Prov. incon. — H., 6. L., 6,2.

Plaque semblable, un peu courbée.

595 (135). — Prov. incon. — H., 7. L., 7,5.

La deuxième plaque, au lieu d'être égale, est plus petite (6 sur 6,7).

596 (132). — *Milo.* — H., 7. L., 10.

Plaque semblable, brisée aux bords, sur laquelle vient s'appliquer par un crochet une lame mince et plate (h., 2,5 ; l., 10,2; ép., 0,3).

597 (sans n°). — H., 5. L., 7.

Les plaques, encore en place, ont 2 c. d'écartement.

598 (136). — Prov. incon. — L., 5. Larg., 1,2. Epais., 0,4.

Targette percée de cinq trous (forme 1208, pl. 67 d'*Olympie*). — Cf. Fink, pl. 2, 9, p. 37, 42. *Karlsruhe*, 331, p. 58. *Caylus*, IV, pl. 55, 5. *Mus. de Naples*, 71392.. *Musée du Capitole*..

599 (920). — Prov. incon. — L., 4,5. Larg., 0,9. Epais., 0,4.

Semblable, mais les trous remplacés par trois fentes oblongues (1209, *Olympie*).

600 (855). — Prov. incon. — L., 4,5. Larg., 1,2.

Semblable, mais les trous disposés d'autre manière.

601 (919). — *Athènes.* — L., 5 Larg., 1. Ep., 0,6.

Semblable.

602 (136). — Prov. incon. — L., 3,8. Larg., 0,9. Ep , 0,2.

Semblable, avec double haste, haut et bas.

603 (810). — Prov. incon. — L., 4. Larg., 1,5.

Semblable, à simple haste.

604 (110). — Prov. incon. — L., 3. Larg., 1.

Bélière à la partie supérieure.

605 (936). — Prov. incon. — L., 3. Larg., 1,7. Ep., 0,4.

Targette suspendue à un anneau (d., 2,2).

606 (521). — Prov. incon. — L., 5. Ep., 1. — Cf. *Mus. de Naples*, 71401 (maison de Diomède). *Ibid.*, 2867, 3194 (ét. de cuivre..).

Clef semblable à nos clefs modernes.

607 (959). — Prov. incon. — Larg., 0,9. L. 1,7.

Clef dont le panneton est divisé en rainures profondes et parallèles, de manière à entrer dans les trous des targettes qui précèdent. — Cf. Fink, pl. II, 13-4, 19, 21, 23, p. 35, 37, 42, 48, 50-2. *Olympie*, 1206-7, pl. 67. *Mus. du Capitole. Mus. de Naples*, 71402..

608 (679). — *Attique*. — L., 1. Ep., 0,8. — Pour ces clefs suspendues à des anneaux, cf. *Naples*, 77262...

Clef semblable suspendue à un anneau (d., 1,7).

609 (213). — Pr. incon. — Diam., 1,5. Ep., 0,7.

Semblable.

610 (212). — Prov. incon. — L., 1,7. Larg., 1. Ep., 0,2.

Clef plate, avec un anneau aujourd'hui brisé.

2. — Haches de menuisier, lampes, supports de sièges...
(611-636).

HACHES.

Les haches homériques sont à un ou deux tranchants (πελεκέας, ἡμιπέλεκκα, *Il.*, 23, 851), et généralement en fer. — Les haches à deux tranchants se rencontrent en Assyrie (1), en Carie (2), en Lydie (3), en Syrie (4), à Chypre (5), à Tirynthe (6), à Mycènes (7), sur l'Acropole (8), à Olympie (9), en Sardaigne (10)... — Les haches à un tranchant paraissent n'avoir été connues que plus tard : ce sont, en Grèce, les moins nombreuses (11). Le Polytechneion n'en a qu'un exemplaire, de forme récente, 622 (12).

En revanche, les haches à deux tranchants sont au nombre de 11, 611-621, et appartiennent à trois modèles différents. — 1° (*Kéos*), haches aux bouts arrondis et à la douille amandiforme, 611-7. — 2° (*Naxos*), douille ronde et tranchant droit; de plus la courbe qui relie la douille aux tranchants est concave au lieu d'être convexe, 618-620. — 3° (*Crète*), coupe en losange régulier, 621.

Aux haches s'ajoutent deux hachettes votives, l'une, 622, à un, l'autre, 623, à deux tranchants (13). J'y ai joint un objet indistinct, 624.

611 (2344). — *Kéos*. — L., 18,5. H., 6,9 (au milieu, 4,6). Ep., 2,5. Trou de 3,6 sur 1,7. — Hache à deux tranchants (*Gréau*, 684). — Vert marbré, comme les n°s suivants, qui sont semblables.

(1) Layard, *Niniveh*, pl. 76. Rawlinson, *The five gr. monarch.*, II, p. 65..
(2) B. Head, *D. nummorum*, pp. 525, 528-9, 533.. — Cf. *Zeus Labrandeus*..
(3) *B. C. H.*, III, pl. 4-5 (coll. Hoffmann, pl. 20)..
(4) Lenormant, *Nouv. galer. myth.*, pl. 14, 16..
(5) Perrot, III, p. 867, fig. 634...
(6) Schliemann, *T.*, p. 189, fig. 100...
(7) En dehors des tombeaux. — Schliemann, *M.*, p. 125, fig. 173. — Cf. Helbig, *Hom. epos*, 2° édit., p. 112-3. Sophus Müller, *Ursprung der Europ. Bronzecultur*, Brunswick, 1884, p. 9-10...
(8) Une dizaine d'exemplaires. — Cf. *Gréau*, 684..
(9) S. Müller, v. pl. h, p. 24, fig. 32-3.
(10) La Marmora, *Voyage en Sardaigne*, pl. 34,3. — Cf. S. Müller, p. 9, note 3.
(11) A *Pompei*, au contraire, les haches à deux tranchants sont les plus rares (*Naples*, 71985)..
(12) Les exempl. anciens sont terminés en pointe du côté opposé au tranchant. — Cf. Helbig, p. 80, note 1 — Pour les ex. ordinaires, cf. Ohnefalsch-Richter, *Kypros*, II, 146 GB e, q, r, s...
(13) *Mycènes*. p. 252, fig. 329 (en or dans les tombeaux). — A l'*Heraion*. — A *Vafio* ('Εφ. Ἀρχ., 1892, pl. 3,2, p. 12. — A *Chypre* (*Salaminia*, III, 2). — En *Crète* (antre de Psychro, *Mus. Ital.*, p. 907, note 1, pl. 13,3). — A *Olympie* (p. 71, 520-7, pl. 26. — S. Müller, p. 24). — A *Olbia* et en *Transylvanie*, S. Müller, id. — *Kabirion*. — Mus. de *Constantinople* (inscription). — Mus. de *Copenhague* (S. Müller, p. 10, note 1). — *Karlsruhe*, pl. 14,53...

118   BRONZES DU POLYTECHNEION.

612 (2345). — *Kéos.* — L., 17,5. H., 7, et 3,5. Ep., 2,6. Trou : 3,5 sur 2.

613 (2346). — *Kéos.* — L., 17. H., 7,2, et 4,2. Ep., 2,8. Trou : 3,8 sur 2.

614 (2347). — *Kéos.* — L., 17. H., 6, et 3,7. Ep., 2,7. Trou : 4. sur 2.

615 (2348). — *Kéos.* — L., 17,5. H., 6, et 3,4. Ep. 2,6. Trou : 3,6 sur 1,8.

616 (2349). — *Kéos.* — L., 17. H., 6,8, et 4. Ep., 2,5. Trou : 3,7 sur 1,2.

617 (sans n°). — L., 15. H., 5,3, et 3,4. Ep., 2,5. Trou : 3,3 sur 1,8.

Semblable, patine noirâtre.

618 (2341). — *Naxos.* — L., 21,2. H., 5, et 3,9. Ep., 3,4. Trou : 2,1.

Hache à deux tranchants et à trou rond (v. pl. h). — Vert noirâtre, comme les deux exemplaires suivants.

619 (2342). — *Naxos.* — L., 21,2. H., 5,2, et 4,1. Ep., 4,5. Trou : 2,3.

620 (2343). — *Naxos.* — L., 20. H., 5, et 3,8. Ep., 3,3. Trou : 2,1.

621 (1186). — *Crète.* — L., 19,4. H., 5,8, et 5,2. Ep., 2,5. Trou : 1,7.

Pour la forme, v. pl. h. — Vert noir marbré. — Très lourd.

622 (177). — Prov. incon. — L., 12. H., 6,5, et 3,6. Ep., 3,8. Trou : 2,5.

Hache à un tranchant, arrondie du côté non coupant. — Patine noire. — Lourd.

MÉTIERS.

623 (sans nº). — L., 2,7. H., 0,7, et 1,1. Ep., 0,7. — Cf. *Caylus*, I, pl. 80,1 (dans un tombeau).

Hachette votive à un tranchant. Patine brunâtre.

624 (924). — Prov. incon. — L., 2. H., 0,8, et 0,35. Ep., 0,2.

Hachette votive à deux tranchants. *Olympie*, 525. — Patine marbrée.

625 (sans nº). — L. 11,2. Larg., 2,8 en bas, 4,3 en haut, 5,5 au milieu. Ep., 0,6.

Cf., pour la forme, *Hallstadt* (pl. VII, 16), mais la petite branche est plus rapprochée du tranchant. — Fer de hache (?). — L'ép. ne diminue pas du côté du tranchant.

LAMPES.

626 (562). — Prov. incon. — L., 10,5. H., 3. D., 6. Ep., 0,25. — Cf. *Olympie*, pl. 53, 892. *Mus. de Naples*, 72095, 72515.. et de nombreux exemplaires en terre cuite (*raccolta cumana..*).

Lampe primitive, simple bol creux, avec anse et godet, portant sur un pied en forme de cloche basse. Sous l'anse, figure archaïque, très altérée, les yeux ronds et saillants.
Patine brune.

627 (164). — *Attique.* — L., 10,8 (sans l'anse, 9,4). Larg., 4,7. H., 4. Base, 4,5 sur 3.

Lampe commune, en fer à cheval allongé, s'évasant à l'opposé de l'anse pour former le godet. Fente près de l'anse et trou d'air au milieu. — Cf. Roux, *Herc. et Pom.*, VII, pl. 55.
Fonte lourde. Oxydé.

628 (981). — *Eleusis* (fouilles). — L., 17,5. Larg., 6. H., 4,3. Base, 3,3. — Cf., pour la palmette, *Naples*, 72267..

Lampe plus ornée avec palmette à la poignée. Le trou central est fermé par une coquille à charnière (d., 3). Bélière près du godet et anse sous la palmette.
Patine grise.

629 (618). — Prov. incon. — L., 13 (d., 6). H., 3,5.

Semblable, mais ronde au milieu. Le trou central (d., 2) est plus bas que les bords, au lieu d'être surélevé comme dans le n° 628.
Vert terne.

630 (473). — Prov. incon. — L., 29,5 (long. sans l'anse, 20). H., 7 (h. avec le godet, 11,5 ; h. totale, 18,5). Larg., 10. — Pour l'anse à volute, cf. *Mus. de Naples*, 72230, 72253-4...

Grande lampe, dont l'anse surélevée se recourbe en volute surmontée d'une colombe. L'orifice central est fermé par un haut couvercle mouluré.
Patine brunâtre.

631 (1157). — *Philadelphie* (Alacheïr). — L., 99. Tige, 2. sur 1,2. Ecrou mobile, 2,3. — Support de siège. — Cf. un siège de Tarente, au Louvre. *Mus. de Naples*, 72924...

Longue tige rectangulaire, légèrement courbée au milieu et terminée, d'un côté, par un buste de femme émergeant d'un calice et muni d'un crochet (*A. Z.*, 1883, 177-181), de l'autre, par un pied d'animal (au milieu, tête de tigre en relief). Ecrou fixe à 18,6 du buste, écrou mobile à l'autre bout, deux lames épaisses et rectangulaires partant de chaque écrou et servant à relier les pieds entre eux.
Noirâtre.

632 (1157). — Même provenance. — Mêmes dimensions.

Semblable, mais rectiligne. La tige de raccord est conservée sur une longueur de 66. (ép., 0,55 ; larg., 1. à 1,5).

633 (23). — *Stoa d'Attale*. — H., 16,3. Larg., 10 (tête, 6,5 sur 3,8).

Tête d'hippopotame, posant sur deux pattes allongées et reliée par un calice à une douille où s'insérait le pied du siège. Fort crochet par derrière, terminé par une bélière entre deux crochets. — Travail soigné.
Grisâtre. Autrefois doré.

J'ai placé ici les n°ˢ 634-6 qui ne rentrent dans aucune des catégories qui précèdent.

634 (712). — Prov. incon. — *B. C. H.*, I, 356 (35). — L., 14,5. Ep., 0,5. Larg., 3,1. A la fourche, larg., 2,5 ; ép., 2,3.

Poignée s'appliquant sur une surface courbe et engagée dans une rainure où elle était rivée par un clou transversal. Mince au début, elle s'élargit à la fourche, d'où partent deux doigts écartés et courbés.
Terne.

635 (875). — *Mégare*. — L., 35,2. Larg., 1,8 à 2,2. Plaque, 6,7 sur 4,7. Ep., 0,1. Cercle, d., 5,5.

Cercle, troué à jour de quatre trous et terminé par un manche qui se courbe à l'extrémité et se soude sur une plaque métallique. — Trous d'attache sur le manche et la plaque.

636 (467). — Prov. incon. — L., 31. Larg., 1,8 à 2,1. Cercle, d., 3,5.

Semblable. Le cercle est percé d'un seul trou.

3. — Instruments de chirurgie (637-661).

Il est parfois difficile de les distinguer des objets de toilette (v. pl. h.). Mais, par contre, les pinces 642-3 n'ont guère pu servir qu'à un médecin, et les crochets 644-5 à un dentiste. La collection comprend quatre boîtes aujourd'hui vides (637-640) (*Mus. Borb.*, 15, 23, 9. *Friedericks*, 1225...), quelques instruments, surtout des pinces et des crochets, et une ventouse bien conservée (657).
Les styles 658-660 et la tige 661 ont été rangés après les instruments chirurgicaux, par simple analogie de forme.

637 (76). — Prov. incon. — H., 7,2. D., 1,4. — Cf. les boîtes à parfums et *Mus. de Naples*, 78154, 78179, 78185, 78188..

Boîte ayant dû contenir une trousse de chirurgien (*Mus. B.*, 15, 23, 9).

638 (964). — *Tanagra*. — H., 10. D., 2,5. Ep., 0,2. — Semblable.

639 (676). — *Tanagra*. — H., 10,5. D., 2,2. — Couvercle.

640 (sans n°). — Semblable.

641 (998). — *Attique*. — L., 18. Ep., 0,15. Larg., 0,5. — Pince simple non décorée.

642 (1177). — *Milo*. — L., 14,5 (manche, 3,7). Larg., 0,8. — (Pince sans manche à *Naples*, 77984; avec manche, 115665..)

Pince au bout d'un manche, orné de filets (*Olympie*, 1107, pl. 65).

643 (1178). — *Milo*. — L., 15 (man., 4). Larg., 0,6.

Semblable. Les lames finissent en fer de faucille.

644 (670). — *Tanagra*. — L., 21,5 (man., 5).

Semblable, mais les lames sont remplacées par des tiges à crochet (*M. Bor.*, 15, 23, 3).

645 (671). — *Tanagra*. — L., 16. — Cf. *Mus. de Naples*, 78041, 116443..

Crochet, dont la petite branche (l., 4) se coude à angle droit sur la tige principale et se termine par un bouton.

646 (672). — *Tanagra*. — L., 15. — Semblable.

647 (1179). — *Milo*. — L., 15 (man., 5,5). — Cf. *Naples*, 78122 (lancette..)

Pointe emmanchée. — Cf. n° 284 (v. pl. h.).

648 (1185). — *Milo*. — L., 19 (man., 11). — Semblable.

649 (673). — *Tanagra*. — L., 8. Larg., 0,9.

Manche carré, en fer, relié par un départ à une lame plate, lancéolée, à nervure médiane et renflée vers l'attache. — Cf.

MÉTIERS. 123

Olympie, 1121, mais sans bouton au bout. Surtout *Caylus*, IV, pl. 56, 5 (*Herculanum*). *Mus. de Naples*, 77637, 116454..

650 (674). — *Tanagra.* — L., 7 (man., 5). Larg., 0,9. — Semblable.

651 (675). — *Tanagra.* — L., 9. Larg., 1,1. — Semblable.

652 (1182). — *Milo.* — L., 8,3. Larg., 0,9. — *Id.*

653 (1183). — *Milo.* — L., 8,5. Larg., 0,9. — *Id.*

654 (1184). — *Milo.* — L., 8,7. Larg., 1. — *Id.*

655 (2934). — Prov. incon. — L., 5. — Sans manche.

656 (sans n°). — Le manche seul conservé (l., 5).

657 (963). — *Tanagra.* — H., 14,4. D., 6.

Grande ventouse (cf. 77986-77999, quatorze ex. de *Naples* et un bas-relief de l'Asklépieion, *B. C. H.*, I, pl. 9, p. 212-4...). — Un disque, relié par une chaîne à un anneau, servait à soulever l'instrument.
Patine grise.

658 (1197). — *Kabirion* (Mitt., XV, p. 391. n° 22). — H., 7,3. H. de la lame, 2,1. Largeur, 1,5.

Style dont le manche est formé par une figurine de Pan, informe, cassée aux jambes et tenant la double flûte de ses deux mains ramenées sur la poitrine. Au revers, l'inscription :

ANOCM\IOI   ἄνθεμα τοῖ
ΓΑΙ//ΙΤ//ΚΑΒ//Ι   παιδὶ τῷ Καβίρω.

Patine verte.

659 (776). — Prov. incon. — L., 12,7. D., 0,3. L. du style, 3,4. Largeur, 0,5 à 1,5. — Cf. 1123, pl. 65, *Olympie*. *Naples*, 75513..

Style, finissant d'un côté en pointe, de l'autre en palette évasée.

660 (425). — Prov. incon. — L., 9,5. Larg., 0,7.

Style sans manche, s'amincissant graduellement.

661 (636). — *Orchomène*. — L., 23. D., 1,4. Long. de la tête, 1,6.

Longue tige tordue, terminée d'un côté en pointe, de l'autre en tête de serpent.
Grisâtre.

4. — Instruments de musique, jeux... (662-694).

INSTRUMENTS DE MUSIQUE.

662 (404). — *Thisbé*. — *Rev. A.*, 1886, 17, p. 467-8 (Blondel). *Roscher's Lexikon*, *Isis*, 386... — Cf. *Museo Naniano*, 367. *Arch. Zeit.*, 1879, 104. *Mus. de Naples*, 76947... — H., 18. Manche, 8,5. — Sistre.

Bès, nu et debout, les mains sur les genoux, les pieds sur un bouton, entre deux lionnes couchées, supporte, par l'intermédiaire d'un canope (tête d'Hathor), le sistre proprement dit (en fer à cheval), orné en bas de deux sphinx affrontés, en haut d'un autre sphinx et traversé de trois barres à crochet. Emblèmes obscurs et phallos (?) en bas des branches (dessin inexact d. *Rev. Arch.*). — Au revers, même sujet, mais plus grossier.
Gris verdâtre.

663 (150). — *Mégare*. — H., 26,5. Manche, 12. Largeur du fer à cheval, 5.

Manche analogue, plus fruste. Le fer à cheval est simplement surmonté d'une colombe et de trois chats (*Naples*, 76947...), et les baguettes ne sont pas conservées.
Oxydé.

664 (516). — *Messénie* (?), peut-être de provenance thessalienne. — *Kirchhoff*, 4ᵉ éd., p. 148. *Arch. Zeit.*, 1876, fig. V, p. 28-33. Oikonomides, ἐποίκια Λοκρῶν γράμματα... — Diam., 8,5.

Cymbales très lourdes (ép., 6 mm.) et dont la partie renflée (d., 5,5) est percée au milieu d'un trou. — Au bord est gravée l'inscription :

KAΛΛ·VNEΠ┗ϟETΛIK·ʀFΛI
Κάμουν ἔθυσε ταῖ ΚόρFαι (Rœhl, 324).

Cymbales pareilles, à Berlin, avec dédicace à Λιμνάτι (*Arch. Zeit.*, 1876, pl. V, 2), en France avec dédicace latine à la mère des dieux (*Bul. des Ant.*, 1881, p. 161-3). — Ces cymbales, très lourdes, étaient votives. — Cf. pour le rôle de ces instruments dans le culte de Kora, Pindare, *Isth.*, 6, 3. Aristoph., *Acharniens*, 708, schol...
Belle patine bleuâtre.

665 (1486). — *Arcadie*. — D., 8,5. Partie renflée, 3,5. — Cf. *Mus. de Naples*, 76941...

Cymbales qui étaient suspendues par un crochet passé au centre de la partie bombée. Oves gravés sur le rebord et au milieu des disques.
Vert cendré.

666 (463). — *Béotie*. — L., 22,4. Diam., 8,5.

Grelot, fait de deux cymbales rabattues (fixées par cinq clous) et d'un long manche suspendu par un anneau.
Patine grise.

667 (464). — *Béotie*. — L., 19,7. Diam., 8.

Semblable, avec grènetis sur le rebord des disques, — mal conservé, le manche cassé, le grelot disparu, l'une des cymbales déchirée.
Même patine.

CLOCHETTES.

Les cinq clochettes minuscules du Polytechneion proviennent sans doute de tombeaux. On sait qu'on les y déposait souvent pour conjurer le mauvais sort. On en a trouvé à *Tarse* (*Musées de France*, pl. 38, 2), à *Defenneh*, Petrie, pl. 39, 3, à *Olympie* (1170, p. 186), à *Hallstadt* (pl. 26, 11) et de nombreuses en Italie (*Annali*, 1881, p. 296-301..). Peut-être faut-il ajouter le n° 672 aux rares clochettes connues, qui portent des inscriptions. — Cf. *Caylus*, I, pl. 91, 5; VI, pl. 90, 5. *Friederichs*, p. 214-5, n°s 956-999. *C. Rendu de S. P.*, 1865, p. 173, 180 (pl. V, VI). *Myrina*, p. 205, note 4. *Musée de Constantinople*, 226. *Mus. de Naples*, 75326... *Musée du Capitole*..... — Cf. un curieux bronze suspect dans *Caylus*, IV, pl. 72, 4-5.

668 (942). — *Thespies*. — H., 2. D., 2,8.

Clochette, au grelot cylindrique et détaché. Une boucle passant par deux trous ménagés au sommet, permet de la suspendre à l'aide d'un anneau entrant dans cette boucle.
Patine terreuse.

669 (1214). — *Epidaure*. — H., 2,2. D., 3,9.

Clochette, surmontée d'une bélière — trouée au pied de la bélière et entaillée à mi-hauteur.
Patine noirâtre.

670 (1220). — *Béotie*. — H., 4. D., 4,4.

Semblable, portée sur trois pieds, avec bélière et battant conservé. Dessin de gouttes et de zigzags en bas.
Patine brune.

671 (2294). — *Tanagra*. — H., 6,5. D., 3,5.

Semblable, fusiforme, côtelée en haut et striée vers le bas de lignes parallèles, rapprochées. — Bélière tordue.
Gris verdâtre.

672 (1317). — *Kasa* (sur le Kithéron). — H., 1,8. D., 2,7. — Πρακτικὰ, 1890, p. 95.

Clochette (?) hémisphérique, trouée en haut et ornée de cercles gravés. En bas, une inscription illisible (?)
Patine d'un vert métallique singulier.

673 (1469). — Prov. incon. — H., 3. L., 3,5.

Clochette de forme curieuse (sorte de manchon percé en bas d'une longue fente, le battant conservé). — En haut, bélière.

JEUX.

674 (2291). — Prov. incon. — 1,7 de côté. — Cf. *Defenneh*, pl. 40, 27. Zannoni, *Certosa*, pl. 51 ; 63 ; 106 ; 134, 5. Tombe de *Chiusi* (vers 600 av. J.-C. ; en ivoire), *Bull.*, 1874, p. 206. Tombe de *Poggio*, près Montepulciano, *Annali*, 1878, p. 299, pl. R, 9-10. *Raccolta cumana*, 86250. *Naples*, 119371 (double cercle concentrique)...

Dé, les points marqués par un double cercle. — Grisâtre.

675 (1140). — *Athènes*. — 1. de côté.

Semblable, marqué de simples points. — Marbré.

676 (204). — Prov. incon. — H., 1,5. Larg., 2,3. Prof., 1,7. — Cf. *Caylus*, I, pl. 93, 4. *Musée de Constantinople. Musée de Naples*, 76953..

Osselet de bronze.

677 (205). — Prov. incon. — H., 1. Larg., 2,2. Pr., 1. — Semblable.

678 (491). — Prov. incon. — H., 1,5. Larg., 2,5. Pr., 1,5. — Semblable.

679 (745). — Prov. incon. — H., 1,1. Larg., 2. Pr., 1,7. — Semblable. Grisâtre.

680 (8). — Prov. incon. — H., 1,4. Larg., 2,9. Pr., 1,7. — Semblable. Vert clair.

681 (490). — Prov. incon. — H., 1,9. Larg., 3,8. Pr., 2. — Semblable. Noirâtre.

TRIDENT.

682 (733). — *Corinthe*. — *B. C. H.*, II, 544. — L., 37, Manche, 31. — Cf. *Musée de Constantinople*, 63...

Trident terminé à la base par un bouton et orné de volutes à l'attache de la fourche. — Sur le manche est l'inscription :

ΞΕΝΙΑΔΑΣ — ΔΙΟΔΩΡΟΥ — ΚΟΙΙΝΘΙΟΣ — ΑΝΕΘΗΚΕ
Ξενιάδας Διοδώρου Κορίνθιος ἀνέθηκε.

Bronze très cuivré.

HAMEÇONS.

683 (638). — Prov. incon. — H., 5,5. D., 2. — Cf. *Hallstadt*, pl. 19, 18. *Defenneh*, pl. 38, 14. *Friederichs*, 1209-1212. *Mus. de Naples*, 76684, 76871.

Masse de plomb cylindrique suspendue par des crochets et renfermant des hameçons. — Cf. *Naples*, 76869...

684 (105). — Prov. incon. — H., 1,8. L., 1,2. Ep., 0,1.

Hameçon sans bélière, renflé simplement à la partie supérieure, avec crochet à l'autre bout.

685 (107). — Prov. incon. — H., 2,8. L., 1,5. — Semblable.

686 (106). — Prov. incon. — H., 3,5. L., 1,3. Ep., 0,1. — *Id.*

687 (108). — Prov. incon. — H., 3,5. L., 1,8. Ep., 0,4. — Sans crochet.

688 (109). — Prov. incon. — H., 3,5. L., 2,3. Ep., 0,4. — *Id.*

689 (987). — *Amorgos*. — H., 6,5. L., 3,7. — Avec crochet.

690 (sans n°). — H., 2. L., 1. Ep., 0,1. — Sans crochet.

691 (sans n°). — H., 3. L., 2. — Avec crochet.

692 (sans n°). — H., 3,5. L., 1,5. Ep., 0,3. — Sans crochet.

693 (sans n°). — H., 2,5. Ep., 0,6. — Hameçon à douille.

694 (sans n°). — H., 2,5. Ep., 0,6. — Semblable.

5. — Inscriptions (695-792).

695 (588). — *Pirée*. — 7. sur 6. — Cassé de tous côtés. — Ἐφ. Ἀρχ., 1872, pl. 58,18, p. 405.
Tabula honestae missionis (fragment) :

.ΓΑVΓ
ΤΙΟΝΕΛ
ΟΝΕᴧ

696 (21). — *Stoa d'Attale*. — 14 sur 6. — Plaque attachée par 5 clous.

ΕΚΤШΝ
Π//ΛΛΙШΝ

697 (2331). — Prov. incon. — 11. sur 4,5. — Très abîmée. Il ne reste, des cinq lignes de l'inscription, que quelques lettres :

Ο
ΚΟΥ
ΙΤ
ΙϽΡ
ΘΥΟΛΟΥ

698 (2523). — *Corfou*. — Plaque en forme d'édicule. Décret de proxénie en l'honneur de Boïskos de Dodone (*C. I. G.*, 1841).

699 (2522). — *Corfou*. — Plaque semblable. Décret en l'honneur du Lokrien Philistion (*C. I. G.*, 1844).

700 (2529). — *Corfou*. — Le médecin Thrason honore Théogénès son maître (*C. I. G.*, 1897).

701 (1093). — *Epidaure*. — Dédicace à Asklépios du cuisinier Kallistratos (Ἐφ. Ἀρχ., 1885, p. 198, n° 101., Cavvadias).

702 (515). — *Tégée*. — Clauses testamentaires (*I. G. A.*, 68).

703-722 (nos 1041-2 et 1066-1083). — Vingt bandelettes venant du temple d'Apollon Hyperteleatès, au lieu dit Χασάναλα Λάκα, près *Phœniki* (entre Asopos et Monemvasie), publiées par Koumanoudis ('Εφ. 'Αρχ., 1884, p. 79). Carapanos ('Εφ. 'Αρχ., 1884, p. 197) en a publié 31 autres (1). Cf. Mylonas ('Εφ. 'Αρχ., 1884, p. 197). Sophoulis, Πρακτικά de 1885, p. 31-3 (rapport de fouilles). Lolling et Philios ('Εφ. 'Αρχ., 1890, p. 65)...

723-741 (nos 16-7, 156, 369, 537, 725, 803-5, 3570 (9), 5571). — Dix-neuf bulletins de vote (ψῆφοι δικαστικοί). — Cf. *C. I. A.*, II, 778 B, 7.

742-792 (nos 49-50, 95-8, 158-9, 161, 166, 372, 381, 388, 393, 445-6, 466, 469-71, 615, 694, 722-4, 735, 800-2, 819, 831, 832, 834, 882-3, 915-6, 927, 931, 972, 980, 1013-4, 1062-3, 1100-1, 1107-8, 1122, 1132). — Cinquante et une tablettes judiciaires (2) (πινάκια δικαστικά). — *C. I. A.*, II, 875 et suiv. 'Εφ. 'Αρχ., 1887, p. 53-6...

(1) Le Louvre a acheté à la vente Hoffmann 55 fragments de même provenance (*Bulletin des Antiq. de France*, t. XLIX, année 1888, p. 211).
(2) Ajouter 9 frag. (1474-1484). Πρακτικά, 1891, p. 64.

DEUXIÈME PARTIE

FIGURINES ET APPLIQUES

1. — Bronzes primitifs (793-804).

On peut distinguer deux séries : les figurines et les appliques.

Les figurines 793-5 rappellent les bronzes sardes et chypriotes, et les statuettes archaïques trouvées sur l'*Acropole* (1449-1443, 1452) et dans les fouilles d'*Olympie*. Rien ne prouve qu'elles soient d'origine phénicienne (surtout les n⁰ˢ 794-5, qui semblent purement grecs). Il est probable que l'art oriental n'a pas été sans influence sur la création première de ces figurines, mais certaines statuettes mycéniennes (1) montrent qu'en tout cas l'assimilation est très ancienne, et que, — sur ce point, comme sur beaucoup d'autres, — l'art primitif n'a fait que reprendre un motif mycénien.

Les appliques comprennent une plaque découpée (2), 796, une série assez riche de reliefs « argivo-corinthiens, » 797-801, et trois lames, 802-4, dont deux seulement décorées.

FIGURINES.

793 (233). — *Amphissa*. — H., 43 (avec le crochet, 47); des jambes, 18; de l'enfant, 9. D. du corps, 2,6. — Figurine féminine tenant un enfant. Cf., pour le motif, une statuette chypriote du Louvre (Heuzey, *Terres cuites*, IX, 2)...

Corps long, mince et cylindrique, sur lequel les mamelles et le nombril sont marqués par de petits cônes. En bas, caleçon bouffant et jambes écartées, à pieds trapézoïdes. Les bras se

---

(1) Ἐφ. Ἀρχ., 1891, pl. II, 1, 4. Tsoundas, *Mycènes*, pl. 11...

(2) Ces plaques sont, on le sait, assez rares. Cf. les plaques de *Crète*, aujourd'hui au Louvre (*Annali*, 1880, 213, pl. T; Collignon, h. de la s., fig. 49-50..); une semblable à *Orchomène* (fouilles de 1893); l'Héraklès du *Musée Kircher*, Roscher, 2150; le sanglier de *Métaponte* (*Bullettino*, 1881, 201); plusieurs coqs et animaux trouvés sur l'*Acropole*..

courbent en arcs, les mains sont ramenées en avant et en forme de patères : le bras gauche porte un enfant semblable, et le droit une tige fourchue et terminée en boule ; à travers le corps, serpent en écharpe, de l'omoplate droite aux cuisses. La tête, moustachue (?), le nez proéminent, et les oreilles en tenons, rappellent la terre cuite (v. pl. h). Par derrière, bélière ; en haut, fort crochet de suspension.

Vert noirâtre.

794 (41). — Prov. incon. — H., 15,1. Tête, 2,9. D. de la taille, 1,6. — Cf. *Olympie*, 244. *Mus. de l'Acropole*, 1443…

Guerrier archaïque, le bras droit relevé à l'oreille, et brandissant la lance (?), le gauche, ramené devant le corps, tenant le bouclier. Tête rejetée en arrière, coiffée du haut bonnet conique, barbue et nettement losangiforme, la bouche marquée d'une entaille, le nez, d'un bourrelet. Corps plat, la taille mince et les contours arrondis ; jambes longues, et pieds en lamelles tordues.

795 (2515). — *Valtetsion* (Péloponnèse). — H., 9,3.

Semblable, la taille moins mince, mais les bras atrophiés, et le gauche tenant un minuscule bouclier (*Olympie*, pl. 15, n° 247…). Jambes cassées aux jarrets.

Oxydé.

APPLIQUES.

796 (503). — Prov. incon. — H., 8,4. Larg., 7,7. Ep., 0,3.

Lame découpée, d'épaisseur uniforme, l'œil seul indiqué, ainsi que l'épée qui passe devant le corps ; fixée par deux œillères.

Guerrier nu, à droite, la tête de profil, mais le corps de face, le bras droit en arrière, tenant la poignée d'une épée (?) horizontale dont il soutient la pointe de la main gauche. — Même silhouette en relief sur le rebord d'une coupe venant de Céré (*red ware*) (1). C'est une preuve de plus de l'origine métallique des reliefs de Céré (*Musée du Louvre*, etc…).

---

(1) *Mitt. de Rome*, II, 179 (Dümmler), aujourd'hui au musée de Parme (homme poursuivant un sanglier).

LAMES D'APPLIQUE « ARGIVO-CORINTHIENNES. »

On a trouvé de ces lames à *Olympie* (1), sur l'*Acropole* (2), à *Dodone* (3) et surtout en *Béotie* (4). Une inscription argienne trouvée à *Olympie* (5) leur a fait donner le nom d'*argivo-corinthiennes*. — Le style « péloponnésiaque », certains motifs (comme celui d'Héraklès), la ressemblance de ces reliefs avec les miroirs corinthiens (115-6) et avec certaines plaques estampées d'Argolide (6) : telles sont les principales raisons qui semblent confirmer cette attribution.

La forme de ces reliefs varie suivant qu'ils décoraient des supports de vases ou de trépieds, des meubles, des portes, d'épaisses peaux de cuir ou de simples parois. Généralement, ils se présentent en longues bandes verticales ou horizontales (797-8), mais ils peuvent n'avoir pas de divisions marquées (799-800), ou être en forme de quadrilatère irrégulier (801). Quand ils s'allongent en bandes, ils sont le plus souvent partagés en champs rectangulaires que séparent un grènetis entre deux filets, des palmettes, une torsade, une grecque (*Orchomène*), une bande de « métopes » ou d'oves.

Le décor est estampé comme celui des miroirs « argivo-corinthiens » et des diadèmes de Béotie (115-6, 313-4). — Les motifs ne représentent pas un même moment dans l'évolution de l'art archaïque, mais appartiennent à des stades différents et successifs.

1° Bande d'animaux passants, à droite ou à gauche. 2° Style héraldique : animaux affrontés. 3° Introduction du style oriental (sphinx, griffon..). 4° Apparition de la figure humaine : d'abord isolée, sans plus de valeur que les motifs précédents

---

(1) *Olympie*, 699-702, pl. 39, p. 102-3.
(2) N° 801. Cf. *Mit.*, XII, 123, 3 ; *J. H. S.*, 1892-3, pl. VIII, 256-271, fig. 25-33 (Bather), et de nombreux fragments que doit publier M. Wolters.
(3) *Carapanos*, pl. 16.
(4) N°ˢ 797-8, 800 et *J. H. S.*, 1892-3, p. 251, fig. 21 (Eleuthères). — N° 799 (Thèbes), cf. 313-4. — *B. C. H.*, 1892, pl. X-XI, XIV-XV, p. 347-369 (Ptoïon). — *Fouilles d'Orchomène*, 1893...
(5) *Olympie*, p. 102. Cf. quelques lettres du même alphabet sur une plaque d'*Orchomène*..
(6) Cf. *J. H. S.*, 1892-3, p. 249. — Plusieurs plaques semblables, trouvées en 1893 à l'*Heraion*, seront publiées par l'*American J. of Arch.*

(chasseur, quadrige..), elle se plie vite à la reproduction des légendes mythologiques.

Ces motifs, on le voit, sont ceux de la céramique « proto-corinthienne », chalcidienne et corinthienne. Aussi, l'on ne saurait faire une étude complète de ces reliefs, sans résoudre d'abord le difficile problème des origines de la céramique corinthienne. Sans aborder ce point, notons seulement que l'inscription argienne d'*Olympie* se rencontre sur une plaque à sujet mythologique, donc, d'art développé. A supposer que les reliefs semblables soient de fabrique argivo-corinthienne, rien ne prouverait que les autres, — ceux où la figure humaine ne paraît pas encore, — doivent être attribués à la même école (1). — De plus on a, — surtout si l'on excepte les reliefs mythologiques, — singulièrement exagéré le caractère « péloponnésien » de ces appliques. Le style « péloponnésien », avec les caractères qui lui sont propres, ne remonte guère plus haut que la fin du sixième siècle (2). Or, seules les plus récentes de nos plaques peuvent être de cette époque. L'art péloponnésien de la fin du septième et du sixième siècle est, comme tout l'art grec de cette époque, profondément mélangé d'ionisme. Sans remonter à Théodore de Samos qui bâtit la Skias, à Smilis qui travailla à Olympie, à Bathyklès qui éleva le trône d'Amyklées (3), des monuments, comme les bas-reliefs de *Sparte* (4), les plaques de *Dimitzana* (5), la cuirasse d'*Olympie* (6), ont tous les caractères de l'art ionien. Enfin, sur l'un même de nos reliefs (798), les personnages sont vêtus de l'himation ionien.

Pour toutes ces raisons, je crois prudent, en l'état de la science, de n'appliquer le terme d' « argivo-corinthiennes » qu'à

---

(1) Pas plus que l'art « proto-corinthien » ne mène nécessairement à l'art corinthien, comme le premier stade d'une évolution forcée. Le contraire semble plutôt admis aujourd'hui.

(2) Frontons d'*Egine*.... — L'Apollon de *Tenea* est antérieur, mais il reste comme isolé et n'est d'ailleurs pas une statue purement péloponnésiaque. La minceur de la taille, la longueur des jambes.. sont des caractères communs à presque *tous* les monuments du sixième siècle. Quant à l' « art de la composition », il ne se révèle que sur les plaques à sujet mythologique.

(3) Pausanias, 3, 12, 8. *Id.*, 5, 17, 1 ; 6, 18, 5. — Cf. Furtwaengler, *Meisterwerke*, p. 711...

(4) *Annali*, 1864, pl. C. *Mitt.*, IV, pl. 7.....

(5) *J. H. S.*, 1891, pl. IV, p. 41-5...

(6) Pl. 59 (*B. C. H.*, VII, pl. 1-4). — Certains motifs ressemblent d'une manière frappante à des motifs étrusques, et l'intermédiaire, Chalcis-Cumes, est tout indiqué.

certaines et aux plus récentes de nos appliques. S'il fallait attribuer aux autres un atelier de production, la Béotie (1) aurait autant ou aussi peu de titres que l'Argolide. Mieux vaut attendre de nouveaux documents qui soient à la fois plus nombreux et plus concluants.

797 (1311). — *Kasa* (Eleuthères). — L., 7,5. H., 12. L. du champ, 4,2 (h., 4,2). — Πρακτικὰ, 1890, p. 95.

Un champ entièrement conservé et le coin de droite du champ inférieur. A droite et à gauche, torsade, entre filets (*Olympie*, 600); haut et bas, bande de « triglyphes » (*Olympie*, 604^a). Nombreux trous d'attache.

Dans le champ, deux lions assis en sens inverse, les cous se touchant, mais les têtes retournées en arrière, la gueule ouverte et la queue en cercle. Cf. les n°s 798 (?), 801, l'applique de miroir 116, une plaque découpée du *Musée de l'Acropole* (1489)...

798 (1312). — *Kasa* (Eleuthères). — H., 7,5, de la bande décorée, 6,9, du champ, 4. Larg. du champ, 7,3. — Πρακτικὰ, 1890, p. 95. *J. H. S.*, 1892-3, pl. IX, 2, p. 254-5 (Bather).

a). — Trois champs conservés, ceux de droite et de gauche incomplets, plus un fragment. — Haut et bas grènetis entre deux filets. Sur les côtés, bandes de triglyphes.

Dans le premier champ (à dr.), quadrige de face, les παράσειροι la tête en dehors (Cf. Benndorf, *Sélinonte*, pl. 3. Vase en br. de Ruvo, *Mus. de Naples*, 69089. *Olympie*, 706. *Carapanos*, pl. 19, 1-4. *J. H. S.*, 1892-3, pl. VIII, p. 257-8. Plaques d'*Orchomène*...).
— Au centre (disparu), une lance (?) et un bras étendu. Traces d'ailes (?). — Niké (?).

Au milieu, Athêna, vêtue, casquée, marchant à gauche vers Héraklès. Elle tient la lance du bras droit, un bouclier étoilé du gauche. Héraklès, la peau de lion sur la tête, tient l'arc, et du bras droit dirige le glaive vers Athêna. Derrière, une femme à droite, vêtue, porte un enfant qui lève les bras vers elle. — Légende de Téléphos et d'Augé ? — Cf. le bouclier étoilé sur un diadème de Corinthe, *J. H. S.*, id., p. 253...

(1) Cf. les vases à décor estampé, *Mon. de l'Ass. des Et. gr.*, II, pl. 8, et surtout Ἐφ. Ἀρχ., 1892, pl. 8-9, p. 217 et suiv. Il semble bien, en tout cas, que nos reliefs soient d'origine *ionienne*.

Dans le dernier champ, deux femmes à gauche, vêtues de l'himation ionien, portant des bandelettes (?) et une branche de feuillage. — Mal conservé.

b). — Fragment indistinct (3,5 sur 1,6), bordé de triglyphes. — Deux lions affrontés (?).

799 (534). — *Béotie.* — Env. 20. sur 12. — Cassé de toutes parts. — *Annali,* 1880, pl. I, p. 134-5 (*Furtwaengler*).

Grande plaque, divisée en trois zones superposées.

Zone supérieure, depuis la gauche. — Archer, agenouillé à gauche, tirant contre un sanglier. — Char à deux chevaux conduit par un guerrier armé du bouclier. — Homme nu marchant à gauche, le bras gauche levé, le droit abaissé. — Guerrier à droite, armé d'un glaive, debout dans la caisse d'un char, dont les chevaux ne sont pas conservés.

Zone médiane. — Quatre bœufs passant à gauche. Antilope.

Zone inférieure, en partie conservée. — Chèvre entre deux béliers, le tout passant à gauche.

Nulle séparation entre les zones, ni entre les divers motifs de ces zones. Le bord de la plaque n'est nulle part conservé. — Noirâtre.

800 (1313). — *Kasa* (Eleuthères). — H., 4,4. Larg., 7. — Cassé à droite et en haut. — Πρακτικὰ, 1890, p. 95. *J. H. S.*, 1892-3, pl. IX, 1, p. 251 (Bather).

Grènetis, à gauche et en bas. — Bœuf marchant à gauche, les fanons repris au trait, d'assez bon style. — Vert noirâtre.

Avec ce morceau, fragment brisé de toutes parts : bas du corps d'un lion assis à droite devant une palmette (cf. 797). — Vert clair.

801 (390). — *Acropole.* — H., 6,7. Larg., 7,3 et 14,3. — *Annali,* 1880, pl. H, p. 135 (*Furtwaengler*). — Cette forme paraît avoir été fréquente sur l'*Acropole* (*J. H. S.*, 1892-3, 255 et suiv.). Pour le motif, cf. 797 ; *Mus. Greg.*, I, pl. 15, 3-4, et deux exempl. à l'*Acropole*, l'un reproduit *J. H. S.*, p. 256, fig. 25.

Plaque trapézoïde, bordée d'un rebord. — Deux lions affrontés, assis la tête retournée en arrière, une des pattes de devant posant sur le sol, l'autre levée, verticale et touchant la patte correspondante de l'autre lion. — Très abîmé.

LAMES D'APPLIQUE.

802 (226). — Prov. incon. — 5,4 sur 5. Ep., 0,1.

Lame rectangulaire, sans décoration.

803 (sans n°). — 10,8 sur 10,8. Ep., 0,1.

Semblable. Trois cercles concentriques gravés (d., 10).

804 (1045). — *Phœniki* (Monemvasie). — 7 sur 3. Rat, l., 5-8. Ep., 1,2.

Semblable, avec un rat cloué par un tenon. — Avec ce fragment, est un demi-cercle (d., 11), sans doute une moitié de couvercle.
Patine grise.

2. — FIGURINES VIRILES (805-878).

ZEUS.

805 (40). — H., 5,9. — Cassé aux chevilles; le bras dr. cassé avant la saignée.

Zeus marchant à droite, le bras droit levé brandissant la foudre, le gauche tendu en avant et tenant la lance (?). Tête de bon style, ceinte d'un diadème. — Cf. *Olympie*, 43-5, pl. 7-8, pp. 18-9. Statuette de *Delphes*, à Berlin (*A. Z.*, 1883, p. 271). *Carapanos*, pl. 12,4. *Musée de l'Acropole*, 1426. *Musée de Naples*, 5481. *Monnaies d'Elide*, etc...
Noir jaunâtre.

J'ai réuni au Zeus plusieurs figurines qui procèdent plus ou moins directement de l'œuvre d'Hagéladas, laquelle dérive ellemême d'un motif plus ancien (cf. plusieurs bronzes primitifs d'*Olympie*, 243-6, pl. XVI; 247, pl. XV. *Musée de l'Acropole*, 1443-1450. *Röm. Mitt.*, IV, 168...). Toutes ont un bras levé et brandissent foudre, lance ou javelot.

806 (1034). — *Phoeniki* (près d'Asopos). — H., 13,5. — Bras cassés à l'avant-bras, jambes au cou-de-pied.

Homme nu, de face, le genou gauche légèrement en avant, les bras en croix, l'avant-bras droit levé, le gauche se terminant en moignon. Le corps plat, les parties comme rapportées, la brutalité des reprises, les inscriptions épigastriques à peine indiquées, surtout la tête presque exactement circulaire rappellent la technique du bois et du tuf. Le nez crochu, les yeux énormes, la bouche atrophiée, les oreilles en forme d'anses, les cheveux et la barbe indiqués par de petits traits gravés — tous

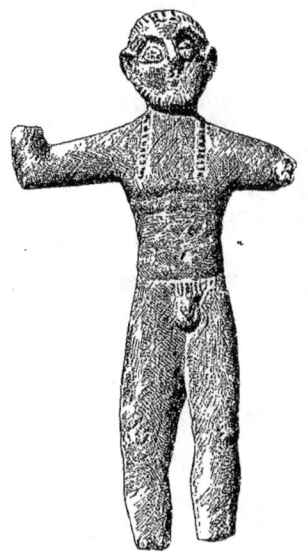

ces détails se retrouvent sur une tête en tuf de l'*Acropole*. — Fig. 3.

Gris légèrement bleuâtre.

807 (558). — Prov. incon. — H., 13,7. Base carrée : 2,8 de côté ; h., 0,6.

Semblable, les pieds écartés, posant sur une base fixée par trois clous, l'avant-bras droit levé, le bras gauche baissé, les poings percés, chaque main tenant un trait. Taille également mince, mais le corps arrondi et les hanches élargies. La tête, coiffée d'un chapeau bas et conique, est allongée, les détails noyés dans la masse (oreilles semblables, mais yeux atrophiés et bouche mieux fendue).

Vert olivâtre.

808 (1037). — *Phoeniki* (près d'Asopos). — H., 7. — Cassé au cou-de-pied.

Semblable, mais la jambe gauche en avant. Style plus libre, mais qui rappelle encore la technique du bois.

Grisâtre.

809 (1004). — Prov. incon. — H., 7,1.

Semblable, la jambe gauche en arrière, et le corps comme tordu. Tête barbue, informe.

810 (39). — Prov. incon. — H., 11. — Cassé aux chevilles.

Figurine se rapprochant des précédentes, quoique le bras non levé. En marche à gauche, la main droite en avant, comme lançant quelque objet, la main gauche à la hanche. Modelé brutal, à violents coups de ciseau. Tête en arrière, coiffée d'un haut bonnet pointu (*Carapanos*, pl. 10,2, pl. 15) : figure losangiforme, de style archaïque, les yeux légèrement obliques.
Noir verdâtre.

811 (1148). — *Crète.* — H., 9,8. Larg., 8,3. Ep., 4,4. — Poids (?). — Cf. *Musée de Constantinople*, 21...

Buste de Zeus, diadémé, lauré, barbu. Baudrier sur l'épaule droite, et peau de lion (?) sur la gauche. Trou de suspension haut et bas. A l'intérieur, masse de plomb.

812 (1056). — Prov. incon. — H., 11,5. Larg., 9,2.

Semblable. — En haut, bélière et chaîne. Au dos, bucrâne.

813 (1142). — *Philadelphie* (Alacheïr). — H., 4,7. L., 3,8.

Semblable. De 3/4 à gauche. Guirlande en haut du front, et chlamyde sur l'épaule gauche. Creux à l'intérieur. — Cf. *Friederichs*, 1558c[10]. *Longpérier*, 13..
Autrefois doré.

APOLLON ET « APOLLONS. »

J'ai réuni, pour la commodité de la classification, toutes les figurines viriles, debout et nues, au repos ou en marche très lente (814-827). Deux d'entre elles (814-5) sont peut-être des Apollons véritables, mais, en l'absence d'attributs plus précis, il faudrait se garder de leur donner à toutes ce nom.

La plupart sont archaïques. Pourtant, le n° 825 est de style libre; d'autres, comme les bronzes 826-8, sont d'exécution si médiocre et si hâtive que toute détermination d'époque semble impossible. Elles ont pu être copiées très tard sur d'anciens modèles, ou n'être, à une époque ancienne, que des pièces de rebut. La première hypothèse me semblerait toutefois plus vraisemblable.

J'ai cru inutile de donner une bibliographie complète (1). Notons seulement, dans la ressemblance générale de l'attitude, la grande divergence des détails, suivant qu'un ou deux bras sont abaissés, qu'une ou deux mains sont à plat, que les poings sont ou non percés, que le corps pose d'aplomb sur les deux jambes ou qu'il penche soit à droite, soit à gauche....

814 (1324). — *Amyclées* (fouilles de 1890). — Ἐφ. Ἀρχ., 1892, pl. II, p. 18, Tsountas. — H., 12. Base, 4,2 sur 3,5 (ép., 0,2).

« Apollon » nu, debout, les jambes séparées, sur une base rectangulaire clouée aux quatre coins. Sur la tête, calathos étrange. La main droite, non conservée, devait tenir le plectre ; l'autre main, ouverte, tenait la lyre, qui reposait sur le flanc gauche. M. Wolters (*Confér. de l'éc. all.*, 1892-3) y voit un souvenir des γυμνοπαιδία d'Apollon Carnéen.

Grisâtre.

815 (1325). — *Amyclées.* — H., 5. — Ἐφ. Ἀρχ., 1892, p. 13. — Cassé aux cuisses.

Semblable, les bras collés au corps, la tête coiffée d'un calathos crénelé. Chlamyde sur le dos. Informe.
Patine brune.

816 (206). — Prov. incon. — H., 6,7.

« Apollon » nu, de face, les jambes jointes et les bras collés au corps. La tête carrée est coiffée de cheveux tombant sur le dos en nappe étagée. — Cf. *Caylus*, II, pl. 15, 1-2 ; III, pl. 17, 1. *Gaz. Arch.*, 1881, p. 77-9. *Acropole*, 1459 (curieuse anse, *J. H. S.*, 1892-3, p. 238, fig. 9). *Anzeig.*, 1889, 104 (Dresde)...

Gris verdâtre.

---

(1) Cf. seulement *Acropole*, 1368, 1496-7, 1497, 1501... *Arc. Zeit.*, 1879, pl. 7 (*Naxos*). *Mus. de Naples*, 5535......

817 (1319). — *Attique*. — H., 12. Cassé aux pieds. — Πρακτικά, 1890, p. 95.

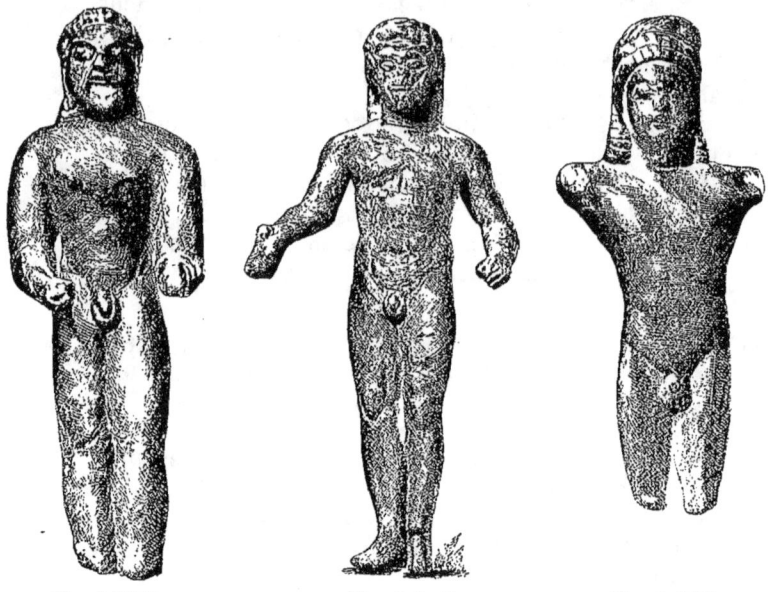

Fig. 4 (817).   Fig. 5 (818).   Fig. 6 (819).

Semblable, la jambe gauche légèrement en avant, les avant-bras tendus, terminés en moignons, le corps comme la figure modelé par surfaces arrondies. Larges épaules, grosse tête, le nez court et fort, la barbe en coin, non divisée, les cheveux en touffes sur le haut du front et tombant sur le dos comme dans le n° précédent. — Fig. 4.

Brunâtre.

818 (2511). — *Methana* (Trézénie). — H., 17,8. — Cf., avec des différences, *Sacken*, pl. 6, 2..

Semblable, les avant-bras plus écartés du corps, la main droite présentant la paume, le poing gauche fermé. La surface du bronze a beaucoup souffert, mais la taille est moins mince et les contours du corps sont plus exacts. Par contre, les yeux et la bouche sont marqués, comme dans une figurine de bois, par une ligne et deux ovales, le nez non conservé. Cheveux ceints d'un anneau formant bourrelet et divisés en tresses comme ceux du n° 818. — Fig. 5.

Noirâtre. Altéré.

FIGURINES VIRILES. 145

819 (413). — *Acarnanie.* — H., 11,1. — Terminée par des moignons à l'attache des bras et aux genoux.

Semblable, le modelé rappelant le n° 817. Traits comme écrasés dans la masse. Sur la tête, sorte de bonnet phrygien penché à droite, cheveux formant en haut du front deux bandeaux ondulés et tombant en nappe sur le dos. — Fig. 6.
Noirâtre.

820 (1086). — *Phœniki* (près d'Asopos). — H., 19,5. — La tête non conservée, les bras cassés aux épaules et les jambes aux genoux.

Semblable. Corps plat, rappelant le n° 806. Sur chaque épaule, deux tresses percées en bas d'un trou et nappe sur le dos.
Lourd. Vert noirâtre.

821 (1035). — *Phoeniki* (près d'Asopos). — H., 7. — La tête cassée, ainsi que les jambes depuis le cou-de-pied.

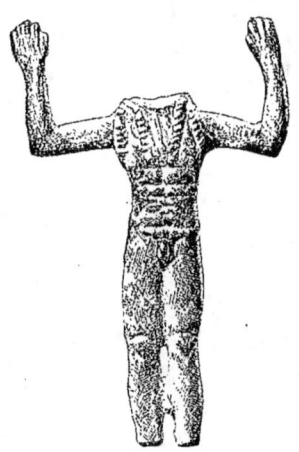

Semblable, avec double tresse sur chaque épaule, mais les bras en croix, et les avant-bras verticaux, supportant quelque attache de patère; les parties et les inscriptions épigastriques comme dans le n° 806. — Cf. le n° 879, le manche de patère 67... — Fig. 7.
Gris bleuâtre.

10

822 (1036). — *Phoeniki* (près d'Asopos). — H., 9,6. — Cassé aux chevilles.

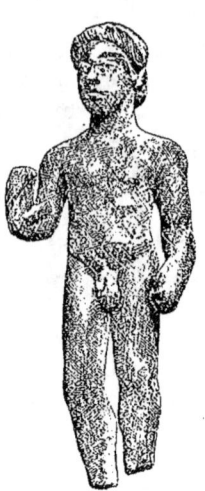

Semblable, mais la jambe droite légèrement fléchie, la main gauche pendante, la paume droite relevée et présentée verticale. — Corps lourd et engoncé. Tête d'enfant (?), légèrement à gauche et d'un modelé grossier : cheveux traités par masse. — Fig. 8.

Grisâtre.

823 (202). — Prov. incon. — H., 9,7. — Cf. *Sacken*, pl. 13,7...

Semblable, le corps portant sur la jambe droite, le pied gauche posant sur les doigts de pied. La main droite, à plat, tient une patère, la main gauche, pendant, tenait l'œnochoé (?). Coiffure stylisée retenue par un bandeau. Style sévère. Exécution médiocre, reprise à la lime.

Patine écaillée, comme spongieuse. — Vert jaunâtre clair.

824 (sans n°). — H., 6. — Les bras cassés aux coudes, et les jambes aux cuisses, la gauche au genou.

Semblable, marchant, les avant-bras tendus. Un diadème ceint les cheveux, qui tombent en tresses sur la poitrine.

Vert clair.

FIGURINES VIRILES. 147

325 (1087). — *Phoeniki* (près d'Asopos). — H., 19,5. — Le bras gauche cassé au poignet, la jambe gauche et le bras droit cassés dès l'attache, la jambe droite conservée jusqu'au milieu de la cuisse, et la gauche refaite jusqu'au même point.

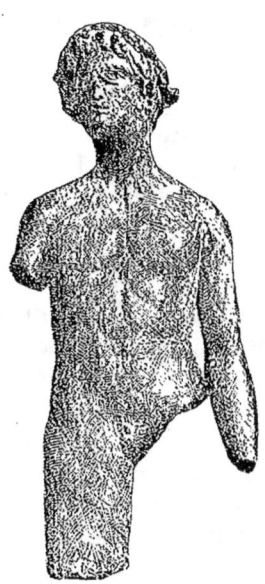

Semblable, mais d'un tout autre style : les épaules tombantes, le corps librement modelé ; la tête, malheureusement mal conservée, légèrement à gauche, les cheveux ceints d'une guirlande, et frisés sur le front. — Fin du quatrième siècle. — Fig. 9.
Fonte lourde. — Noirâtre.

826 (42). — Prov. incon. — H., 9. — Cité *Arch. Anz.*, 1864, p. 233 (?).

Semblable, la jambe droite en avant, et les deux mains tenant des patères. Coiffure stylisée. — Travail médiocre.
Noirâtre.

827 (43). — Prov. incon. — H., 7,3. — *Arch. Anz.*, 1866, p. 233 (?).

Semblable, les pieds portant sur la pointe, les genoux fléchis. Le bras droit tient une patère, la main gauche un objet cylindrique (?). — Mal dégrossi. Informe.

828 (617). — *Sparte*. — H., 9. — Les jambes cassées aux chevilles, et le bras droit au coude.

Semblable, le genou fléchi, et le pied gauche en arrière du droit. La main gauche tenait un objet semblable à celui du n° précédent. — Figure informe.
Vert blanchâtre.

829 (2337). — *Sikyone* (anc. collection du roi Othon). — *Annali*, 1868, 316-9 (Kekulé). *Mon.*, VIII, pl. 43 (inexacte, surtout la bouche). Brunn-Bruckmann, pl. 280. Furtwængler, *Meisterwerke*, p. 475... — H., 31,9. — Statuette de jeune athlète de type polyclétéen.

Debout sur la jambe droite, le pied gauche bien en arrière, obliquement placé et posant sur la pointe, sans que le genou soit en dehors, notre adolescent se rattache au Doryphore. Les cheveux, courts et collés, étagés et partagés par une raie, le nombril à peine indiqué, la forme du pénis, le rendu de l'aine rappellent de près Polyclète.

La tête est simplement penchée à droite, les bras sont cassés, mais le droit était certainement pendant; le gauche, relevé, s'appuyait peut-être sur une colonne.

Cf. une statuette du *British* (Smith, *Cat. of sculp.*, I, 502) et une statue du *Vatican* (Furtwængler, p. 474, fig. 81). — Pour ces répliques plus ou moins libres des grands modèles polyclétéens, cf. Furtwængler, *Mitt.*, III, 294-8 et passim *Meisterwerke*, p. 411-511.

L'attache du pénis est bien à mi-corps, et la distance des mamelons, la longueur du pied et la hauteur de la tête ont une commune mesure (4,8). Mais la figurine a sept longueurs de tête, les hanches sont moins fortes, le modelé plus superficiel. — D'après ces caractères, et aussi d'après la patine, je ne puis croire (malgré Lange) que ce soit une œuvre antérieure à Polyclète, ou même, comme le croit Furtwængler, un travail d'atelier de la fin du cinquième siècle. C'est certainement une réplique postérieure, sans doute du quatrième siècle.

Fondu par le pied droit. Trous aux jambes et reprises au ciseau sur la poitrine. — Patine mal conservée, d'un vert taché de noir.

ARES.

30 (958). — Prov. incon. — H., 3,3. Larg., 2,8. Ep., 1,2.
Buste d'Arès (?), casqué et vêtu d'une chlamyde. — Informe.
Gris verdâtre.

HÉRAKLÈS.

31 (944). — *Chypre.* — H., 11.

Héraklès nu, debout, le poids du corps portant sur la jambe
gauche, le bras droit levé, tenant une massue dont l'extrémité
repose sur sa tête, la main gauche appuyée à la hanche. —
Tête chauve et barbue.

Cf. Longpérier, 356 (*Mésopotamie*). *Sacken*, pl. 38, 14... — Le
motif doit venir de Myron : cf. le Marsyas, *A. Z.*, 1878, pl. 8-9,
et surtout un bronze d'*Epidaure*, de la collection Tyskiewicz,
Röm. Mitt., IV, p. 170-171 (Wernicke).

HERMÈS.

32 (1047). — *Mont Ithome.* — H., 10.

Hermès, debout, de face, la jambe gauche en avant, coiffé d'un
chapeau à bords plats (1), les chevilles munies d'ailerons primitifs qui remplacent les pieds et servent de base à la statuette.
Les mains sont ramenées devant le corps, la gauche tenant un
objet disparu, la droite une tige courbe et brisée, peut-être une
corne de bélier (2). Courte tunique collante ornée à la pointe de
cercles et de zigzags. Double tresse sur chaque épaule, les cheveux tombant en nappe sur le dos et comme froncés par devant.
Tête carrée, barbue et moustachue, de beau style archaïque. —
Pl. IV, 1.
Jaune verdâtre.

(1) Ce n'est ni la κυνῆ ordinaire, ni le haut bonnet conique de certains
ex. archaïques, cf. Roscher, 2394-5...
(2) Cf. l'Hermès Radowitz à *Constantinople* (*Jahrbuch*, 1887, 133-5, pl. 9)..

833 (33). — Prov. incon. — H., 6,2. — Cassé aux cuisses, le bras droit cassé au coude.

Hermès, de face, la chlamyde nouée autour du cou, le bras droit tendu en avant et le gauche portant le caducée. Tête de trois quarts à gauche, coiffée à l'égyptienne, d'une haute plume entre deux fleurons. — Cf. une statuette d'*Athènes*, *Karlsruhe*, 934, p. 178 ; *Longpérier*, 223, 239 ; *Chabouillet*, 3002-3 ; *Mus. Borbon.*, XIII, pl. 55, 2 ; *Jahrbuch*, 1889, p. 205-6....
Noirâtre.

834 (32). — Prov. incon. — H., 5,7. — La jambe droite cassée à la cuisse, la gauche à la cheville et le bras droit à l'attache.

Semblable. Chlamyde sur l'épaule droite.

835 (219). — *Laconie*. — H., 6,5. — Cassé aux chevilles.

Semblable, coiffé de la κυνῆ, la jambe droite en avant, avec chlamyde autour du cou, la main droite tenant la bourse et la gauche le caducée. — *Longpérier*, 218. *Sacken*, pl. 10, 4 ; 11, 1. *Friederichs*, 1896. *Musée de Constantinople*. Cavvadias, Γλύπτα, 240-1. *Chabouillet*, 2801-2, 2995-3000. *Clarac*, 1515 (British). Zannnoni, *Reale Galleria di Firenze*, série IV, t. 3, pl. 131-2. *A. Z.*, 1879, 104. *Mus. de Naples*, 5067, 5070, 5209...

836 (1095). — *Crète*. — H., 8,9. — Le bras gauche cassé au coude.

Semblable, le pied droit légèrement en avant, chlamyde sur l'épaule gauche, pétase et brodequins ailés. Tête pleine, d'assez bon style. — Cf. l'Hermès de Trézène, *B. C. H.*, 1892, pl. 2-17. — *Sacken*, pl. 17, 8...
Vert marbré.

837 (sans n°). — H., 6.

Semblable, nu, le bras gauche pendant, coiffé de la κυνῆ, sans brodequins.
Vert rougeâtre.

838 (2542). — *Siphnos*. — H., 6,6. — Les jambes cassées aux genoux, les bras dès l'attache.

Hermès assis, nu, coiffé du pétase, la jambe gauche repliée

derrière la droite. — Cf. *Longpérier*, 216. *Friederichs*, 1921-3. *Müller-Wieseler*, 322. *Arch. Zeit.*, 1848, 245. *Sacken*, pl. 14, 3. *Mus. de Naples*, 4892, 7742...

PETITS HERMÈS EN FORME DE GAINE.

839 (387). — *Thoriko* (Laurium). — H., 6,8 (tête, 1,1). Larg. en haut, 1,1 sur 0,8 ; en bas, 0,7 sur 0,5. — Cf. *Constantinople*, 263...

Cippe quadrangulaire. — Hermès enfant, ithyphallique. — Noirâtre.

840 (761). — *Pnyx*. — H., 4,8 (tête, 1,1). En haut, 0,9 sur 0,6. En bas, 0,5 sur 0,4.

Semblable, diadémé.

841 (163). — *Vari*. — H., 4,4 (tête, 1,1). En haut, 0,8 sur 0,7. En bas, 0,6 sur 0,5.

Semblable, non ithyphallique. — Grisâtre.

842 (965). — *Athènes*. — H., 5,2 (tête, 1,7). En haut, 1,3 sur 0,9. En bas, 1,1 sur 0,7.

Semblable, informe. — La gaine, cylindrique à la partie inférieure, est munie à droite et à gauche de deux tenons.

PAN.

843 (1096). — *Crète*. — H., 8. — Cassé aux genoux. — Cf. le Pan Radowitz (*Constantinople*, 399). *Sacken*, pl. 26, 2...

Pan capripède, ithyphallique, dansant à droite, la jambe gauche en arrière et l'épaule correspondante relevée. Ceinture tombant en pagne. La tête, penchée sur l'épaule, est barbue et cornue, les cheveux hérissés.
Grisâtre.

844 (143). — Prov. incon. — H., 5,5. Ep., 0,5. — Applique, le bras droit cassé.

Pan (?), la tête cornue, une nébride sur l'épaule gauche, le bras gauche soutenant un pedum droit (?).
Grisâtre.

845 (104). — Prov. incon. — H., 6,5. Larg., 2,1. Ep., 0,4. — Epingle à cheveux (?).

Applique en U. — Sur chaque branche, Pan (?), debout, les jambes écartées, laissant une fente entre elles.
Vert brunâtre.

SILÈNES ET SATYRES.

846 (616). — *Amyclées*. — H., 9,2. — Le pied droit cassé à la cheville.

Silène courant à droite, la jambe droite relevée, le pied gauche posant à plat, la main droite sur la cuisse, touchant les parties, le bras gauche en avant, le poing percé d'un trou. Corps et tête de face, les épaules larges et relevées, la taille mince et plate, le nombril et les mamelons à l'emporte-pièce. Tête allongée, avec large collier, moustache tombante et yeux obliques.

Le motif rappelle les figurines viriles en marche rapide, analogues aux n°s 909-910 (*Acropole*, 1406-7. Surtout *Karlsruhe*, 929, *Kleitor*...) et plus étroitement encore certaines appliques étrusques (*Monumenti*, XI, 2, 13 : silènes accouplés, avec le même geste obscène...) — Le type du silène diffère des exemplaires étrusco-chalcidiens, à pieds de cheval et à tête plus ramassée (cf. plus. exempl. inédits trouvés sur l'*Acropole*, *J. H. S.*, 1892-3, p. 240, fig. 12... Vase *Sabouroff*, pl. 149. *Roulez*, Vases de Leyde, pl. V. *Röm. Mitt.*, II, p. 270, fig. 28, urne de *Cumes*. *Anzeig.*, 1892, 49, anse de Vienne. *Id.*, 113-5, pied trouvé en *Arménie*. *Dodone*, pl. IX, et bronze semblable trouvé en *Epire* par M. Battifol, *Bullet. des antiq. de France*, 1885, p. 220...). — Pl. III, 1.

847 (68). — Prov. incon. — H., 7,7. — Jambe droite cassée au genou ; bras gauche au coude.

Satyre, debout, de face, avec une queue courte et un pagne

rayé sur lequel un phallos est en érection. Bras gauche levé et le droit abaissé. Tête élargie, cornue, au nez camard, de style plus libre.

848 (154). — Prov. incon. — H., 4,7. Larg., 0,9. Ep., 0,4.

Hermès surmonté d'une tête de satyre barbue, inclinée sur l'épaule.
Grisâtre.

849 (481). — Prov. incon. — H., 4,5. Larg., 2,2. Ep., 1,3. — Applique. — Cf. tête de silène sur l'*Acropole*, *J. H. S.*, 1892-3, p. 237, fig. 5...

Tête de silène, semblable au n° 846, surmontée d'une sorte de coussinet.
Noirâtre.

850 (sans n°). — H., 2,2. Larg., 1,6.

Semblable. De style plus libre.

851 (192). — Prov. incon. — H., 2,7. Larg., 2,5. Ep., 0,4.

Semblable. — Vert bleuâtre.

852 (48). — Prov. incon. — H., 4,1. L., 4,2. Ep., 0,5. — Cf. *Sacken*, pl. 29,6...

Tête de satyre (?), aux cornes de bélier. — Grisâtre.

853 (sans n°). — H., 2,6. L., 2,5. Ep., 0,3.

Tête dont les cheveux hérissés et la barbe se rejoignent. Style libre.

854 (sans n°). — H., 2. L., 1,8. Ep., 0,2.

Semblable. Informe.

EX-VOTO.

855 (2547). — Prov. incon. — H., 16,1. L., 13,3. H. de l'édicule, 12,1. Larg., 10. Ep., 0,7.. — Cassé en haut.

Edicule surmonté d'un fronton et supporté par deux colonnes.

Au milieu, niche, avec génie debout, coiffé du bonnet phrygien, vêtu de la chlamyde, avec anaxyrides et endromides, tenant de la main droite l'épée, de la gauche une corne d'abondance. En haut, à gauche, buste drapé; à droite, autel avec bûcher, fruits et pomme de pin. A droite et à gauche, serpents. Dans le champ, ornements divers.

En bas de l'édicule, vase entre deux demi-disques et deux sortes de cylindres. Dans le fronton, buste de gladiateur entre deux rosettes.

Mithra (?). — Style très médiocre.
Noirâtre.

855 bis (1271). — D., 7,5. — Πρακτικὰ, 1889, p. 65.

Disque de style barbare. En relief, figure assise sur un trône, entre deux figures ailées. En bas, quatre autres personnages, l'un tenant une lance. Au revers, formule abraxique.

GUERRIERS.

856 (1267). — *Eleusis*. — H., 11. L., 15,5. Ep., 0,15. Relief, 1 c.

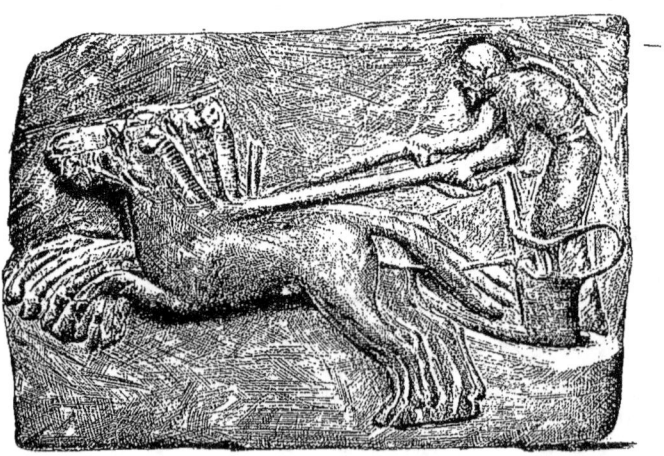

Plaque rectangulaire, travaillée au repoussé, représentant un aurige, vêtu d'un long chiton serré à la taille, tenant de ses deux mains les rênes fixées à l'arrêt du timon et se penchant à gauche vers les chevaux. Chevaux courts, de style attique, les παράσειροι sur le rang des timonniers. Tête barbue et moustachue, le crâne pointu et chauve (?), sauf une natte de cheveux tombant sur le dos. — Motif fréquent sur les vases peints. Cf. Gerhard, *Vasen*, II, 122. Gsell, *Vulci*, pl. X... — Fig. 10. Patine verte, avec des traces bleuâtres.

857 (717). — *Sélinonte* (H. Kosmas, près de Geronthrées). — H., 6,7, avec le panache, 8,2. Base, 2,6 sur 2,3 et 2,4 sur 1,8. Ep., 0,5. H. du tenon, 2 sur 1,2. — *B. C. H.*, 1877, pl. XIII, 2, p. 355-6. *Ibid.*, 1880, p. 192. *Mitt.*, III, pl. I, p. 14 (Julius).

Statuette debout sur une base à double gradin, fixée par un tenon vertical et percé d'un trou. — Autour de la plate-forme supérieure et (en partie) sur elle, est l'inscription publiée *I. G. A.*, 57.

Κάρμος (ou Κάριλος) ἀνέθεκε τοῖ Μαλεάται.

Guerrier, coiffé du casque corinthien, à haut panache, portant la cuirasse à gouttière et les cnémides, de face, le pied gauche en avant. L'avant-bras gauche relevé tenait le bouclier (?), la main droite pendant devait tenir la lance. Pénis visible sous la cuirasse, sur laquelle sont gravés les détails de la musculature. Tête carrée, les yeux obliques, la bouche large, sans moustaches, la barbe courte et les cheveux en natte sur le dos. — Beau style archaïque.

Sur Apollon Maleatas, v. pl. 1 le n° 1018 (bélier). *I. G. A.*, 89. Pausanias, 2, 27, 8, et 3, 12, 8. Ἐφ. Ἀρχ., 1885, v. 27-31, p. 65, p. 80. Wilamowitz, *Isyllos*, c. 1... — Sur ces statuettes de guerrier, cf. les n°s 858-9. *Olympie*, pl. VII, 41-2, p. 17-8. *B. C. H.*, XI, pl. 9, p. 360-3 (Ptoïon). *Arch. Zeit.*, 1882, pl. I (*Dodone*, à Berlin). *Acropole*, 1428-9, 1467-1470, 1494. *Arch. Anz.*, 1889, p. 93, 5...
Belle patine olive.

858 (1447). — *Lykosoura*. — H., 14 (statuette, 11,2). Bases, 4,1 sur 3,6, et 3,3 sur 2,8. H., 0,5.

Semblable, sur une même base double, sans tenon. Cuirasse plus simple, non gravée. Le bras gauche conserve encore l'attache du bouclier (*Micali*, mon. in., pl. 12, etc...). Tête plus massive, imberbe.

A l'intérieur, noyau grisâtre, encore visible. — Vert marbré.

859 (974). — *Edesse* (Macédoine). — H., 12,3. Ep., 1. — Applique.

Guerrier occupé à mettre la cnémide gauche, le corps portant sur le pied droit et la tête penchée en avant; le bras droit seul figuré. Sorte de justaucorps de cuir, attaché par une courroie sur les cuisses. Casque corinthien, dont le panache n'est pas conservé, cheveux tombant sur le dos en natte étagée et silhouette des vases de style sévère. — Cf. *Mon.*, V, 25. *Anzeiger*, 1889, p. 103...
Vert jaunâtre.

CAVALIERS.

860 (1006). — *Péloponnèse* (entre Sparte et Mégalopolis). — H., 17,2. — Cassé aux jarrets.

Cavalier, de face, les jambes écartées, les mains ramenées sur les cuisses, fermées et presque jointes, tenant les rênes (?). Epaules tombantes, assez larges, taille mince, avec les inscriptions de l'épigastre bien marquées (une seule inscription horizontale au-dessus du nombril). Tête de beau style archaïque, yeux ouverts et saillants, bouche relevée aux coins, menton carré, cheveux coiffés par masse, formant bandeau sous le diadème, et striés, au-dessus, de traits parallèles et verticaux. — Pl. II.
Bien conservé. — Beau vert olive.

861 (2537). — Prov. incon. — H., 5,6. — Cassé au buste.

Torse de cavalier (?). Bourrelet en haut du front et double tresse pendant de chaque côté sur la poitrine. Figure bouffie, les yeux obliques et le nez écrasé.

FIGURES ASSISES ET COUCHÉES.

862 (394). — Prov. incon. — H., 9,7. H. du tenon, 0,8.

Figure nue, assise, le corps mince, les jambes atrophiées, les mains aux genoux, les poings fermés. Cou très haut et figure informe, à peine humaine, surmontée d'un tenon mince et rectangulaire, brisé.
Style barbare. — Vert jaunâtre.

FIGURINES VIRILES.

863 (100). — Prov. incon. — H., 7,7. Larg., 5,5.

Homme assis, la main droite relevée à la tempe, le bras gauche ailé (?) pendant à droite. Figure informe. — Tenon aux pieds. Bélière sur la tête.
Brunâtre.

864 (2303). — Coll. du Ministère. — H., 6,8. Larg., 5,2.

Semblable. — Plus informe encore.

865 (871). — *Mégare* (?). — H., 3,8. Larg., 5,8. Ep., 1,1. — Cf. *Sacken*, pl. 26, 8...

Homme nu, étendu, les jambes écartées, sur une sorte de lit, un bâton placé près du bras gauche. Tête frisée et bouffie.

FIGURINES DIVERSES.

866 (453). — *Atalante* (Saint-Constantin). — H., 12 (buste, 10). Larg., 3,2. Base, 5 sur 4.

Buste nu de gladiateur lauré, émergeant d'un calice supporté par une sorte de queue en forme de coin. Corps bien cambré, la tête à droite, les bras écartés du corps, avec quatre anneaux (courroies?) sur chaque bras, et un gantelet sur chaque main. Cheveux massés. Tête d'assez joli style. — Cf. *Friederichs*, 1558[e1-4]. Ces bustes sortant d'un calice se rencontrent fréquemment dans l'art industriel d'époque hellénistique : très souvent ils servent à décorer des fontaines. Cf. *Naples*, 72581...
Vert émeraude clair.

867 (454). — *Atalante* (Saint-Constantin). — H., 11,4 (buste, 6).

Semblable. Figure plus jeune, tournée de même, tenant de la main gauche une palme, et de la droite élevant une couronne de laurier.
Même patine.

868 (1038). — *Phoeniki* (près d'Asopos). — H., 8,5.

Homme nu, le pied gauche en avant, le haut du corps penché,

tenant des deux mains un grand cratère qui pose sur le genou droit. La tête, pointue, au crâne très relevé, rappelle un bronze de Stuttgard représentant un jeune Nubien, *Anz.*, 1890, p. 97.

Jaunâtre.

869 (75). — Prov. incon. — H., 8,6.

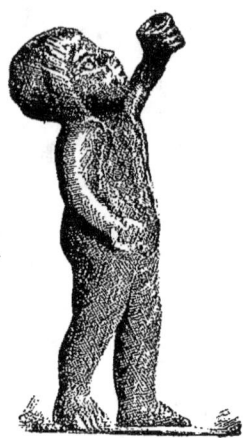

Enfant debout, la jambe gauche en avant, la tête levée, regardant le flambeau (?) que tenait en l'air son bras gauche. Bras droit pendant, le poing troué, et chlamyde sur l'épaule gauche. Proportions très lourdes. Tête énorme, aux cheveux massés en calotte, les traits disparaissant sous la bouffissure des joues (tête de jeune nègre?). — Fig. 11.

870 (2390). — Coll. du Ministère. — H., 10,1. Base : d., 1,7 ; h., 2,4. — Cf., pour le motif, *Mus. Greg.*, I, 55.

Enfant nu, debout, les pieds joints, sur une base cylindrique, le bras gauche abaissé, le droit soulevant un flambeau. Tête engoncée et inclinée à droite. — Informe.

Vert rougeâtre.

871 (195). — *Tégée.* — H., 5,5.

Enfant debout, de face, enveloppé dans un lourd himation passé sur l'épaule gauche et retombant sur le bras droit. — Style médiocre. Très abîmé.

Noirâtre.

FIGURINES VIRILES.   159

ACTEURS.

872 (218). — *Laconie*. — H., 9,1. — Jambe droite cassée au cou de pied.

Acteur, vêtu d'anaxyrides, d'une tunique et d'une chlamyde sur l'épaule droite, où il porte la main gauche, la jambe droite en avant, le bras droit étendu. Tête barbue, masquée et surmontée d'un haut bonnet pointu, pourvu d'une bélière.

873 (767). — *Corinthe*. — H., 4,5. Larg., 4,5. Ep., 1,7. — Cf. *Mus. de Naples*, 4400 (étiq. de cuivre). *Ibid.*, 72686...

Masque d'acteur, de face. Tête ronde, coiffée d'un bicorne, encadrée de deux tresses sur les joues et d'une en haut du front. Noirâtre.

BUSTES ET TÊTES D'APPLIQUE.

874 (435). — Prov. incon. — H., 6,2. Larg., 0,7 à 0,4. — Tête cassée.

Tige quadrangulaire terminée d'un côté par une boule, de l'autre par un buste drapé, le bras droit passé sous l'étoffe.
Vert clair.

875 (978). — *Tanagra*. — H., 11,5. Larg., 9,9. Ep., 1,9.

Deux têtes de $3/4$ surmontées chacune d'une bélière et séparées par un large anneau. Tête d'homme, cornue, et tête de femme aux cheveux retenus par un voile plusieurs fois enroulé. — Epoque romaine.

876 (952). — *Egypte*. — H., 8,5. Larg., 4,5.

Tête d'enfant (?) frisée, avec nébride sur l'épaule gauche. — Vert clair, très oxydé.

877 (138). — *Milo*. — H., 2,7. Larg., 2,4. Ep., 1,4.

Tête avec cheveux massés, au front très bas. — Très altérée.

878 (884). — Prov. incon. — H., 4. Larg., 2,2. Ep., 0,3.

Plaque piriforme suspendue par une bélière. Sur chaque face, figure d'applique, de style médiocre. — Vert clair.

3. — FIGURINES FÉMININES (879-930).

APHRODITE.

Pas plus que les « Apollons » ne représentent tous la divinité, les figurines féminines, au repos les jambes jointes, ne sont toutes des Aphrodites (1). Je les ai pourtant groupées sous ce titre, parce que l'attitude, qui leur est commune, à elles et aux pieds de miroirs, est parfois celle d'Aphrodites authentiques.

Qu'elles soient nues ou vêtues, toutes ces figurines sont debout, au repos, l'une des mains présentant quelque offrande et l'autre relevant le chiton à la hanche, ou, parfois, mais rarement, les deux mains levées, soutenant une attache de miroir ou de patère... — Le compte serait long de ces figurines. Qu'il me suffise de signaler la curieuse statuette de Vienne (*Arch. Ep. Mitt. a. OEst.*, II, 1878, pl. 8), celle de la collection *Gréau*, 336 (à Berlin), etc... — La Société Archéologique possède, outre le support 879, la belle statuette d'*Hagios Sostis*, 881, et trois autres exemplaires de style péloponnésiaque, 882-4...

Plus récentes sont les Aphrodites véritables 887, et les groupes où Éros paraît près d'Aphrodite, 888-890. Ces bronzes sont d'ailleurs mal conservés et de style médiocre.

879 (91). — *Péloponnèse*. — H., 11,5. — Main droite et avant-bras gauche cassés.

Femme nue debout, les jambes jointes, les bras en croix et les avant-bras verticaux. Sur la tête, coussinet de support. Taille mince, seins à peine indiqués, yeux ronds et creux, avec double tresse sur chaque épaule.

---

(1) Sur cette question, *Arch. Zeit.*, 1881, p. 24, où Curtius ne parle, à vrai dire, que des supports de miroirs; cf. *B. C. H.*, 1890, p. 572-586 (Lechat)...

La figurine servait évidemment de support de miroir. C'est le seul exemple que je connaisse de figurine féminine, les bras levés comme les manches de patère (cf. notre n° 67, etc...). — Pl. III, 2.

Patine épaisse (0,05), craquelée par endroits. — Jaune verdâtre.

880 (1005). — *Eleusis*. — H., 8,15. — Cassée aux pieds.

Femme debout, dans la pose des supports de miroir, vêtue du chitonisque et de l'himation ionien passé sur l'épaule gauche: le bras droit levé tient un bouton de fleur (n°s 151-2. *Gréau*, 336...), la main gauche s'appuie au-dessus de la hanche. Tête presque triangulaire, diadémée, les cheveux partagés et gaufrés sur le front, avec double tresse sur chaque épaule et natte tombant sur le dos. — Pl. III, 3.

Noir verdâtre.

881 (27). — *Hagios Sostis* (Tégée). — H., 10,6. Base, 3,4 sur 3,7 (h., 0,4). — Ἐφ. Ἀρχ., 1862, 241-2. *Arch. Anzeiger*, 1863, p. 91. Pervanoglou, *Nuove Memorie*, 1865, p. 72. *Mitt.*, 1878, pl. I, p. 14-16; 1879, 169. *B. C. H.*, 1880, p. 192. Cf. les n°s 153-6, la statuette de *Calavryta*, *Arch. Zeit.*, 1881, pl. 2, 2. *Anz.*, 1893, p. 96 (Berlin), etc.

Femme, sur une base carrée, trouée aux coins, vêtue du diploïdion dorique, la main droite à plat, le bras gauche pendant et le poing percé d'un trou horizontal. Style sévère. Proportions massives, les pieds chaussés et sur la même ligne. Chiton cannelé sous l'apoptygma qui se termine en bas par une ligne horizontale. Tête forte, sourcils droits et menton carré. Les cheveux, relevés en haut du front, l'entourent d'un bourrelet, strié, comme la natte entière, de traits parallèles et verticaux, très rapprochés. — Pl. IV, 2.

Olive.

882 (210). — Prov. incon. — H., 12,3. — Le pied gauche cassé. — Cf. *Anzeiger*, 1889, p. 104...

Position presque semblable, mais le pied droit franchement en avant, la main droite finissant en moignon, la gauche relevant le chiton à la hanche. Style moins sévère. Les cannelures ont presque disparu et l'étoffe du chiton se plaque sur les jambes. La tête, légèrement à droite et penchée en avant, est de forme semblable à la précédente, mais les cheveux, massés,

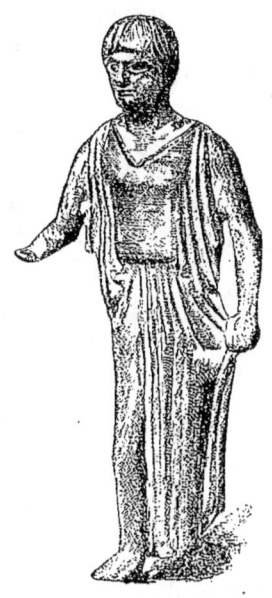

forment une calotte non divisée, à peine striée de quelques traits. — Fig. 12.

Vert foncé.

883 (1191). — *Argos*. — H., 5,9. Base, d., 1,7, h., 1,1.

Semblable, plus libre, debout sur une base carrée, creuse à la partie inférieure.

884 (sans n°). — H., 5,1, du tenon, 0,8.

Semblable, la main droite sous l'apoptygma et appliquée aux seins (cf. le n° 154...). Sous les pieds, tenon d'attache.
Oxydé.

885 (19). — *Hagios Sostis* (Tégée). — H., 9,6. Base, 3,3 sur 2,5 (h., 0,8). — Ἐφ. Ἀρχ., 1862, 241-2. *Nuove Memorie* (Pervanoglou), p. 72. *Mitt.*, 1879, p. 169 (Milchhöfer). *Arch. Zeit.*, 1883, p. 226...

Femme, vêtue du diploïdion avec kolpos, sur une base rectangulaire, avec tenons sur les côtés. Le corps porte sur la jambe droite, le pied gauche, nu comme le droit, franchement de côté; l'avant-bras droit, horizontal, tenait une coupe (?), la main gauche porte une longue tige courbe surmontée d'une sorte de boule. Tête de beau style, penchée à droite, les cheveux relevés et partagés par une raie.

Pervanoglou voit dans la tige une clef (cf. *Carapanos*, pl. XIV, 3), Milchhöfer (*Arch. Zeit.*, 1883, et *Mitt.*, 1879), une branche de pavot (cf. *Arch. Zeit.*, 1881, pl. 2, 2). Peut-être est-ce simplement un sceptre (*Mitt.*, 1879, 154-5). — Pl. IV, 3.

Olive clair.

886 (597). — Prov. incon. — H., 6,2. Base, d., 1,2.

Femme coiffée du polos, vêtue du diploïdion, la main droite à la hanche et le bras gauche cassé dès l'attache.

Vert noirâtre.

887 (1057). — *Phœniki* (près d'Asopos). — H., 14. Base (d., 4,5; h., 2,4).

Aphrodite, diadémée et nue, dans la pose de la Vénus du Capitole, debout sur une base ronde et creuse, moulurée haut et bas. Pieds lourds, la jambe gauche fléchie. Tête de 3/4 à droite, les cheveux tombant en boucles libres sur les épaules et noués en chignon sur la nuque.

Bien conservé; de style médiocre. — Cf. *Sacken*, pl. 12, 1. *Longpérier*, 151. *Friederichs*, 1639. *Gréau*, 926, 931. *Chabouillet*, 2982.......

Olive.

888 (1092). — *Trikkala de Corinthie.* — H., 5,5.

Semblable, avec un Eros assis sur l'épaule gauche. — Oxydé.

889 (507). — Prov. incon. — H., 5. L., 2.

Aphrodite, le buste nu, assise sur un siège carré, le bras droit reposant sur ses genoux, le bras gauche passé autour d'Eros ailé. — Trou d'attache à la base.

890 (619). — Prov. incon. — H., 8,2.

Aphrodite debout, la main gauche à la hanche, la droite re-

posant sur une colonne, la tête penchée, portant Eros ailé sur l'épaule droite. Une tunique, passée sur l'épaule gauche, couvre le bas du corps. Bracelet au bras droit.
Vert clair.

891 (498). — Prov. incon. — H., 4,5. L., 3,5. — Cf. *Arch. Zeit.*, 1851-2, p. 51...

Buste d'Aphrodite, surgissant d'un calice bordé d'oves, la tête ceinte d'un diadème à quatre rais (Aphrodite Syrienne). — Noirâtre.

892 (38). — Prov. incon. — H., 5,2.

Eros, le corps cambré, le bras droit pendant et le gauche levé ; coiffure stylisée, avec une sorte de κυνῆ sur la nuque. — Cf. les figures volant autour des supports de miroirs (nᵒˢ 153-4. *Mus. de Naples*, 5451., etc...).
Vert foncé.

893 (1065). — Prov. incon. — H., 4,2.

Eros, la jambe droite en avant, les mains relevées à la hauteur de la tête.
Grisâtre.

ARTÉMIS.

894 (2512). — *Méthana*. — H., 11,8. — Cassé aux genoux.

Artémis, de face, vêtue d'un chiton court serré à la ceinture, l'avant-bras droit en avant et le gauche pendant, les mains fermées, tenant l'arc et la flèche (?). Hautes endromides et carquois sur l'épaule. La tête légèrement à gauche et les cheveux relevés en chignon. Figurine de style libre (cf. l'Artémis archaïque de *Dodone*, *Anzeig.*, 1887, p. 204...).

895 (194). — *Tégée*. — H., 6,2. — Cassé aux chevilles.

Semblable, avec un justaucorps de peau par-dessus le chiton. — Informe. Noirâtre.

896 (1219). — *Erétrie*. — H., 6,3. Base : 2 sur 1,8 et 1,6 sur 1,4; h., 1,2.

Semblable, sur une base quadrangulaire moulurée haut et bas, la main droite pendante, la gauche relevée à l'épaule et prenant une flèche (?). Diploïdion descendant jusqu'aux pieds. — Tête de facture plus soignée.

897 (1135). — H., 7,1. — Le bras droit cassé au coude.

Semblable. — Brunâtre.

898 (sans n°). — H., 7, 1. Base : 1 sur 0,7 et h., 1,9. — Le bras gauche cassé. — Cf. *Sacken*, pl. 15,4 ; pl. 19,4. *Naples* 109742..

Semblable, mais vêtue du chiton court, chaussée d'endromides, le bras droit à l'épaule sur un tenon percé d'un trou horizontal. Coiffure d'époque romaine.
Noirâtre.

ATHÉNA.

899 (2339). — Prov. incon. — H. 7,7. Base : 2,5 sur 2,2 et 1,8-1,7. — Bras droit cassé au coude.

Pallas, vêtue du diploïdion, coiffée du casque à long panache, debout, de face, le bras droit levé, le gauche abaissé, sur une base double.
Informe. Vert foncé.
Pour ces statues, qui dérivent plus ou moins directement des antiques ξόανα, cf. le bronze Lenormant, *Arch. Z.*, 1867, pl. 228, pp. 121-2. *Mus. de l'Acropole*, 1376, etc. *Sacken*, pl. 9. *Mus. de Naples*, 5519-5520...

900 (956). — Prov. incon. — H., 7,7. — Le bras gauche et la main droite cassés.

Semblable, de style libre, le bras droit abaissé et portant le casque à triple panache. — Cf. *Sacken*, pl. 8,6.
Noirâtre.

901 (2538). — Prov. incon. — H., 7,3.

Semblable, les avant-bras tendus, coiffée du casque à nazal, avec himation sur l'épaule gauche. Travail grossier.
Mal conservé. Vert foncé.

902 (949). — *Athènes.* — H., 13,4. Base, h., 1,2, d., 4,5. — Deux bras cassés.

Pallas, vêtue du diploïdion, avec l'égide et le Gorgoneion, marchant rapidement, la jambe droite en avant, les pieds chaussés de sandales et portant sur une base ronde. Casque corinthien et cheveux relevés en natte comme dans la Pallas Albani. — Pour la Promachos, cf. *Furtwængler, Meisterw.*, 47-55. Cf., pour le mouvement, de nombreuses statuettes trouvées sur l'*Acropole*. Ross, *Arch. Aufsætze*, pl. VII, 106-7 (Oppermann). *Bull.*, 1864, 78-9. *Friederichs*, 1887-8. *Gréau*, 917. *Chabouillet*, 2962. *Musée de Constantinople*, 40. *Arch. Zeit.*, 1846, 222; 1853-4, 452; 1872, p. 39, p. 43; 1873, pl. 10, pp. 96-9. *Sacken*, pl. 8, 1, 8...

903 (1033). — *Asie Mineure.* — H., 5,6. Base, h., 0,2; l., 2,4 sur 1,7.

Athéna, debout, la main droite tenant une patère, la gauche sur le bouclier, derrière lequel paraît le serpent. Diploïdion et casque à triple panache.
Grisâtre.
Cf. Athéna faisant des libations, avec une patère, sur une amphore à figures rouges (*Cat. Berlin*, 2162)... Beulé, *Mon. d'A.*, p. 256. *Friederichs*, 1878, 1880, 1882, 1885. *Chabouillet*, 2964, 2966. *Sacken*, pl. 8,6... *Müller-Wieseler*, 226, 233, 242. b. *Arch. Zeit.*, 1851-2, p. 116; 1877, 24,1, 85; 1882, pp. 27-36, pl. 2... *Mus. de Naples*, 5121, 5128; 111049...

904 (2516). — *Mégare.* — H., 10,3 (tête, 4,5).

Buste de Pallas, le casque relevé, les cheveux partagés, de style classique. En haut de la tête, goujon où le panache s'engageait.
Grisâtre.

905 (103). — Prov. incon. — H., 7. Larg., 4,9. Ep., 1,7.

Plaque d'applique triangulaire, surmontée d'une bélière, avec tête de Pallas casquée, en relief et de mauvais style.

CYBÈLE.

906 (502). — *Chypre.* — H., 7.

Cybèle, assise de face, coiffée de la κυνῆ, vêtue de la tunique flottante et de l'himation, la main droite ramenée aux seins, la gauche posée sur la tête d'un lion, placé à droite, sur un support.
Style médiocre. Oxydé.

PERSÉPHONE (?)

907 (1136). — *Fouilles d'Epidaure.* — H., 6,8 (polos, 1,4). — Buste d'applique.

Buste coiffé d'un polos, les cheveux retenus par une résille. Tête de mauvais style.

NIKÉS ET GORGONES.

908 (911). — Prov. incon. — H., 3,5. Larg., 2,7. Ep., 0,5.

Plaque présentant, en très faible relief, une niké ailée volant à droite. — Cf. une plaque trouvée sur l'*Acropole*, n° 1454, buste d'homme drapé.
Mal conservé. Vert foncé.

909 (732). — *Athènes* (pente N. de l'*Acropole*). — *B. C. H.*, 1878, 544 (67). — H., 9,8. Larg., 10,5. — Applique cassée aux jambes.

Figure féminine ailée volant à droite, le genou gauche en terre et les bras presque horizontaux. Chiton court, serré à la taille et relevé au-dessus du genou. Tresses sur la poitrine et cheveux en touffes en haut du front (cf. le n° 1422 de l'*Acropole*..). Les ailes recroquevillées sont surmontées d'une palmette entre deux spirales.
Cf. 14 figurines du *Musée de l'Acropole* (n°s 1405, 1409-1418, 1422 et 2 inédites); une 15ᵉ de même provenance à Vienne, *Anzeiger*, 1892, p. 49; une 16ᵉ à Karlsruhe (n° 930, p. 176). *Mitt.*, XI, 372 (Petersen). *Longpérier*, 396. *Gaz. Arch.*, 1877, p. 265. *Id.*,

1878, pl. 13, p. 79-81. *Olympie*, pl. VIII, 78-9, etc..... — Gorgone de face, debout sur une griffe, *Mus. de Naples*, 72933..

910 (1088). — *Phœniki*. — H., 8. Larg., 7. Ep., 0,7.

Gorgone courant à gauche, le genou droit en terre, le chiton non serré à la ceinture, les mains ramenées devant la poitrine et serrant une couronne. Plaque d'applique plus simple, percée de trois trous. — Tête archaïque, altérée.
Noirâtre.

911 (189). — Prov. incon. — H., 2,5. L., 2,8. Ep., 0,4. — Applique. — Cf. la Méduse *Rondanini*, réplique de Crésilas, Furtwaengler, *Meisterw.*, p. 325-332. *Mus. de Naples*, 72856, 72966-9, 109697... *J. H. S.*, 1892-3, p. 236, fig. 4 (*Acropole*)..

Tête de Gorgone, de style libre, les cheveux flottants. — En haut, deux bélières.
Noirâtre.

912 (1090). — *Mégare*. — H., 11,2. L., 13,5. Ep., 0,5.

Semblable, les cheveux ondoyants; de beau style libre.
Vert bleuâtre.

913 (25). — *Tégée* (H. Sostis). — *Mitt.*, IV, 109. — H., 3,5. L., 3,5. Ep., 0,8 (de la lame, 0,025). D. de la bélière, 3.

Semblable, les cheveux coiffés en touffes séparées. Beau travail. En haut, bélière.
Vert bleuâtre.

SPHINX.

914 (563). — Prov. incon. — H., 4,5. L., 3,5. Ep., 1,7. Base : h., 0,7 ; l., 3,3 sur 1,4.

Sphinx accroupi, la tête de face, revêtu du voile égyptien et de style égyptisant. — Cf., pour le sphinx, *Olympie*, 966. *Anz.*, 1893 (Berlin), p. 96. *Carapanos*, pl. 20, 1. *Mus. de l'Acropole*, 1421-4. *Chabouillet*, 3103. *Longpérier*, 408-413. *Friederichs*, 2289-2295. *Mus. de Naples*, tables XXX, XXXI, 72995..

915 (1137). — *Fouilles d'Epidaure*. — H., 3. Base : 1,7 sur 1 ; h., 0,3. — Pour ces figures d'applique dont la tête se tourne de côté, cf. *Mus. de Naples*, 5541, 72636, 72779-80...

Sphinx debout, la tête à gauche, sur une base quadrangulaire, les pattes réunies en pilier, la queue pendant et les ailes recroquevillées. Figure curieuse, vieillotte, encadrée de cheveux coiffés par masse.
Vert foncé.

916 (2519). — *Fouilles d'Epidaure*. — H., 3,5. Base : 1,9 sur 0,6. H., 0,2.

Sphinx accroupie, la tête à droite, de joli style, les cheveux tombant en voile.
Grisâtre.

SIRÈNES.

917 (13). — *Pellene* (Achaïe). — H., 5. Larg., 6,5. Base : 5,8 sur 1,2. H., 0,9.

Sirène de face, accroupie; avec diadème et double tresse sur chaque épaule. Entre la queue et la lamelle de base est une large entaille où s'encastrait un long tenon. Tête archaïque, allongée. — Cf. *Longpérier*, 414. *Caylus*, III, pl. 14, 1-2. Sur une lampe, *Naples*, 72198 (archaïque)..
Vert foncé.

918 (37). — Prov. incon. — H., 4,6. Larg., 5,5.

Sirène coiffée du polos, le buste nu, les ailes éployées, émergeant d'un calice porté par une griffe. — Pied de vase ou de meuble.

919 (426). — Prov. incon. — H., 6,2. L., 4,2. Ep., 0,7. — Cf. le même motif à *Kertch* (*C. R.*, 1877, pl. 3, 4, p. 221) et sur une anse de l'*Acropole* (*J. H. S.*, 1892-3, p. 237, fig. 6)...

Sirène de face, les ailes recroquevillées et les griffes posées sur une palmette renversée (cf. le n° 30). En haut, double bélière. — Style libre.

FIGURINES ET APPLIQUES DIVERSES.

920 (455). — *Atalante* (Hagios Constantinos). — H., 13,8. Base : 13,3 sur 6,5. — *B. C. H.*, 1880, pl. 2, 192-3 (Pottier).

Femme penchée à gauche, s'abandonnant au bras qui la serre à la taille. Le chiton, agrafé sur l'épaule gauche, laisse le sein droit à découvert, se plaque sur le ventre et tombe en plis, formant au groupe une base circulaire. Tête affaissée sur l'épaule droite, les cheveux librement traités et relevés par un bandeau, les yeux incrustés d'argent.
Beau travail du quatrième siècle.
Vert bleuâtre.

921 (456). — *Atalante* (*id.*). — H., 14,6. — Les bras cassés.

Femme debout, vêtue par-dessus le chiton d'un voile posé sur la tête et qui retombe en bas du corps. Figure assez fine, très abîmée. Style du troisième siècle.
Vert bleuâtre.

922 (47). — *Béotie*. — H., 5,7. D. de base, 2,1.

Semblable, informe, les bras pendants et la main droite sur la hanche, un grand himation sur l'épaule gauche.

923 (406). — Prov. incon. — H., 9,1.

Semblable, enveloppée d'un voile qui fait capuchon, s'enroule autour du cou et tombe en plis relevé par la main droite, la gauche tenant une tige cylindrique, peut-être une torche (Proserpine ?).
Grisâtre.

924 (497). — Prov. incon. — H., 5,6. Larg., 3,6. Ep., 1,2.

Buste, coiffé d'un haut bonnet orné d'une palmette, avec boucles tombant sur la poitrine. L'avant-bras droit horizontal tient une lyre (?). — Cf., comme mouvement, la Sapho d'*Herculanum* (*Naples*, 4896)..
Style médiocre. — Noirâtre.

925 (53). — Prov. incon. — H., 2,3. Larg., 2,2. Ep., 0,1.

Tête coiffée du voile égyptien, avec cornes au-dessus des tempes. — Altéré. Grisâtre.

926 (190). — Prov. incon. — H., 3,9. Larg., 3,7.

Tête ronde, les cheveux formant bourrelet. — Plomb à l'intérieur de l'applique. Vert bleuâtre.

927 (457). — *Atalante* (H. Constantinos). — H., 8. Larg., 8,2. Ep., 0,8.

Applique losangiforme, dont les côtés se recroquevillent en volutes autour d'une tige centrale. Au milieu, masque humain; à la partie inférieure, restes d'une double charnière. — Bleuâtre.

928 (833). — *Karas* (Attique). — H., 5,3. L., 4,7. Ep., 0,8.

Tête, coiffée comme le n° 926, ceinte d'un diadème avec aigrette médiane entourée d'une double virgule (l'une d'elles a disparu).

929 (484). — Prov. incon. — H., 2. L., 2,3. Ep., 0,6.

Tête triangulaire. Cheveux frisés. — Patine olive.

930 (139). — *Milo*. — H., 2,5. L., 1,4. Ep., 1,3.

Tête aux cheveux flottants. — Style médiocre. — Bleuâtre.

4. — Fragments de statuettes (931-965).

Têtes...

931 (911). — Prov. incon. — H., 4,2. L., 2,8. Figure, h., 3,5. Ep., 0,3.

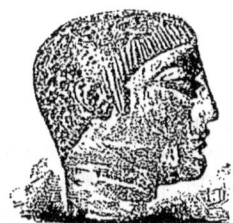

Tête de statuette archaïque, de beau travail et de style voisin des statues d'*Olympie*. Haut de la tête presque plat, oreilles en arrière, cheveux formant frange sur le front bas, avec piqûres sur la calotte du crâne. Figure ovale, nez droit et paupières lourdes, les yeux légèrement obliques. — Fig. 13.
Olivâtre.

932 (1049). — Prov. incon. — H., 5,6 (tête, 2,7). D. du manche, 1,2 à 1,8.

Tête primitive, emmanchée sur une douille conique et rappelant de près les canopes d'*Etrurie*. Cheveux ceints d'un bandeau, oreilles en forme d'anses et nez pyramidal.
Grisâtre.

933 (772). — Prov. incon. (*Acropole?*). — Ἐφ. Ἀρχ., 1887, p. 147-8, fig. 10 (Studniczka). — H., 11. L., 6,8. Ep., 0,2 à 0,5.

Fragment d'égide, avec le commencement du bras et tout le

côté droit du buste. Deux tresses flottent en bas du cou, sur lequel on aperçoit la bande brodée de la tunique. Serpents enlacés, comme dans la statuette-plaque de l'*Acropole*, 1371 ('Εφ. Ἀρχ., 1887, pl. 4). Notre fragment provient d'une figurine semblable.

Vert bleui par l'oxydation.

BRAS ET JAMBES.

934 (sans nº). — L., 3,5 (de l'avant-bras, 4,5).

Bras coudé à angle droit, la main fermée tenant une pomme. Le pouce est figuré deux fois, de manière à être vu par devant et derrière. — Fonte pleine.

Vert marbré.

935 (504). — *Sbarta* (Pisidie). — L., 26. Larg., 11. au bout des doigts, 8,4 au poignet. Ep., 6,9 au poignet.

Main colossale, à plat, le pouce tordu à gauche, l'annulaire et l'auriculaire légèrement repliés vers la paume. Mal conservé, index cassé, déchirures à la paume et à l'annulaire. — Style grossier.

Patine noirâtre.

936 (596). — Prov. incon. — L., 11 (main, 5). Larg., 2,8 à 3,5.

Main avec une partie du poignet. L'index est levé et le pouce croise les trois autres doigts qui sont repliés sur la paume. — Travail soigné.

Même patine.

937 (99). — Prov. incon. — H., 3,8. D., 0,7.

Main, dont les doigts sont légèrement courbés aux bords et tiennent un objet indistinct.

Grisâtre.

938 (121). — Prov. incon. — H., 9,7. L., 14,8. Ep., 0,8 à 1,2. — Pour les mains votives, cf. *Mus. de Naples*, 5461, 5505-9... *Karlsruhe*, pl. 15, 8 (822). *Mus. des Thermes*...

Mains juxtaposées en sens opposé. Elles sont fermées, et les pouces font saillie (celui de gauche est cassé). La face postérieure est concave et, à la jonction des mains, une rainure fixait l'applique. — Informe.

939 (2494). — *Kapræna* (Chéronée). — H., 13. L., 29,5. Larg., 6,5 au talon, 11. à l'attache des doigts. Ep., 0,1 à 0,3.

Pied droit, cassé au cou-de-pied et dont le pouce pose à plat, les autres doigts étant légèrement relevés. La plante manque, le trou ainsi formé servant de goujon au tenon de base.

Fonte inégale. Les éraflures sont dissimulées par des plaquettes rectangulaires (h., 0,7; l., 1,3 à 2,5), que des rivets fixaient dans des trous ménagés au centre des lacunes. (Cf. le même procédé sur l'éphèbe de *Tarse*, sur l'Héraklès de *Janina*, *Musée de Constantinople*, etc., etc...)

Gris verdâtre foncé, teinté de bleu.

940 (2495). — *Kapræna* (Chéronée). — H., 14,5. L. 29,5.

Pied gauche semblable.

941 (176). — *Constantinople* (Atmeïdan). — H., 23. L. 30,2. Larg., 6,5 au talon, 11 à l'attache. Ep., 0,2.

Pied droit conservé plus entier que le n° 939. Les doigts posent plus à plat et le talon est seul troué. Plomb à l'intérieur. Soigné.

Brun rougeâtre.

942 (506). — Prov. incon. — H., 4,5. L. 4,6. Larg., 2,2.

Pied nu, avec anneau au cou-de-pied (diam., 1,7). Deux trous percés à la partie supérieure servaient à le souder au reste de la statuette.

Brun rougeâtre.

943 (1039). — *Phœniki* (près d'Asopos). — Deux fragments de jambe.

1° H., 9,7. Long. du pied, 6,2. Larg., 2,6.

Pied avec tenon inférieur et trou sous le talon. Masse de plomb au milieu.

2° H., 11,5. Jambe conservée du genou aux parties. A la cuisse, large entaille (1. sur 0,4).
Vert marbré.

944 (1190). — *Eleusis*. — L. 9. Diam., 1,8 (2,1 à la section).

Doigt de statue, avec un ongle d'argent. — Oxydé.

945 (509). — Prov. incon. — L., 9,5.

Id. courbé légèrement à la dernière articulation. Creux à l'intérieur.
Vert olive, altéré.

946 (557). — Prov. incon. — L., 5. D., 1,3.

Petit doigt de statuette, plié à la dernière articulation.
Brun verdâtre.

947 (1174). — *Athènes* (Olympieion). — L., 8,5. Diam., 3.

Index légèrement recourbé. — Patine grise.

948 (1189). — *Eleusis*. — L., 8,1. D., 2,5.

Doigt non plié (?). Informe. — Vert commun.

949 (sans n°). — H., 2. L., 4.

Trois doigts d'enfant, unis et cassés à la dernière phalange.
Vert grisâtre.

950 (635). — *Orchomène*. — L., 5,7. Diam., 2,3 (2,7 à la section).

Pouce en fonte pleine, avec une mortaise à l'attache. — Brun oxydé.

951 (1211). — *Epidaure* (Hiéron). — L., 5,5. Diam., 2,5. Ep., 2,1.

Semblable. — Patine grise.

952 (1206). — *Oropos* (Amphiaraon). — L., 5,5. D., 1,8.

Doigt de pied non fléchi, modelé avec soin.
Belle patine d'un vert clair et bleuâtre.

FRAGMENTS DE STATUETTES.

953 (2520). — Prov. incon. — L., 5,5. D., 1,8.

Semblable, oxydé. — Travail vulgaire.

954 (633). — *Orchomène*. — L., 6. D., 2,1.

Semblable. — Vert grisâtre.

955 (634). — *Orchomène*. — L., 6. D., 2,2.

Semblable, plié à la dernière articulation. — Vert noirâtre.

956 (sans n°). — L., 2,1. D., 1,3.

Dernière phalange d'un doigt de pied. — Patine grise.

PHALLOS ET AMULETTES.

Cf. *Friederichs*, 1339^d-1384. *Karlsruhe*, 831, 184, 1113. *Anz.*, 1880, p. 39; 1881, p. 251... Sur les hermès-portraits, cf. le buste de L. Cæcilius Jucundus, *Naples*, 111063. — Ἐφ. Ἀρχ., 1892, 174 (*Eubée*)..

957 (2332). — *Coll. du Ministère*. — H., 4, 2. Larg., 5.

Section des testicules, engagée dans une masse de plomb. — Grisâtre.

958 (1209). — *Hiéron d'Épidaure*. — H., 4. Larg., 4,5.

Phallos.

959 (500). — *Lykosoura*. — H., 5,3. L., 5.

Id., engagé dans une masse de plomb. Vert jaunâtre.

960 (1203). — *Gastouni*. — H., 5,5. L., 2,5.

Id., sans plomb, fixé par un tenon.

961 (69). — Prov. incon. — H., 3. — *Id.* — Brunâtre.

962 (197). — Prov. incon. — H., 2,8. L., 1,3. Long. du tenon, 1,5; larg., 0,8. — *Id.* — Vert clair.

963 (405). — Prov. incon. — H., 1,6.

Hermès avec tenons sur les côtés et bélière derrière la tête. — Grisâtre.

964 (6). — *Naxos*. — H., 2,2. — Cf. *Sacken*, pl. 31,9. *Musée de Constantinople*, 2ᵉ v. à droite. *Musée de Naples*, 5439, 15334, 109762.. Figure semblable, féminine, 5445...

Harpocrate(?) vêtu, la main droite au menton, le bras gauche derrière le corps. — Bélière derrière la tête.
Vert foncé.

965 (12). — Prov. incon. — H., 2,3.

Semblable, coiffé d'un haut bonnet pointu. — Vert clair.

5. — Animaux (966-1057).

ANIMAUX.

La plupart des animaux servaient d'appliques ou de pendeloques. J'ai réuni ici tous ceux dont un exemple certain n'établit pas l'usage.

Quelques-uns sont de style tout primitif. Je noterai les exemplaires grossièrement modelés, soutenus par des pattes coniques et fondus en fonte pleine (999-1000), un oiseau archaïque, semblable à ceux que renferment les tombes thébaines (1043) (Cf. Furtwaengler, *Olympie*, p. 61..), et plusieurs animaux de style « géométrique », chevaux, cerfs et bélier...

SINGES.

966 (sans n°). — H., 1,3. L., 1,2. Ep., 0,6.

Tête de singe servant d'applique. — *Longpérier*, 758-9.
Vert grisâtre.

967 (2340). — *Coll. du roi Othon.* — H., 4,5. Larg., 7,5. Ep., 2,2.

Ours grossièrement modelé (*Friederichs*, 2325. *Longpérier*, 761-4).

CHIENS.

968 (34). — Prov. incon. — H., 2. L., 4,7.

Chien courant, les pattes réunies par devant et derrière et appliquées sur une surface courbe, probablement sur la tranche d'un miroir (*Karlsruhe*, pl. 24. *Olympie*, p. 153.... — Pour les chiens servant d'anse, cf. *Caylus*, V, pl. 89,7..)

969 (66). — *Athènes* (théâtre d'*Hérode Atticus*). — H., 4,2. L., 2,6. Base : 2 sur 1,2.

Chien assis, la tête dressée en l'air, sur une base que portait la tige d'une épingle (?). — Cf. *Longpérier*, 776. *Mus. de Naples*, 4962. *Deltion*, 1891, 13,77...

Beau style. — Patine olive.

970 (214). — Prov. incon. — Long., 3,5. Larg., 1. Ep., 0,3.

Tête de loup (?) aplatie et les oreilles rabattues, continuée par un court crochet. Agrafe de ceinturon (?). — *Longpérier*, 782.

Vert bleuâtre.

971 (215). — Prov. incon. — Long., 3,5. Larg., 0,9. Ep., 0,7.

Semblable. — Grisâtre.

972 (sans n°). — Long., 2,3. Larg., 0,9. Ep., 0,7.

Semblable, mais plus court. — Même patine.

LIONS.

973 (1052). — *Porto Chéli* (Hermionide). — H., 4,2. Larg., 2,1. Ep., 2,2.

Lion couché, les pattes allongées, comme *Olympie*, 964, pl. 57, mais la tête retournée vers la queue (*Karlsruhe*, 477) (?). Une bélière horizontale, où passe une chaîne, continue la crinière. Rebord d'un vase (?). Pour les lions couchés, servant d'anse, cf. *Caylus*, IV, pl. 32, 1-2. *Mus. Greg.*, I, pl. 6. *B. C. H.*, 1887, pl. 11 (*Ptoïon*). *Mus. de Naples*, 4949 (accroupi), 4922 (couché), 4931... *J. H. S.*, 1892-3, p. 239, fig. 11 (*Acropole*)...

Vert clair, bleuâtre.

974 (1490). — Prov. incon. — H., 5,5. L., 5. — *Musée de Constantinople*, 2° v. à droite...

Partie antérieure d'un lion, la gueule ouverte, les pattes en avant, d'assez beau style.

Gris bleuâtre.

975 (sans nº). — H., 3,4. L. 3,2. Ep., 1,6.

Tête de lion d'assez bon travail. — Cf. *Sacken*, pl. 51, 3. *Karlsruhe*, 292, p. 52, et les masques des tombes syriennes, *Anz.*, 1884, 65. *Musée de Constantinople*... — *Mus. de Naples*, 72738-9, 72742, 72746, 72751...
Creux à l'intérieur. — Brunâtre.

976 (941). — *Chéronée*. — H., 4,1. Larg., 5.

Partie antérieure d'un tigre, la tête baissée et la patte gauche en avant.
Médiocre. — Noirâtre.

977 (408). — *Pellene*. — L., 4. Larg., 2,4. H., 1,5.

Chat couché, les oreilles dressées, la tête entre les pattes alongées.
Oxydé.

978 (411). — *Egine*. — D., 3. H., 2,9.

Tête de chat, les oreilles courtes. Par derrière, bélière. — Cf. *Longpérier*, 843. *Friederichs*, 1472[b5]. *Musée de Constantinople*, 2º v. à droite...
Informe, lourd et noirâtre.

979 (517). — Prov. incon. — L., 4,5. Larg., 1,5.

Rat, tenant un gâteau entre ses pattes de devant. *Longpérier*, 846-7. *Karlsruhe*, 1027. *Friederichs*, 2400-3. *Arch. Zeit.*, 1853-4, 387 (Cos). *Bullettino*, 1866, 60. Heydemann, *Antikensammlungen in Ober-Italien*, 1879, p. 47, 27 et 109, 4 (*Parme* et *Cortone*). *Sacken*, pl. 50, 2. *Chabouillet*, 3115. *Musée de Constantinople. Mus. de Naples*, 4918, 4943...
Vert marbré.

980 (1141). — *Philadelphie* (Alacheïr). — L., 4. H., 1,5. Larg., 1.
— Rat sur une lampe, *Caylus*, VI, pl. 67, 1. *Mus. de Naples*, 4941. *Deltion*, 1891, 13, 77...

Rat sans gâteau, la queue longue et tordue (cf. nº 804). —
Vert bleuâtre.

981 (36). — Prov. incon. — L. 5,5. H., 3,3. Base, 3,5 sur 1,5. Ep., 0,2.

Sanglier, avec bélière près de la hure. — *Friederichs*, 2327. *Olympie*, 196, pl. XII. *Longpérier*, 852-3. *Caylus*, VII, pl. 27, 3. *Mus. de Naples*, 4900, 4944, 118907...

982 (1114). — Prov. incon. — L., 5,5. H., 2,5.

Id., les pattes, au lieu de reposer sur une base, engagées dans une masse de plomb.
Beau vert.

983 (564). — Prov. incon. — L., 6. H., 4,2.

Hippopotame, debout et au repos. — Travail grossier.
Brunâtre.

CHEVAL.

984 (165). — *Vari*. — H., 4,3. L., 4,5.

Cheval de style primitif, au cou très allongé, à la tête courte et aux jambes minces. — Bélière sur le dos.
Cf., pour ces pendeloques, *Karlsruhe*, 843; pour le style de la figurine, *Olympie*, XI, 151...
Vert foncé, jaunâtre.

985 (55). — *Béotie*. — H., 2,1. L., 4.

Semblable, les jambes écartées, les oreilles courtes et dressées. — Bélière.
Vert marbré.

986 (368). — Prov. incon. — H., 4. L.; 5.

Semblable, les pattes cylindriques, mais le corps allongé, se rapprochant des n[os] suivants.

987 (92). — *Péloponnèse*. — H., 6,5. L., 4,5. Base : 3 sur 3,4. Ep., 0,4.

Cheval de style « géométrique », la tête cylindrique, le col aplati, le corps mince et allongé, les jambes découpées comme des lames de métal dans l'épaisseur du corps. — Base à jour de la forme 218ᵃ (*Olympie*), avec un prolongement où pose la queue (le champ du milieu est uni). — Pour le cheval, cf. 198, pl. XIII, *Olympie*... *Musée de Constantinople*, 5ᵉ v. à droite...

988 (94). — Prov. incon. — H., 6. L., 8,5.

Semblable, sans base, la queue cassée et les jambes tordues. Vert noirâtre.

989 (410). — *Naxos*. — H., 7. L., 5. Base, 5. Ep., 0,6 à 1,2.

Deux chevaux pareils, sur une base semblable à celle du n° 987, encastrée dans une masse de plomb.
Vert noirâtre.

990 (93). — Prov. incon. — H., 4,5. L., 4,8.

Cheval, à tête moins allongée (cf. 216, 218, pl. XIV, *Olympie*), sur une base à jour percée de trois trous irréguliers. — Cheval de même style à *Naples*, 4968..
Vert foncé, bleuâtre.

991 (569). — Prov. incon. — H., 7,5. Larg., 7. Base : 2,2 sur 3,8. Ep., 0,3.

Cavale de même style allaitant un poulain (cf. le n° 217, pl. XIV, *Olympie* et un groupe de l'*Acropole*). — Base avec des sortes de postes.
Brun clair.

992 (1328). — *Amyclées*. — H., 8. L., 7,5. — Ἐφ. Ἀρχ., 1892, p. 12 (Tsoundas).

Cheval encore archaïque, mais d'un beau travail, marchant la tête à gauche et les pattes séparées.
Vert grisâtre.

993 (840) *Athènes* (Varyka). — H., 9,5. L., 5,5. D., 2. — Anse (?). — Cf. 821, *Olympie*.. *Musée de Naples*, 72732...

Protome de cheval, la tête repliée sur le jabot et une bélière en haut de la crinière. — A l'intérieur, masse de fer. Médiocre.
Vert clair.

994 (71). — Prov. incon. — H., 14. D., 3,5. Ep., 0,7.

Oreille d'âne, dressée. — Lourde.
Vert jaunâtre.

995 (198). — *Tégée.* — H., 16,7. L., 6,2. Ep., 1,6.

Oreille et corne juxtaposées. — Creux. — Patine grise.

CERF.

996 (187). — *Tégée.* — H., 3,9. L. 4,3. Base, 2,8 sur 1,8.

Cerf de style « géométrique, » les bois hauts et dressés, le corps ayant le diamètre de la tête. — Cf. *Olympie*, 205-7, 946. *Ar. Anz.*, 1890, p. 92. *Mus. de Constantinople.*.

997 (1344). — *Amyclées.* — H., 6,2. L., 5,3. — 'Εφ. 'Αρχ., 1892, p. 14 (Tsoundas).

Semblable, moins primitif et sans base.
Vert marbré.

998 (605). — Prov. incon. — H., 4. L., 4,8. Base : L., 4,8. Larg., 0,7 et 1,4 aux extrémités. Diamètre de la bélière, 1.

Protome d'antilope (?). Corne basse entre les deux oreilles dressées, courte crinière et bélière en bas du cou. — Base en forme de pagaie.
Vert noirâtre.

BOEUF.

999 (594). — Prov. incon. — H., 2,5. L., 5,5.

Bœuf, au corps épais porté par de petits cônes figurant les jambes, sans détails indiqués, la bouche seule marquée, ainsi que la retombée des fanons. — Cf., 129, pl. X, *Olympie*, et surtout les animaux primitifs en terre cuite.
Brunâtre.

1000 (596). — Prov. incon. — H., 2,5. L., 5,5.

Id. au corps très allongé. Cf. 119, X, *Olympie*.
Vert marbré.

ANIMAUX. 185

1001 (595). — Prov. incon. — H., 3. L., 6.

Id. Cf. 110, *Olympie*. Même patine.

1002 (sans n°). — H., 2. L., 4.

Id., la tête baissée, comme 122 ᵃ, pl. X, *Olympie*. Les pattes semblent attachées par une sorte de bourrelet. (Cf., pour ce détail, n° 111, pl. X, *Olympie*.)
Grisâtre.

1003 (590). — Prov. incon. — H., 2,7. L., 3,4. Base, 3,1 sur 2,4.

Id., ithyphallique, sur une base rectangulaire. — Cf. *Olympie*, pl. XII, 198.
Oxydé.

1004 (1331). — *Amyclées*. — H., 6,5. L., 8,5. — Ἐφ. Ἀρχ., 1892, p. 12 (Tsoundas).

Id., corps mince, et tête presque chevaline. — Cf. *Olympie*, 192, pl. XII.

1005 (sans n°). — H., 6. L., 7,5.

Id. plus lourd. — Cf. *Olympie*, 198, pl. XII. — Oxydé.

1006 (118). — *Corinthe*. — H., 6,5. L., 10,4. Ep., 2,9.

Id. ithyphallique. — Vert rougeâtre.

1007 (sans n°). — H., 4,5. L., 5.

Id. Les pattes, tordues, se rejoignent deux à deux; traits circulaires autour du cou. — Cf. 957, pl. 56, *Olympie*.
Noirâtre.

1008 (2518). — *Laconie* (Ministère). — H., 5,7. L., 5.

Les pattes, réunies de même, sont tordues et se continuent par une base triangulaire. — Pour le type, cf. 959, pl. 56, *Olympie*.

1009 (565). — Prov. incon. — H., 2,5. L., 5. Base, 4,3 sur 2. Ep., 0,1.

Proportions lourdes et massives. Base tordue.
Vert foncé.

1010 (49). — *Pellene*. — H., 2,3. L., 3,8. Base, 3 sur 2. Ep., 0,3.

Semblable, la tête presque baissée, les formes lourdes. — Cf. 958, pl. 56, *Olympie*.
Grisâtre.

1011 (1040). — *Phœniki*. — H., 4,8. L., 8,8. — Cf. *Sacken*, pl. 51, 2.

Id., marchant, la jambe gauche en avant.
Grisâtre.

1012 (589). — Prov. incon. — H., 3. L., 4,8. Base, 4 sur 2,5.

Semblable. Vert marbré.

1013 (1198). — *Kabirion*. — H., 4,2. L., 6,7. Base, 6,2 sur 2. Ep., 0,7. — *Mittheil.*, XV, pl. 14,1, pp. 364-374 (B. Græf).

Id., marchant sur base rectangulaire. Tête triangulaire, crinière stylisée, proportions lourdes et grossières, la queue collée au corps. Sur la base :

ΔΑΙΤοΝΔΑ႗ ΑΓΕΘΕΚΕ ⁚ Τ°Ι ΚΑR ⁚ ΙR°Ι

Cf. deux bronzes avec dédicace semblable (*Mitt., ibid.*, pl. 14, 2-3.) Un troisième au Louvre, *Rev. Arch.*, 1891, pl. XX.

1014 (1146). — *Kabirion*. — H., 5,5. L., 10,1. — *Mitt.*, XV, p. 388, n° 2.

Id., les pattes séparées, la tête tournée à gauche. Même style conventionnel. Sur l'animal :

   HIARO႗ ἱαρὸς
   ΟΡΙΒΑΚ Καβίρο.

Vert clair.

1015 (1193). — *Kabirion*. — H., 5,7. L., 7,5. — *Mitt.*, XV, p. 391, n° 20.

Id., marchant à gauche. Les pattes de derrière, continuées par une courte plate-forme, sont engagées, comme les pattes de devant, dans une masse de plomb. Anatomie plus exacte. Sur le flanc gauche :

ΗΙΑΡΟΙ͂   ἱαρός.

Vert bleuâtre.

1016 (468). — Prov. incon. — H., 5,5. L., 8,5. — Applique.

Tête de bœuf, avec triple bélière, en bas et de chaque côté.

BOUC.

1017 (1330). — *Amyclées*. — H., 7,4. L., 11,6. Base, 3,5 sur 9. — Εφ. Ἀρχ., 1892, p. 12 (Tsoundas).

Bouc debout, la tête baissée, les pattes unies et soudées sur une base. Style archaïque (cf. 944, pl. 56, *Olympie*), mais le corps et le col conservent l'allongement des animaux de facture « géométrique »; cf. le relief 296ᴳ, pl. 18, *Olympie*...
Grisâtre.

1018 (22). — *Kynourie* (Prasiæ). — H., 4,5. L., 7. Base : 4,5 sur 2. Ep., 0,15. — *B. C. H.*, 1877, 356; 1880, 193. — Cf. *Naples*, 4903 (*Nocera*)..

Id., marchant à gauche. Hautes cornes, barbiche et bourrelet de poils en haut du front. Style conventionnel. — Sur chaque flanc :

ΜΑΓΕΑΤΑ

Cf. le n° 857.
Beau vert foncé.

1019 (567). — Prov. incon. — H., 4,6. L., 4,5.

Semblable. Tête presque humaine. Queue courte et retroussée.
Grisâtre.

1020 (566). — Prov. incon. — H., 4,3. L., 5,8. Base : 4,1 sur 2. Ep., 3.

Marchant de même à gauche, mais de style libre.

1021-2 (643-4). — Prov. incon. — H., 8. D., 2,7.

Trois jambes de bouc, percées d'un trou rond à la base. Supports (?).

1023 (sans n°). — H., 6. D., 1,6.

Id., légèrement courbé, sans trou.
Vert grisâtre.

1024 (568). — Prov. incon. — H., 4. L., 3,5. Base : 4 sur 2,5. Ep., 0,2.

Bélier de style « géométrique » ithyphallique, les jambes séparées et les cornes à double volute. Base à jour, comme 205ᵃ, pl. XIII, *Olympie...*
Vert noirâtre.

1025 (593). — Prov. incon. — H., 3,2. L., 5.

Corps mince et pattes courtes, comme 195, pl. XII, *Olympie.* — Sur le dos, bélière (*Karlsruhe*, 842).
Vert jaunâtre.

1026 (592). — Prov. incon. — H., 3,5. L., 4,7.

Semblable, avec bélière. Plus soigné.
Vert marbré.

1027 (sans n°). — H., 2,5. L., 4,6. Base : 2,3 sur 1,6.

Les pattes tordues et minces reposent sur une plaque rectangulaire.
Vert jaunâtre.

1028 (554). — Prov. incon. — H., 4,3. L., 5,5.

Bélier galopant à gauche (*Friederichs*, 2379). Travail grossier. Sur le flanc gauche :

///|Π//ΛꞀϚΙꟽ   Αἰσχλ(η)πι(ω).

Noirâtre.

ANIMAUX. 189

1029 (2513). — *Thessalie* (ou *Salonique*). — H., 10,2. L., 10,2.

Bélier (?) au repos, sans cornes, de style conventionnel, modelé comme un lama (?). Inscr. au pointillé sur le flanc gauche. On distingue :

υἱοῦ.

Oxydé.

1030 (736). — Prov. incon. — L., 2. Larg., 1,7. Ep., 1,3.

Tête de bélier. — Cf. *Longpérier*, 919-931. *Friederichs*, 2383, etc. *Karlsruhe*, 516, 576, 911-3. *Olympie*, 1280, pl. 68. *Sacken*, pl. 50, 8. *Mus. de Naples*, 72757, 72760...

OISEAUX.

1031 (1061). — *Smyrne*. — H., 5,5 (de la base, 2). Larg. de la base, 2.

Epervier debout sur un bucrane posé sur un autel à pans carrés que traversait une mince tige cylindrique. — Cf., pour le motif, *Friederichs*, 2305...

1032 (4). — Prov. incon. — H., 3,2. L., 3. Base : 3 sur 2. Ep., 0,2.

Colombe au repos sur une base trouée, traversée d'une épingle (?). — Cf. *Longpérier*, 950...
Vert jaunâtre.

1033 (35). — Prov. incon. — H., 4,8. Base : 1,5 sur 1,1.

Semblable.

1034 (52). — *Béotie*. — H., 1,2. L., 3,5.

Semblable, la tête penchée entre les ailes.
Vert marbré.

1035 (203). — *Tégée*. — H., 4. Base : 4 sur 1,2.

Semblable, perchée, les pattes réunies sur une base trouée aux bouts.

1036 (482). — Prov. incon. — H., 3,8. L., 4. D. du tenon : 0,6.

Semblable, la tête à droite, perchée sur un tenon en forme de bouton cylindrique. Couvercle (?). — Cf. 2319, *Friederichs* (?).

1037 (230). — Prov. incon. — H., 4,5. L., 5,3. D., 1,6.

Paon, sur une base ronde, percée de trois trous. Au dos, bélière. — Cf. 952-5, *Longpérier*.
Olivâtre.

1038 (560). — *Eleusis*. — H., 5. L., 6. Ep., 0,8. — Applique.

Paon, de style médiocre.

1039 (188). — *Tégée*. — H., 3,7. L., 3,7. — Applique.

Coq, découpé dans une lame mince, les détails gravés à la pointe. — Cf. notre n° 796; 729, *Olympie* et plusieurs animaux trouvés sur l'*Acropole* (*J. H. S.*, 1892-3, p. 237, fig. 7, p. 241, fig. 14...).
Vert bleuâtre.

1040 (1203). — *Gastouni*. — H., 7,8. L., 8. — Cf. *Mus. de Naples*, 4980, 4985...

Coq, très brut, les pattes massives.

1041 (1053). — *Hermionide*. — H., 5,2. Base, d., 2,1 (du cylindre, 1,5).

Coq, debout sur une base creuse et cylindrique. Bélière à la crête.
Vert clair.

1042 (229). — Prov. incon. — H., 2,2. L., 2,5. Base, 1,6 sur 0,3. Ep., 0,7.

Coq, dont la queue en éventail est tranchée par une section nette. — Base en lamelle.

1043 (813). — Prov. incon. — H., 5,2. Base, 2,5.

Oiseau de style primitif (canard?), relié par un dischetto à la base convexe et carrée. — Cf. 418, pl. 24, *Olympie*, qui est cer-

tainement une pendeloque (notre ex. n'est pas percé). *Anz.*, 1892, 110, 4 (Kaza)...
Vert clair.

1044 (148). — *Athènes* (théâtre de Dionysos). — H., 7. L., 5. — Applique.

Oie, la tête haut dressée, la queue s'appliquant sur une surface courbe. *Friederichs*, 2317...

TORTUE.

1045 (480). — Prov. incon. — L., 3,3. Larg., 2,5. Ep., 0,8.

Tortue servant d'applique. La tortue était consacrée à Aphrodite (ins. de *Paphos*, *J. H. S.*, 1888, p. 253, n° 117. Cf. *ibid.*, p. 270). Ohnefalsch-Richter, *Kypros*, p. 293 ff. (*Marion-Arsinoé*). *Longpérier*, 977. *Friederichs*, 1339ᶜ, 2405. Karlsruhe, 1029. *Arch. Z.*, 1870, p. 120, 12 (*Mégare*). *Mus. de Naples*, table XXX (*Herculanum*), 4915, 4942, 4950...; *Raccolta cumana* (t. cuite), 85363...

1046 (957). — Prov. incon. — L., 1,6. Larg., 0,9. Ep., 0,5. — Pendeloque.

Tortue percée d'un trou horizontal.
Vert marbré.

1047 (858). — Prov. incon. — Long., 6. Larg., 3,8. D., 0,8. — Cf. *Mus. de Naples*, 4898.. *Longpérier*, 980...

Serpent deux fois replié sur lui-même.
Vert noirâtre.

1048 (44). — Prov. incon. — D., 2,3.

Serpent, au corps trois fois replié sur lui-même, la tête et la queue sortant du cercle de base. Tête gravée avec soin et traversée d'un mince croissant (servant de tenon?).

1049 (31). — Prov. incon. — L., 2,2. Larg., 2.

Crapaud, informe. — Cf. *C. R. de St-Pét.*, 1865, p. 197 ; 1869,

p. 130. *Karlsruhe*, 414. *Longpérier*, 982-4. *Friederichs*, 2404. *Caylus*, V, pl. 85-6. *Mus. de Naples*, 4960, 4969, 73946 (Borgia)..
Noirâtre.

POISSONS.

1050 (196). — *Tégée.* — H., 3,3. L., 5,7. Tenon; h., 2; d., 0,7. — Applique.

Dauphin nageant, avec tenon cylindrique, placé sous la gorge. — *Friederichs*, 1552$^{d\ 2\text{-}3}$, 2410-2... *Longpérier*, 934-6. *Caylus*, VII, pl. 29, 2. *Mus. de Naples*, 4971, 4975, 4985, 69785, 72763, 72765, 73018. *Deltion*, 1891, 13, 77...
Vert marbré.

1051 (1091). — L., 7,2. Larg., 2,2. — Relief.

Applique en forme de dauphin. — Même patine.

1052 (sans n°). — L., 5. Larg.. 0,7 à 1,2.

Poisson, à tête presque humaine. — Vert jaunâtre.

1053 (51). — *Béotie.* — L., 8,3. — Applique.

Poisson, à grosse tête, la partie inférieure tranchée par une section nette et s'appliquant à plat. — Grisâtre.

SAUTERELLE.

1054 (1109). — *Rhodes.* — L., 6,1. Ep., 2,3. Tenon, 1,3. — *Friederichs*, 1339^a. *Caylus*, VI, pl. 41, 4. *Mus. de Naples*, 427 (anc. catal.)...

Sauterelle, les pattes reliées, posant sur un tenon. Grisâtre.

1055 (555). — Prov. incon. — L., 3,1, Larg., 1,5. Ep., 1,2. — *Caylus*, IV, pl. 99, 8-9 (améthyste). *Musée de Constantinople*, 6e v. à droite. *Mus. de Naples*, 4984...

Abeille massive. — Oxydé.

1056 (315). — Prov. incon. — L., 5,5. Larg., 2. Ep., 0,2.

COQUILLES.

Coquille pointue et creuse. — Cf. *Longpérier*, 994-8. *Karlsruhe*, 194, 901. *Friederichs*, 1385...
Grisâtre.

1057 (691). — Prov. incon. — L., 5. Ep., 1,6.

Semblable.

TABLES

TABLE ALPHABÉTIQUE

Abeille, 1055.
Abraxique (inscription), 855 *bis*.
Accolades, 32.
Acteur, 872-3.
Agate brune, 405, 407.
Aigle, 425.
Aiguilles, 275-286; à filet, 280-1.
Ailée (figure virile), 221, 863 (?); (Artémis, 392 (?); (pétase), 836.
Ailettes, 221, 836.
Alabastron, 221.
Aloès (feuille d'), 476.
Ammon (tête d'), 74.
Amphore, 420; de substitution, 96.
Amulettes, 957-965.
Anaxyrides, 855-872.
Ane (oreille d'), 994.
Anneau de suspension, 359-363; entourant une anse, 30; des épingles, 245.
Anses de vases, 37, 51-7; de trépieds, 5-6.
Antilope, 799; (protome d'), 998.
Aphrodite, 159 (?), 162, 165, 167, 887-8; avec Eros, 889-890; phénicienne, 66; syrienne, 891.
Apollon, 542 (?), 814-827; (tête d'), 53.
Araméenne (inscription), 66.
Arc, 167, 392, 798; arcs croisés, 229, 232, 325; archer, 799.
Arès (buste d'), 830.
Argenté, 118, 145, 154, 165, 417, 476, 499, 920, 944.
« Argivo-Corinthiens » (miroirs), 115-6; (diadème), 313-4; (plaques), 797-801.

Artémis, 392, 384-6; d'Ephèse (?), 390-1, 894-8.
Aryballes, 215-220.
Assises (figures), 862-4.
Assyrien (dieu), 66.
Athenas, 168, 899-905; ξόανον, 899-901; en marche, 902; tenant une patère, 903; (bustes d'), 904-5.
Atys (buste d'), 31.
Autel, 443, 855, 1031.

Bagues, 375-385; à spirales, 375-8.
Bandeau, 166, 823, 920, 932.
Bases, à jour, 987, 989, 991, 1024; avec inscription, 857; quadrangulaires, 807, 814, 857-8, 881, 883, 885, 896, 899, 915, 969, 1013, 1015, 1027, 1032-3, 1035, 1037, 1041, 1043; cylindriques, 870, 898, 1036-1041; en forme de cloche, 151, 153-5, 887, 902.
Bâton, 865.
Battu (bronze), 5.
Baudrier, 150, 811-2.
Bélier, 422, 799, 1024-9; ithyphallique, 1024; avec inscription, 1028-9; (tête de), 350, 1030; (corne de), 852.
Bélière, 8, 23, 72, 78, 97, 322, 323 *bis*, 604, 628, 633, 669-671, 673, 793, 812, 863, 872, 875, 905, 913, 963-5, 973, 978, 984-5, 998, 1025-6, 1041; (double), 22, 24, 39, 55-6, 58, 74, 373, 911, 919; (triple), 1016.
Bès, 662-3.
Bœuf, 799, 999-1015; primitif, 999-1009; ithyphallique, 1003, 1006; avec inscription, 1013-5; (tête de), 8, 1016.

Bois, 489.
Boîtes; rectangulaires, 201-2; cylindriques, 204-7; à compartiments, 208-9; de chirurgie, 637-640.
Bols, 58-65.
Bonnet conique, 794, 810, 965.
Bouc, 420, 799, 1017-1020; « géométrique, » 1015; avec inscription, 1018; (tête de), 34; (jambes de), 1021-3.
Boucle; d'oreille, 169, 370-4; de panache, 476-8.
Bouclier, 168, 795, 798-9, 903.
Boule, 874.
Bourse, 835.
Bouton, 165; de fleur, 152, 880.
Bracelets, 158, 325-358, 890; béotiens, 325-338; gravés, 325; à spirales, 324.
Bras, 934.
Brocart, 60.
Bûcher, 855.
Bucrâne, 487, 812, 1031.
Buste, 443, 641-2, 924.

Cachet, 442-472.
Calathos, 814-5.
Caducée, 833, 835.
Caleçon, 793.
Calice, 633; (buste émergeant d'un), 631-2, 866-7, 891; (sirène), 918.
Camées, 386-8.
Canard, 1043 (?).
Canope, 662-3; 932 (?).
Carquois, 894.
Casque, 168, 473-485, 857-9, 899-905; à nasal 473-8; à nasal embryonnaire, 479-481; sans nasal, 482-5.
Cassolette, 111.
Cavalier, 860-1.
Ceinture, 487-8.
Centaure, 151, 453.
Cercle, à jour, 635-6; à la pointe, 832.
Céré (vases à reliefs de), 796.
Cerf, de style primitif, 996.
Chaîne de suspension, 203.
Char, 158, 799, 856.
Charnière, 26, 116, 159, 161-2, 164, 167, 172-4, 201-3, 446, 628, 927; fictive, 125.
Chat, 663, 977; (tête de), 978.
Chaudron, 23; de substitution, 93.

Cheval, 158-9, 992; primitif, 984-6; « géométrique, » 5, 6, 442, 987-991; id. gravé, 227-230, 232, 308; en relief, 313, 540; (protome de), 993.
Chevreuil, « géométrique, » 308.
Chien, 153, 421, 968-9.
Chimère, 416-7.
Chirurgie (boîtes de), 637-640; (instruments de), 641-656.
Chiton, 162, 856, 984-6, 998, 909, 920-3.
Chitonisque, 151-2, 880.
Chlamyde, 164, 410, 813, 815, 833-6, 855, 869, 872.
Chouette, 445.
Ciseau, 525.
Clé, 606-610, 885; du Nil, 66.
Clochette, 668-673; avec inscription, 672.
Clou, 19, 576-586; en éperon, 582-3; à douille, 584; (têtes de), 308, 312, 314-6, 576-580, v. perles, grènetis...
Cnémide, 158, 798, 857-9.
Collier, 150, 158; thébain, 318.
Colombe, 153 (?), 155-6, 162, 426, 630, 663, 1032-6.
Colonne, 890.
Concentriques (cercles), 136, 161-2, 527.
Coq, 153, 155, 427, 1039-1042; en relief, 116 (?); découpé, 1039.
Coquille, 628, 1056-7; renversée, 52.
Corne, 393, 407, 855, 925, 995.
Couchée (figure), 865.
Coulant (nœud), 357.
Coupes, 85-7.
Couronne (V. bandeau, diadème, stéphané...), 910; de laurier, 867.
Coussinet, de support, 879.
Couvercle, de patère, 88-91.
Crabe, 171.
Crapaud, 1049.
Crapaudine, 592 (?).
Cratère, 868.
Crochet, 115, 172, 224-6, 320, 354, 487, 631-3, 689, 691, 793, 970-2; en 8, 75, 323 bis; de chirurgien, 644-7.
Croissant, lunaire, 66; d'applique, 51; d'attache, 67-8, 132-3, 152-5.
Cuiller, à relief (archaïque), 105; à fard, 287-295.
Cuirasse, à gouttière, 857-8.

TABLE ALPHABÉTIQUE.

Cybèle, 906.
Cygne, 165 (?); (tête de), 69-71, 106-113, 214, 345, 351.
Cylindrique (objet), 827; (tige), 832.
Cymbales, 66, 150, 543, 664-5; avec inscription, 664; avec manche et grelot, 666-7.

Dauphin, 1050-1; (tête de), 52, 427.
Découpée (plaque), 796, 1039.
Dés, 674-5.
Diadème, 163, 308-17, 805, 811-2, 824, 841, 860, 887, 917; thébain, 308-17; id., gravé, 308; estampé, 309-312, 315; à relief, 313-4; avec aigrette, 928; fleuronné, 150, 891; diadémé (homme), 408.
Dionysos, 29, 161, 163; (tête de), 430.
Diploïdion, 153-6, 881-6, 896, 899-900, 902-3.
Dischetto, 245-264, 288, 1043.
Disque, 221, 527-30, 657; avec inscription, 527.
Doigts, 944-956.
Doré; hydrie, 30; miroir, 135, 137, 144, 158-9, 164, 166, 171-2, 188; diadème, 309; bague, 379; intaille, 390, 399, 415; strigile, 546-7; balance, 633; buste, 813.
Doryphore (réplique), 829.

Ecailles, 66, 210.
Echelons (décor d'), 309-310.
Ecrou, mobile, 631-2.
Ecusson (applique en), 24.
Edicule, 855.
Egide, 168, 902, 933.
Email, blanchâtre, 486.
Endromides, 855, 894, 898.
Enfant (v. Ephèbe, Eros...), 869-871.
Epée, 505, 796, 855.
Epervier, 1031.
Ephèbe, 541.
Epingle, 245-264, 969 (?); à cheveux, 269-270.
Eros, 153-4, 158, 162, 164-5, 167, 400, 888-890, 892-4.
Esculape, 406, 407 (?).
Etoffe (débris d'), attachés à une kalpé, 16; à une hydrie, 29; à une phiale, 84; à un miroir, 176-8.

Etoile, 66, 227.
Ex-voto, 855.

Femme, nue, servant de support, 150, 879; debout, vêtue, 393-6, 890-6, 921-3; tenant un enfant, 394, 793, 798.
Fer (clou en), 328; (noyau de), 993.
Feuille, 133, 499; (applique en forme de), 32, 35, 45, 58, 211, 215.
Fibule, 222-244; mycénienne, 222; italiote, 223; à spirales, 224-6; à plaque, 227-240.
Flambeau, 870 (?).
Flèches, 504-5.
Fleur, 206, 293; géométrique, 228.
Fleuron, 153, 155, 833.
Flûte (double), 66, 403-4; de Pan, 405, 658.
Fourche, 793.
Fruits, 855.
Funéraires (vases), 13-22, 26-30.

Gammée (croix), 308, 442.
Gantelet, 806.
Génie, 855.
Géométrique (décor), 223.
Gladiateur (buste de), 855-866.
Globe, solaire, 66.
Gobelet, 41-2.
Gond, 589-591 (?).
Gorgone, 909-910; (tête de), 51, 115, 132, 241, 902, 911-3.
Gouttes, 36, 75, 154, 161-2, 206, 356, 432, 545, 670.
Gravure, de miroir, 158; de fibule, 227-232; de diadème, 308; de bracelet, 325; de strigile, 531.
Grenade, 151; (bouton de), 323 bis.
Grènetis, 116, 126-131, 238, 309, 314-7, 475-6, 484, 667, 797-8, 800.
Griffes, 11; de lion, 9, 12, 153-5, 918.
Griffon, 66, 227-8, 418; (partie antérieure de), 31; (tête de), 7.
Groupe, 920.
Guerrier, 799, 857-9.
Guirlande, 813, 825.

Hache, de combat, 526; de charpentier, 611-622, à un, 622, et deux, 611-621 tranchants; de substitution, 623-4.

Harpocrate, 964.
Héraklès, 166, 198, 831.
Hermès, 832-8; égyptien, 833; assis, 838; gaîne, 839-842, 962; à tête de satyre, 848.
Himation, 151, 160, 871, 880, 901, 906, 922.
Hippocampe, 158.
Hippopotame, 983; (tête d'), 633.
Homme, nu, servant de support, 67; id., debout, 409-411; id., brandissant la lance, 409-411; de style « géométrique, » 308, 389.
Horus, 66.
Hydrie, 26-30.

Inscriptions; sur vases, 10, 17-8, 26, 41, 66, 93; sur manches de patères, 69-71; sur intailles, 389, 417, 432 bis; sur cachets, 443-4, 446-450, 452-461, 461 bis, 462-5, 467-472; sur un disque, 527, 855 bis; sur strigiles, 532-540; sur crapaudine, 592; sur style, 658; sur cymbale, 664; sur clochette, 672; sur trident, 682; sur plaque, 695-702; sur bandelette, 703-722; sur bulletin de vote, 723-741; sur tablette d'héliaste, 742-792; sur base, 857; sur taureau, 1013-5; sur bouc, 1018; sur bélier, 1028-9; araméenne, 66; latine, 695.
Intailles, 389-441; avec inscriptions, 389, 417.
Ionique (colonne proto-), 66; (chapiteau), 1, 9-10, 135; (volute), 25, 67.
Isis, 66.
Ithyphallique (Hermès), 839-840; (Pan), 843; (satyre), 847; (bœuf), 1003, 1006; (bélier), 1024.

Jambe, 943; (emblème), 544.
Justaucorps, de cuir, 859, 895.

Kalpès, 13-22.
Kotyliskos, 49.
Κυνῆ, 807, 832, 835-6, 892, 906.

Lampes, 626-630.
Lance, 168, 198; (pointes de), 491-500; (talons de), 501-2.
Lauré, 811.

Lécythe, 211.
Lièvre, 153.
Lion, 116, 150, 308, 313-4, 412-5, 419, 797-8, 800-1, 906, 973; id., affrontés, 116, 797-8, 801; lionne, 662; (partie antérieure de), 974; (tête de), 36-8, 55-6, 569, 975; (griffes de), 9, 12, 153-5.
Lit, 865.
Lotus (fleur de), 66.
Louches, 106-111.
Loup, 423; (tête de), 970-2.
Lyre, 66, 542 (?), 924 (?).

Main, 935-8; juxtaposées, 938.
Manche de patère, en forme d'homme nu, 67; id., avec inscription, 69-71.
Masque, votif, 486; d'acteur, 873.
Masqué (homme), 872.
Massue, 831.
Ménade, 161 (?), 170, 397-8.
Miroirs, à manche, 115-131; id., rapporté, 132-149; à pied, 150-7; à boite, 158-200; id., gravé, 158; id., à reliefs, 158-167, 167 bis, 168-170; « argivo-corinthiens, 115-6; » de substitution, 126-131.
Mithra, 855 (?).
Musiciens, 66.

Nappe (cheveux en), 816-20, 832, 857, 859.
Navicelle (v. Fibule).
Navire, « géométrique, » 228-9, 232, 308.
Nègre, 66, 869 (?).
Nervures, 216.
Niké, 158 (?), 167 bis (?), 400 (?), 401, 908.
Nubien, 868 (?).

Œnochoé, 31-6, 163; de substitution, 95.
Oies, 231, 1044.
Oiseau, 402, 442, 451; primitif, 1043; « géométrique, » 227, 229-230, 308, 325.
Omphalos, 41, 74, 77, 83, 132, 219.
Osselet, 676-681.
Ossements, à l'intérieur d'une kalpé, 13, 16, 21-2; d'une hydrie, 28-9; d'une bague, 382-3.

TABLE ALPHABÉTIQUE. 201

Ours, 967.
Oves, 10, 29, 31, 153-5, 206, 314, 475, 797-8, 891.

Pagne, 843, 847.
Palme, 867.
Palmette, 25, 30, 67, 70, 86, 113, 116, 133, 135-6, 149, 152-5, 181, 218, 312, 424, 476, 487, 546, 628, 800, 909, 919, 924.
Pan, capripède, 402-4, 658, 843-5.
Panache, 857-9, 899-900, 903.
Panthère, 419; (protome de — ailée), 11.
Paon, 1037-8.
Papillon, 428.
Passoire, 112-4.
Patère, 66-84, 219, 409 (?), 823, 826-7, 903; phénicienne, 66; (manche de), 67; de substitution, 97-104.
Patine, noirâtre, 4, 59, 74, 82, 85, 89, 105, 150, 156, 163, 167, 297, 413, 526, 617-622, 631-2, 669, 681, 793, 799-800, 810, 818-9, 825-6, 829, 833, 839, 849, 855, 871, 873, 880, 886, 891, 895, 898, 900, 910-1, 924, 935-6, 955, 976, 978, 988, 998, 1007, 1024, 1047, 1049; brune, 31, 50, 66, 69, 96, 234, 308, 311, 473, 626, 670; brunâtre, 11, 139, 176, 191, 346, 414, 482, 516, 523, 591, 623, 630, 817, 845, 863, 897, 946, 961, 975, 983, 991, 999; brun rougeâtre, 941-2; rougeâtre, 119, 157, 837, 870, 1006; jaunâtre, 132, 391, 439, 480, 484, 584, 805, 823, 832, 859, 862, 868, 879, 959, 984, 994, 1025, 1027, 1052; florentine, 505, 514; vert foncé, 7, 93, 115, 198, 263, 348, 356, 426, 882, 892, 899, 901, 908, 915, 917, 964, 1009, 1018; violet olivâtre, 88, 124, 220; olivâtre, 5, 19, 24, 72, 95, 97, 152, 155, 180, 184, 216-7, 344, 420, 486, 589, 807, 857, 860, 881, 885, 887, 929, 931, 945, 969; vert métallique, 672; vert marbré, 273, 295, 343, 428, 522, 611-6, 624, 836, 858, 934, 943, 985, 997, 1001-2, 1012, 1026, 1046, 1050-1; vert cendré, 665; vert clair, 10, 26, 28, 38, 51, 87, 158, 172, 213-4, 342, 388, 436, 485, 491, 588, 680, 800, 824, 874, 876, 878, 890, 962, 965, 993, 1014, 1041, 1043; vert émeraude, 16, 866-7; grisâtre, 6, 13, 18, 21, 33, 37, 40, 45-8, 57, 58, 65, 68, 70-1, 73, 78, 109, 111, 114, 117, 121, 136, 147, 154, 164, 169, 194-5, 200-1, 203, 208, 210, 265-8, 320, 345, 411, 424, 474, 481, 483, 515, 520, 525, 628, 633, 657, 661-2, 666-7, 671, 674, 804, 808, 814, 816, 822, 830, 841, 843-4, 848, 852, 893, 916, 923, 925, 932, 937, 939, 947, 951, 954, 956-7, 963, 966, 971-2, 992, 995, 1002, 1010-1, 1017, 1019, 1023, 1053-4, 1056-7; gris bleuâtre, 106, 211, 806, 821, 974; bleu cendré, 63; bleui, 933; bleuâtre, 29, 36, 39, 41, 49, 64, 75, 77, 79, 92, 98-104, 112, 126-131, 159, 193, 206, 221-2, 270, 323 *bis*, 429, 476, 592, 664, 851, 856, 912-3, 920-1, 926-7, 930, 952, 970, 973, 980, 990, 1015, 1039; blanchâtre, 60, 827; piquée, 323 *bis*; écaillée (craquelée), 153, 823, 879.
Peau de fauve, 163 (?), 844, 876; de lion, 798 (?), 811-2.
Pedum, 410, 844.
Peigne, 265-8.
Pendeloques, 319-323 *bis*.
Perles, 153-5.
Perséphone, 907, 923 (?).
Pétase ailé, 836, 838.
Phallos, 662 (?), 958-962.
Phénicienne (coupe), 66.
Phœnico-chypriotes (bronzes), 793-5.
Phrygien (bonnet), 31, 819, 855.
Pied, 939-943; d'animal, 631-2; de trépied, 2-4, 9-12; de vase, 918.
Pinces, à cheveux, 271-4; de chirurgien, 641.
Pipette, 66.
Plaque, découpée, 796; en relief, 855-6, 908; de fibule, 227-238.
Plomb (masse de), 304-6, 683, 957, 959, 982, 989, 1015; (clou de), 312; servant de noyau, 811, 858, 926, 941.
Plume, 833.
Poignards, 506-524, 798.
Poignée, 634; de trépied, 7-8.
Poisson, 1052-3; « géométrique, » 229-230, 232, 308, 325.
Polos, 151, 886, 907, 918.
Pomme, 934; de pin, 855.
Postes, 5, 309-310, 991.
Pot, bas, 43; de substitution, 94.

Pouce, double, 934.

Quadrige, 158, 798, 856.

Rais de cœur, 29, 31, 33, 161-2.
Rapiéçures, 939.
Rat, 804, 979-980; tenant un gâteau, 979.
Rebord de vase, 24.
Reprises au ciseau, 823, 829.
Résineuse (masse), 204.
Rhyton, 407.
Rinceaux, 132, 137-141, 431.
Rocher, 161, 164-5, 168.
Rosace (rosette), 86, 91, 210, 221, 309-312, 314, 855.
Roulette, de support, 25, 58.

Sandale, 489-490, 902.
Sanglier, 799, 981-2.
Satyre, 163, 847; (tête de), 852-4.
Sauterelle, 1054.
Seaux, 39-40.
Séléné, 159 (?).
Selle, 160.
Serpent, 66, 166, 168, 451, 476, 793, 855, 903, 933, 1047, 1048; (tête de), 133, 341, 344, 347, 352-3, 355-6, 358, 661.
Serrure, 593-7.
Siège, carré, 889 ; (support de), 631-3.
Silène, 846; (tête de), 24, 39, 54, 849-851.
Singe (tête de), 966.
Sirène, 917-9; (applique), 30.
Sistre, 662-3.
Situle, 541.
Soulier, pointu, 152.
Spatules, à fard, 296-307.
Sphinx, 115, 134, 313, 662, 914-6; égyptisant, 914; sphinx affrontés, 115.
Spirales, 434; κάλυκες, 364-9; (fibules à), 224-6; (bracelet à), 324; (bagues à) 375-8.
Stèle, 409.
Stéphané, 152.
Strigiles, 531-575; gravé, 531; avec inscriptions, 532-540 ; avec marques de fabrique, 540-4; de substitution, 575.
Styles, 658-660 ; avec inscription, 658.

Substitution (vases de), 93-104; (miroirs de), 126-131 ; (strigile de), 575; (haches de), 623-4.
Suspect (bronze), 156, 221 ; (décor), 210.
Symplegma, dionysiaque, 29, 161, 399.

Tangentes (cercles reliés par des), 56, 325.
Targette, 588-605.
Taureau, 171.
Testicules, 157.
Tête, 169, 217, 374, 386-8, 420, 874-8, 925-930 ; de statuette, 931; archaïque, 32, 49, 97, 105, 626; (vase en — d'enfant), 50.
Thétis, 158.
Thyrse, 161, 398.
Tigre, 160, 313; (partie antérieure de), 976; (tête de), 57, 631.
Timon (chapeau de), 588.
Torsade, 66, 312, 797; quadruple, 309.
Tortue, 1045-6.
Trépied, 1, 10; (pied de), 2-4, 9-12 ; (anses de), 5-6; (poignées de), 7-8; de substitution, 92.
Tresse, sur la poitrine, 150-1, 806, 820-1, 824, 832, 861, 879-880, 909, 917, 933.
Trident, avec inscription, 682.
Trilobé (col), 32, 34-6.
Trousse, de baigneur, 569, 571-3; de chirurgie, 637-640.
Truella (vinaria), 114.
Tunique, 158, 168, 832, 890, 906.

Vases, funéraires, 13-22, 26-30; à figure humaine, 49-50; de substitution, 93-104; à parfum, 210-221.
Vautour, 424.
Ventouse, 657.
Violette (pâte), 435.
Virole, d'arrêt, 144.
Voile, 159, 162, 165, 921, 925; égyptien, 914, 925.
Volute, 125, 152, 157, 486, 927.

Zeus, 805; (buste de), 811-3.
Zigzags, fondus, 3-4, 6; gravés, 43, 227-8, 230, 293, 319, 322, 325-6, 328-330, 332, 670, 832.

PROVENANCES

I. — Grèce continentale et Péloponnèse.

Thrace et Macédoine. —
Byzance (place de l'Atmeïdan), 941. — Athos (H. Pavlos), 454. — Salonique (?), 1029. — Macédoine, 31, 74, 76, 340, 342, 569. — Edesse, 859.
Thessalie. — 1029 (?). — 226 *bis* (Pheræ)..
Phthiotide. — 40, 43.
Locride. — 1320.
Amphissa, 793. — Atalante (H. Constantinos), 225, 587, 866-7, 920-1, 927. — Exarchos, 86, 203. — Œanthos (Galaxidi), 21, 33-4, 39, 42, 45-7, 58, 61, 69, 114.
Phocide. —
Delphes, 501. — Elatée (Drachmani), 24. — Tithorée, 545.
Etolie. —
Kalydon, 55-6.
Acarnanie. — 819. 167 *bis* (Thyréon).
Béotie. — 111, 226, 241, 320, 325, 365-9, 375-8, 380-1, 487, 666-7, 670, 799, 922, 985, 1034, 1053.
Chéronée (Kapræna), 939-940, 976. — Orchomène, 661, 950, 954-5. — Thisbé (Dombrena), 35, 83, 145, 215, 536, 662. — Thespies, 113, 668. — Platées, 232, 310, 314, 572-3. — Kabirion, 658, 1013-5. — Khorseia, 244. — Thèbes, 30, 84-5, 106, 181, 208-9, 224, 228-231, 308-9, 312-3, 318-9, 321, 326-338, 346, 364, 373, 384. — Tanagra, 28, 59, 71, 88-9, 112, 167, 179, 182, 186, 204, 269, 275, 277-9, 284-6, 291, 296, 301-2, 416, 534, 570, 583, 589-90, 593, 638-9, 644-54, 657, 671, 875.
Attique. — 17, 110, 165, 264, 303, 488-9, 496, 524, 538, 581, 608, 627, 641, 817.
Athènes. — 1, 60, 140, 153, 168, 172, 183, 265, 391, 396, 543, 565, 601, 675, 723-792, 842, 902, 993. — Abattoir, 1009. — Acropole, 152, 801, 909, 933 ? — Asklépieion, 359, 379. — Stoa d'Attale, 322, 450, 633, 696. — Céramique (H. Trias), 13, 81, 207, 242, 258, 435 (tombeau), 85. — Olympieion, 389, 947. — Pnyx, 12, 840. — Rue des Muses, 272. — Rue de Képhissia (hôpital), 138. — Théâtre de Dionysos, 588, 751, 1044. — d'Hérode, 969.
Ambélokipi, 281, 294, 297, 395, 399, 410, 439. — Bistardo (O. d'Athènes), 22. — Pirée, 26, 77, 227, 341, 374, 695. — Keratsine, 532. — Eleusis, 184, 274, 276, 305, 356, 586, 628, 856, 880, 944, 948, 1038. — Kasa (Eleuthères), 77 *bis*, 503, 672, 797-8, 800. — Oropos, 952. — Thoriko, 839. — Laurion, 19. — Vari, 311, 841, 984. — Karas, 928.
Mégare, 48, 62, 72, 75, 210, 350, 358, 635, 663, 865, 904, 912.

Corinthie.
Corinthe, 36, 67, 115-6, 122, 135, 158-9, 163-4, 166, 169, 201, 221, 245-256, 559-560, 566, 574, 682, 873, 1006. — Korako-vrysi, 31, 575. — Trikkala, 888. — Sikyone, 829.
Achaïe et Elide.
Pellene, 917, 977, 1010. — Aegira, 456, 1055. — Gastouni, 960, 1040. — Olympie, 4-5, 66.
Messenie. — 664.
Ithome, 832.
Arcadie. — 41, 88, 211, 665.
Lykosoura, 858, 959. — Thisoa, 156. — Stemnitsa, 486. — Tégée (H. Sostis), 9, 64, 94, 98-100, 102-4, 126-8, 206, 220, 323 *bis*, 409, 702, 871, 881, 885, 895, 995-6, 1035, 1039, 1050. — Valtetsion, 995. — Velimeni (entre Sparte et Megalopolis), 860.
Laconie. — 219, 872, 1008.
Léonidion, 151, 540. — Sparte, 93, 828. — Therapnæ, 222. — Amyclées, 2-3, 150, 530, 814-5, 846, 992, 997, 1004, 1017. — Selinonte, 857. — Panitsa, 354. — Phœniki (Asopos), 10, 70, 703-722, 804, 806, 808, 820-2, 825, 868, 887, 910, 913, 943, 1011. — Prasiæ, 1018.
Argolide. — 490.
Argos, 883. — Tirynthe, 263. — Porto-Cheli, 401, 973, 1041. — Hermione, 155. — Methana, 818, 894. — Epidaure, 443, 669, 701, 907, 915-6, 958, 969.
Péloponnèse, 6, 51, 323, 879, 987.

II. — Iles.

Amorgos, 440, 491-3, 498, 506-7, 514-6, 519, 689.
Cerigo, 216.
Chypre, 831, 906.
Corfou, 698, 700.
Crète, 400, 621, 811, 836, 843. — Kissamos, 160.
Egine, 11, 563, 978 (entre Salamine et Egine), 49.
Eubée. — Steni, 505. — Eretrie, 18, 25, 29, 125, 132, 161-2, 283, 537, 564, 896. — Karysto, 592.
Kéos, 611-6.
Kythnos, 370.
Milo, 53, 68, 293, 596, 642-3, 647-8, 652-4, 877, 930.
Naxos, 618-20, 964, 989.
Rhodes, 497, 1054.
Siphnos, 838.

III. — Asie Mineure, Égypte.

Asie Mineure, 903.
Héraclée, 171. — Cyzique, 455. — Pergame, 105, 526. — Tchesmé, 142. — Smyrne, 1031. — Magnésie, 448, 458. — Philadelphie, 631-2, 813, 980. — Sbarta, 935.
Basse Égypte. — 50, 876.

TABLE DE CONCORDANCE

DES

NUMÉROS DU CATALOGUE ET DE LA SOCIÉTÉ ARCHÉOLOGIQUE

Nos de la Soc. Arc.	Nos du Catalogue.	Nos de la Soc. Arc.	Nos du Catalogue.	Nos de la Soc. Arc.	Nos du Catalogue.	Nos de la Soc. Arc.	Nos du Catalogue.
2	140	49	1010	105	684	166	588, 751
4	1032	49 bis	742	106	686	168	563
5	272	50	743	107	685	169	366
6	964	51	1053	108	687	170	367
8	680	52	1034	109	688	173	377
9	268	53	925	110	604	174	378
10	149	55	985	111	205	176	941
12	965	56	259	112	126	177	622
13	917	57	582	113	127	178	206
14	487	59	466	114	128, 409	179	345
15	172	60	406	115	102	180	333
16	723	61	424	116	103	181	233
17	724	66	969	117	104	182	224
18	12	67	271	118	1006	183	257
19	885	68	847	121	938	187	996
20	322	69	961	122	223	188	1039
21	696	70	450	125	293	189	911
22	1018	71	994	128	402	190	926
23	633	72	37	129	350, 358	192	851
24	323 bis	75	869	132	596	194	895
25	913	76	637	134	594	195	871
26	490	79	475	135	595	196	1050
27	881	80	478	136	598, 602	197	962
28	228	81	480	138	877	198	995
29	308	82	482	139	930	199	98
30	232, 314	83	14	141	584	200	99
31	1049	85	488	142	585	201	100
32	834	86	44	143	844	202	823
33	833	87	64	145	295	203	1035
34	968	88	94	148	1044	204	676
35	1033	89	220	149	527	205	677
36	981	90	156	150	663	206	816
37	918	91	879	153	339	207	9
38	892	92	987	154	848	210	882
39	810	93	990	156	725	212	610
40	805	94	988	157	400	213	609
41	794	95-6	744-5	158	748	214	970
42	826	97	746	159	749	215	971
43	827	98	747	161	750	216	23
44	1048	99	937	162	311	218	354, 872
46	454	100	863	163	841	219	835
47	922	103	905	164	627	222	571
48	852	104	845	165	984	223	517

TABLE DE CONCORDANCE.

Nos de la Soc. Arc.	Nos du Catalogue.	Nos de la Soc. Arc.	Nos du Catalogue.	Nos de la Soc. Arc.	Nos du Catalogue.	Nos de la Soc. Arc.	Nos du Catalogue.
226	802	426	919	511	159	590	1003
227	8	427	516	512	168	592	1026
228	124	428	181	513	170	593	1025
229	1042	429	219	514	66	594	999
230	1037	435	874	515	702	595	1001
233	793	436	310	516	664	596	936, 1000
270	382, 408	437	572	517	979	597	886
315	1056	438	573	518	344	600	528
326	86	445	756	520	201	601	576
357	493	446	757	521	606	602	577
358	518	447	290	523	579	604	165
359	508	449	213	524	580	605	998
360	500	451	449	525	218	606	470
362	525	453	866	526	368	607	457
363	526	454	867	527	369	611	134
364	267	455	920	528	380	614	447
367	468	456	921	529	381	615	341, 762
368	986	457	927	530	375	616	846
369	726	462	587	531	376	617	828
370	212	463	666	532	320	618	629
371	136	464	667	534	799	619	890
372	752	465	535	537	727	620	435
376	462	466	758	539	35	621	324
377	452	467	1016	540	536	622	258
378	465	468	759	541	83	623	60
380	464	469	760	544	183	624	315
381	753	470	760	548	207	625	236
384	455	471	761	549	242	626	237
387	839	473	630	550	68	627	438
388	754	474	486	551	53	628	95
389	110	475	7	552	43	631	81
390	801	476	466	554	1028	632	545
391	22	477	444	555	456, 1055	633	954
393	755	480	1045	557	946	634	955
394	862	481	849	558	807	635	950
395	348	482	1036	559	4	636	661
396	353	483	214	560	1038	637	459
397	352	484	929	561	52	638	683
400	154	486	386	562	626	639	280
401	494	487	387	563	914	642	472
402	492	488	388	564	983	643	1021
403	491	490	681	565	1009	644	1022
404	662	491	678	566	1020	645	383
405	963	493	38	567	1019	647	16
406	923	494	92	568	1024	648	107
408	977	495	97	569	991	649	186
410	989	496	185	575	288	650	269
411	978	497	924	577	445	651	291
412	11	498	891	578	446	652	266
413	819	499	157	579	371	653	138
414	145	500	959	580	142	654	167
415	538	502	906	581	147	655	547
417	57	503	796	582	146	664	590
418	79	504	935	583	175	669	217
420	208	505	6	584	187	670	644
421	209	506	942	585	174	671	645
422	365	507	889	586	556	672	646
423	215	508	477	587	561	673	649
424	298	509	945	588	695	674	650
425	660	510	498	589	1012	675	651

TABLE DE CONCORDANCE.

N°⁵ de la Soc. Arc.	N°⁵ du Catalogue.	N°⁵ de la Soc. Arc.	N°⁵ du Catalogue.	N°⁵ de la Soc. Arc.	N°⁵ du Catalogue.	N°⁵ de la Soc. Arc.	N°⁵ du Catalogue.
676	639	791	22	874	210	981	628
678	244	800	767	875	635	982	184
679	608	801	768	876	89	984	274
680	13	802	769	877	514	985	586
691	1057	803	729	878	440, 515	986	283, 305
694	763	804	730	879	506	987	689
696	122	805	731	880	507	990	539
699	69	806	202	881	519	991	532
700	531	808	139	882	774	992	216
703	234	809	108	883	775	993	28
704	235	810	603	884	878	995	524
706	359, 379	811	355	885	106	996	496
709	458	813	1043	886	71	998	641
710	448	815	49	895	135	1000	153
711	105	817	55	902	420	1001	115
712	634	818	56	910	78	1002	116
713	541	819	770	911	908, 931	1003	463
714	534	820	413	915	776	1004	809
717	857	822	430	916	777	1005	880
718	34	823	432	918	306	1006	860
719	264, 303	824	410	919	601	1007	467
720	416	825	395	920	599	1010	1
721	58	826	399	924	624	1012	166
722	763	827	439	926	86	1013	782
723	764	828	297	927	778	1014	783-4
724	765	829	294	931	779	1015	67
725	728	830	281	936	605	1016	143, 473
726	417	831	771	937	334	1017	479
727	390	832	772	938	33	1018	481
729	546	833	928	939	21	1019	474
730	469	834	773	941	976	1020	483
731	133	836	42	942	668	1021	484
732	909	837	61	943	113	1022	485
733	682	838	227	944	831	1023	51
734	404	839	429	946	225	1024	581
735	766	840	993	947	574	1025	158
736	1030	842	394	948	568	1028	46
737	570	843	396	949	902	1029	47
738	342	844	403	950	111	1030	114
739	340	845	360	952	876	1032	137
740	544	849	292	953	50	1033	903
741	370	852	592	954	59	1034	806
742	543	855	600	955	112	1035	821
743	565	856	282	956	900	1036	822
745	679	858	1047	957	1046	1037	808
746	80	859	562	958	830	1038	868
759	384	860	471	959	607	1039	943
760	374	861	569	960	451	1040	1011
761	840	862	74	962	575	1041	703
762	559	863	76	963	657	1042	704
763	560	864	31	964	277, 283, 296, 638	1043	442
767	873	865	583			1044	453
768	265	866	204	965	842	1045	804
770	17	867	301	967	415	1047	832
771	15	868	182	968	394	1048	270
772	933	869	179	972	780	1049	932
773	63	870	593	974	859	1050	45
775	302	871	865	976	169	1051	155
776	659	872	62	978	875	1052	973
777	275	873	48	980	781	1053	1041

TABLE DE CONCORDANCE.

Nos de la Soc. Arc.	Nos du Catalogue.	Nos de la Soc. Arc.	Nos du Catalogue.	Nos de la Soc. Arc.	Nos du Catalogue.	Nos de la Soc. Arc.	Nos du Catalogue.
1054	401	1146	1014	1271	855 bis	2249	554
1055	203	1147	858	1273	432 bis	2250	555
1056	812	1148	811	1274	326	2260	533
1057	887	1149	346	1275	327	2261	343
1058	226	1150	337	1276	329	2291	674
1061	1031	1151	318	1277	330	2294	671
1062	785	1152	319	1278	331	2303	864
1063	786	1153	373	1279	328	2331	697
1064	398	1154	321	1280	332	2332	957
1065	893	1155	309	1281	335	2335	5
1066	705	1156	364	1282	336	2337	829
à	à	1157	631-2	1283	84	2338	152
1083	722	1158	39	1284	229	2339	899
1084	10	1159	40	1285	230	2340	109, 967
1086	820	1166	426	1286	313	2341	618
1087	825	1167	428	1287	312	2342	619
1088	910	1168	433	1288	503	2343	620
1089	163	1169	422	1310	231	2344	611
1090	912	1170	414	1311	797	2345	612
1091	1051	1171	405, 418	1312	798	2346	613
1092	221, 888	1172	393	1313	800	2347	614
1093	701	1173	392	1317	672	2348	615
1094	173	1174	947	1318	18	2349	616
1095	836	1176	19	1319	817	2352	489
1096	843	1177	642	1320	24	2362	540
1098	356	1178	643	1321	26	2363	151
1100	787	1179	647	1322	226 bis	2390	870
1101	788	1181	287	1323	150	2412	117
1102	87	1182	652	1324	814	2413	119
1103	273	1183	653	1325	815	2414	123
1104	564	1184	654	1328	992	2415	120
1107	789	1185	648	1330	1017	2451	529
1108	790	1186	621	1331	1004	2494	939
1109	1054	1188	85	1344	997	2495	940
1110	325	1189	948	1368	338	2511	818
1112	505	1190	944	1447	858	2512	894
1114	982	1191	883	1464	2	2513	1029
1115	125	1193	1015	1465	3	2514	501
1116	132	1197	658	1467	530	2515	795
1117	25	1198	1013	1469	673	2516	904
1118	537, 564	1199	263	1473	171	2518	1008
1119	29	1203	960, 1040	1473bis	461 bis	2519	916
1120	161-2	1204	93	1483	167 bis	2520	953
1121	164	1206	952	1484	41	2522	699
1122	791	1209	958	1485	211	2523	698
1123	32	1211	951	1486	665	2529	700
1124	36	1214	669	1488	88	2537	861
1132	792	1215	222	1489	323	2538	901
1133	389	1219	276, 896	1490	974	2542	838
1135	897	1220	670	2218	77	2547	855
1136	907	1221	241	2223	548	2556	245
1137	443, 915	1222	160	2224	542	à	à
1140	675	1224	70	2244	549	2567	256
1141	980	1267	856	2245	550	2934	655
1142	813	1268	476	2246	551	3570	732-740
1144	30	1269	75	2247	552	5571	741
1145	497	1270	72	2248	553		

TABLE DES ILLUSTRATIONS

PLANCHES

	Pages
I (151)....................................	39
II (860)...................................	156
III { 1. (846)............................	152
III { 2. (879)............................	161-2
III { 3. (880)............................	162
IV { 1. (832)............................	149
IV { 2. (881)............................	162
IV { 3. (885)............................	163-4
V (920)...................................	171

BOIS

1. (150)....................................	38
2. (160)....................................	45
3. (806)....................................	141
4. (817)....................................	144
5. (818)....................................	144
6. (819)....................................	144
7. (821)....................................	145
8. (822)....................................	146
9. (825)....................................	147
10. (856)...................................	154
11. (869)...................................	158
12. (882)...................................	163
13. (931)...................................	173

ADDITIONS ET CORRECTIONS

95, p. 24. — Cf. *Monum. Ant.*, I, p. 859, 153ᵉ tomb. (*Megara Hyblæa*). — Œnochoé de substitution.

P. 30, note (2). — Le motif de l'Aphrodite au miroir se trouve déjà sur une bague d'or mycénienne (*Myk. Vasen*, p. 78).

201, p. 51. — Pour ces coffrets dans les tombeaux, cf. *Megara Hyblæa*, 7ᵉ tomb. (*Mon. Ant.*, I, p. 800-1) ; — Nécropole d'*Orvieto* (*Bullettino*, 1832, p. 216 ; — *Annali*, 1877, p. 159)... Ils étaient parfois, comme à *Orvieto*, entourés de toile. Pour cette coutume, cf. p. 7 (kalpés) ; nᵒˢ 29, 84 (hydrie, patère) ; p. 43, note (3) (miroirs) ; *Annali*, 1877, p. 159, note 1 (fer de lance)...

220, p. 54. — Cf. *Myrina*, p. 203 (Catal., 495). *Fusco*, 4628 (*Mon. An.*, I, 799, note 2).. En fer à *Megara Hyblæa* (4ᵉ tombeau) et au *Fusco* (*Mon. Ant.*, I, 799, note 2, cf. *Blümner*, IV, 357, note 3).

P. 56-7. — Les bandes qui, sur nos fibules, traversent le col des chevaux (cf. 227-9...) se rencontrent sur les vases mycéniens (*Myk. Vasen*, 423).

245-264, p. 61-2. — Les mêmes épingles, avec bouton très court sur le dischetto supérieur, se rencontrent à *Mycènes*, sur l'emplacement du palais ('Εφ. Ἀρχ., 1887, pl. 13, 19, p. 169) ; à *Venise* (*Not. d. scavi*, 1882, pl. 4, 40) ; à *Megara Hyblæa* (21ᵉ et 22ᵉ tomb.), *Mon. Ant.*, I, p. 809, p. 816, fig.... Ajouter, à l'exemple du vase *François* (p. 61, note (3)), *Millingen*, pl. 60...

P. 78, note (2). — Ajouter *Museo di antichità*, I, pl. 8, 4, p. 311. *Mon. Ant.*, I, p. 809, 21ᵉ tomb. (*Megara Hyblæa*)...

532-9, p. 106-8. — Ajouter aux strigiles avec inscriptions un ex. d'*Orvieto* (*Annali*, 1877, 163)...

P. 117, l. 14-6. — Au lieu de 622, 623, 624, lire 623, 624, 625.

623, p. 117-9. — Ajouter, aux hachettes de substitution, *Longpérier*, I, 170, 200. *Reinach* (Catal. du Mus. de *Saint-Germain*,

I, 93). *Rev. Arch.*, 1889, 1, 174 (*Carthage*). *Bull. Palet. It.*, 1883, 87-8 (Nécropole du *Mont-Albain*). *Id.*, 1890, 80 (*Plemmirion*). Terrak. aus Sic., p. 8 (*Megara Hyblæa*). *Mon. Ant.*, I, p. 860 (*id.*, 156ᵉ tomb.)...

797, p. 137. — L'origine de ce motif semble être certains groupes mycéniens où les corps sont croisés, mais d'une manière si indistincte que la confusion était inévitable (ornement d'or du 3ᵉ tombeau, *Mycènes*, fig. 264). Une intaille mycénienne (Ἐφ. Ἀρχ., 1888, pl. X, 43), montre la séparation déjà faite.

798, *a*), p. 137. — Cf. un quadrige de face sur les amphores attiques à figures noires, de style sévère : *Furtwaengler*, Catal., 1714, 1719ᵃ. *Mon. An.*, I, 907, 311ᵉ tomb. (*Megara Hyblæa*)...

856, p. 155. — Ajouter un lécythe à figures noires (168ᵉ tomb. de *Megara Hyblæa*, *Mon. Ant.*, I, 867)...

920, p. 171. — Cf. pl. V.

TABLE DES MATIÈRES

Avant-propos.	v
Liste des abréviations.	xi
Catalogue :	
Première partie. — Instruments.	1
I. — *Vases* (1-114).	3
1. Trépieds (1-12).	3
2. Vases funéraires (kalpés, hydries) (13-30).	6
3. Œnochoés, etc. (31-57).	11
4. Bols et patères. — Vases de substitution (58-104).	17
5. Cuillers, passoires (105-114).	25
II. — *Toilette* (115-472).	27
1. Miroirs (115-200).	27
2. Boîtes et vases à parfums (201-221).	51
3. Fibules, épingles (222-307).	55
4. Colliers, bracelets, bagues (308-472).	67
III. — *Guerre et Palestre* (473-575).	92
1. Casques (473-490).	92
2. Lances, épées, flèches (491-526).	97
3. Disques et strigiles (527-575).	104
IV. — *Métiers* (576-792).	112
1. Clous, serrures, clefs (576-610).	112
2. Haches, lampes (611-636).	116
3. Instruments de chirurgie (637-661).	121
4. Instruments de musique, jeux (662-694).	124
5. Inscriptions (695-792).	129
Deuxième partie. — Figurines et Appliques.	131
1. Bronzes primitifs (793-804).	133
2. Figurines viriles (805-878).	140
3. Figurines féminines (879-930).	161
4. Fragments de statuettes (931-969).	173
5. Animaux (966-1057).	179
Tables.	195
Table alphabétique.	197

Provenances. 203
Table de concordance. 205
Table des illustrations. 209
Additions et corrections. 211

TOULOUSE. — IMP. A. CHAUVIN ET FILS, RUE DES SALENQUES, 28.

Bibl. des Éc. Fr. d'Athènes et de Rome.   Fasc. LXIX, Pl. I

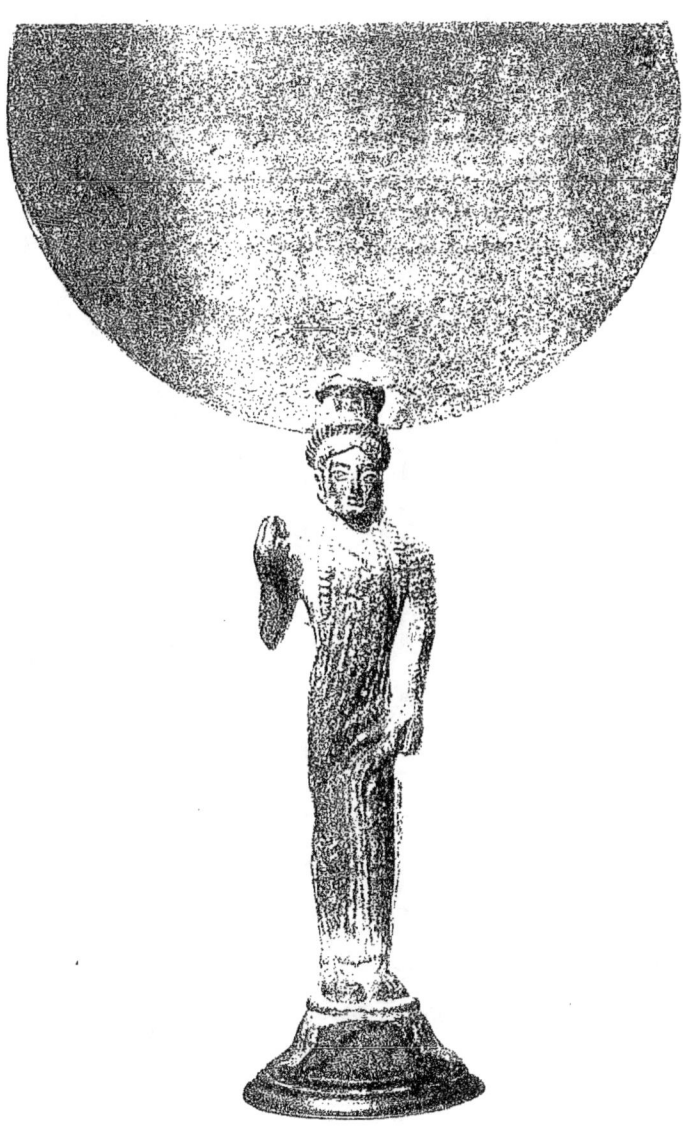

Bibl. des Éc. Fr. d'Athènes et de Rome.   Fasc. LXIX. Pl. II.

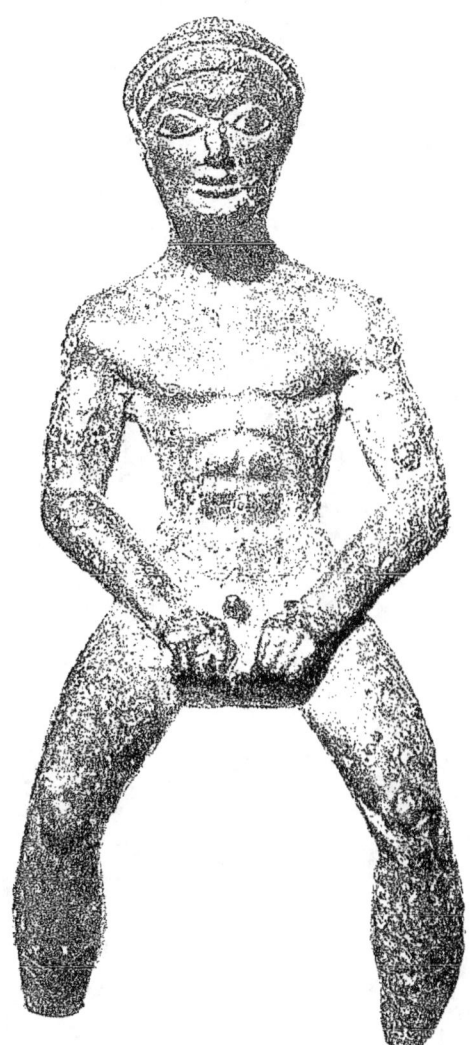

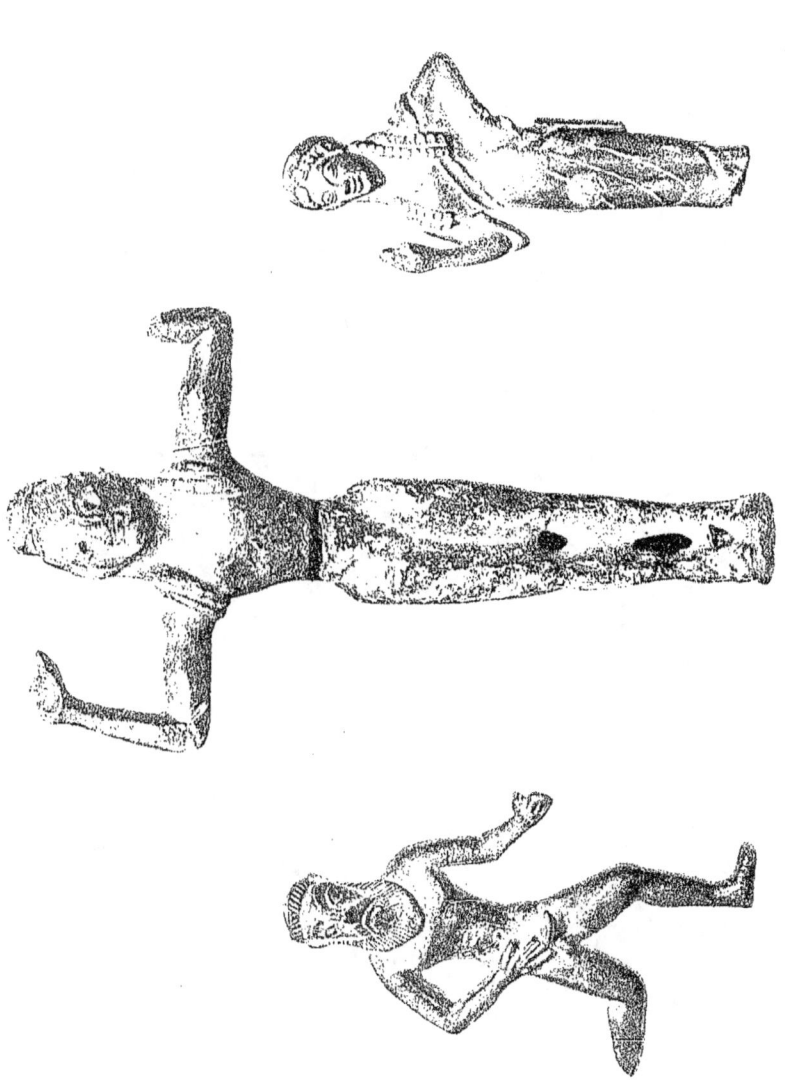

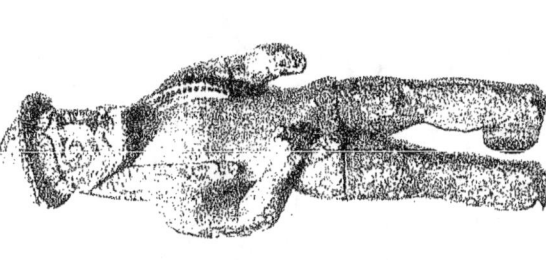
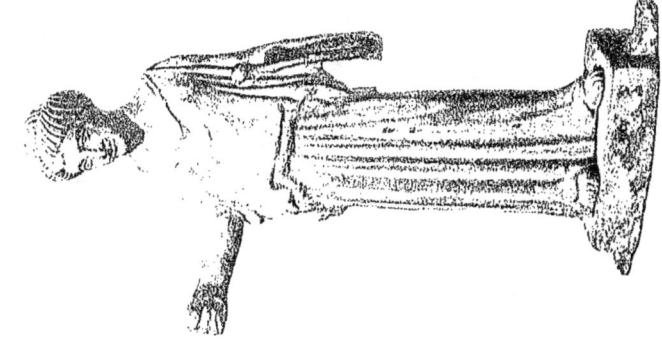
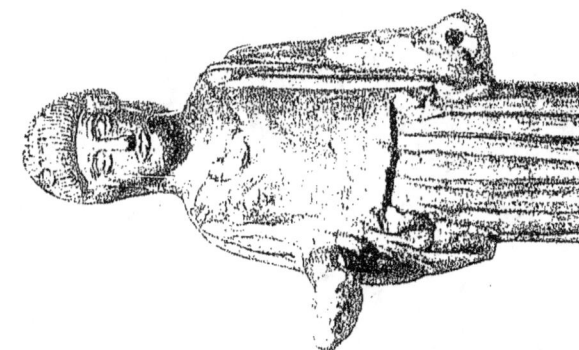

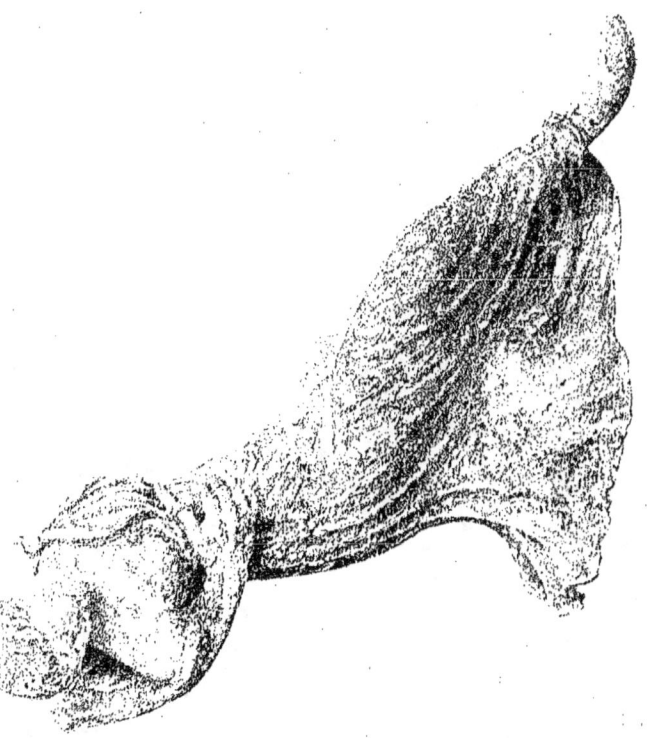

XXXI. LE CULTE DE CASTOR ET POLLUX EN ITALIE, par M. Maurice ALBERT (avec trois planches). . . . . 5 fr. 50
XXXII. LES ARCHIVES DE LA BIBLIOTHÈQUE ET LE TRÉSOR DE L'ORDRE DE SAINT-JEAN DE JÉRUSALEM A MALTE, par M. DELAVILLE LE ROULX. . . . . 8 fr.
XXXIII. HISTOIRE DU CULTE DES DIVINITÉS D'ALEXANDRIE, par M. Georges LAFAYE (avec 5 planches). . . . . 10 fr.
XXXIV. TERRACINE. Essai d'histoire locale, par M. R. de LA BLANCHÈRE (avec deux eaux-fortes et cinq planches dessinées par l'auteur). . . . . 10 fr.
XXXV. FRANCESCO DA BARBERINO ET LA LITTÉRATURE PROVENÇALE EN ITALIE AU MOYEN AGE, par M. Antoine THOMAS. . . . . 5 fr.
XXXVI. ÉTUDE DU DIALECTE CHYPRIOTE MODERNE ET MÉDIÉVAL, par M. Mondry BEAUDOUIN. . . . . 5 fr.
XXXVII. LES TRANSFORMATIONS POLITIQUES DE L'ITALIE SOUS LES EMPEREURS ROMAINS (43 av. J.-C.-330 apr. J.-C.), par M. C. JULLIAN. . . . . 4 fr. 50
XXXVIII. LA VIE MUNICIPALE EN ATTIQUE, par M. B. HAUSSOULLIER. . . . . 5 fr.
XXXIX. LES FIGURES CRIOPHORES DANS L'ART GREC, L'ART GRÉCO-ROMAIN ET L'ART CHRÉTIEN, par M. A. VEYRIES. . . . . 2 fr. 25
XL. LES LIGUES ÉTOLIENNE ET ACHÉENNE, par M. Marcel DUBOIS, (avec deux pl.). . . 7 fr.
XLI. LES STRATÈGES ATHÉNIENS, par Am. HAUVETTE-BESNAULT. . . . . 5 fr.
XLII. ÉTUDE SUR L'HISTOIRE DES SARCOPHAGES CHRÉTIENS, par M. René GROUSSET. 3 fr. 50
XLIII. LA LIBRAIRIE DES PAPES D'AVIGNON. Sa formation, sa composition, ses catalogues (1316-1420), d'après les registres de comptes et d'inventaires des archives vaticanes, par M. Maurice FAUCON. TOME I . . . . 8 fr. 50
XLIV-XLV. LA FRANCE EN ORIENT AU QUATORZIÈME SIÈCLE. Expédition du maréchal Boucicaut, par M. DELAVILLE LE ROULX. 2 beaux volumes. . . . . 25 fr.
XLVI. LES ARCHIVES ANGEVINES DE NAPLES. Étude sur les registres du roi Charles Ier (1265-1285), par M. Paul DURRIEU. TOME I. . . . . 8 fr. 50
XLVII. LES CAVALIERS ATHÉNIENS, par M. Albert MARTIN. 1 très fort volume. . . . 18 fr.
XLVIII. LA BIBLIOTHÈQUE DU VATICAN AU QUINZIÈME SIÈCLE. Contributions pour servir à l'histoire de l'humanisme, par MM. Eugène MÜNTZ et Paul FABRE. . . . . . 12 fr. 50
XLIX. LES ARCHIVES DE L'INTENDANCE SACRÉE A DÉLOS (315-166 avant J.-C.), par M. Théophile HOMOLLE, membre de l'Institut (avec un plan en héliograv.). . . . . . 5 fr. 50
L. LA LIBRAIRIE DES PAPES D'AVIGNON. Sa formation, sa composition, ses catalogues (1316-1420), par M. Maurice FAUCON. TOME II. . . . . 7 fr.
LI. LES ARCHIVES ANGEVINES DE NAPLES. Étude sur les registres du roi Charles Ier (1265-1286), par M. Paul DURRIEU. TOME II et dernier (avec cinq planches en héliograv.) 14 fr.
LII. LE SÉNAT ROMAIN, depuis DIOCLÉTIEN, A ROME ET A CONSTANTINOPLE, par M. Ch. LÉCRIVAIN. . . . . 6 fr.
LIII. ÉTUDES SUR L'ADMINISTRATION BYZANTINE DANS L'EXARCHAT DE RAVENNE (568-751), par Ch. DIEHL, ancien membre des Écoles de Rome et d'Athènes. . . . . . 10 fr.
LIV. LETTRES INÉDITES DE MICHEL APOSTOLIS, publiées par M. NOIRET, ancien membre de l'École de Rome (avec une gr. planche en héliogravure). . . . . 7 fr.
LV. ÉTUDES D'ARCHÉOLOGIE BYZANTINE. L'Église et les mosaïques du couvent de Saint-Luc, EN PHOCIDE, par Ch. DIEHL, ancien membre des Écoles françaises de Rome et d'Athènes (avec sept bois intercalés dans le texte, et une planche hors texte). . . 3 fr. 50
LVI. LES MANUSCRITS DE DANTE ET DE SES COMMENTATEURS, TRADUCTEURS, BIOGRAPHES, ETC., conservés dans les bibliothèques de France. Essai d'un catalogue raisonné, par L. AUVRAY (avec deux planches en héliogravure). . . . . 6 fr.
LVII. L'ORATEUR LYCURGUE. Étude historique et littéraire, par M. DÜRRBACH, ancien membre de l'École française d'Athènes. 4 fr.
LVIII. ORIGINES ET SOURCES DU ROMAN DE LA ROSE, par M. E. LANGLOIS, ancien membre de l'École française de Rome. . . . . 5 fr.
LIX. ESSAI SUR L'ADMINISTRATION DU ROYAUME DE SICILE SOUS CHARLES Ier ET CHARLES II D'ANJOU, par Léon CADIER, ancien membre de l'École française de Rome. . . . 8 fr.
LX. ÉLATÉE. — LA VILLE. LE TEMPLE D'ATHÉNA CRANAIA, par Pierre PARIS, ancien membre de l'École française d'Athènes (avec nombreuses figures dans le texte et quinze planches hors texte). . . . . 14 fr.
LXI. DOCUMENTS INÉDITS POUR SERVIR A L'HISTOIRE DE LA DOMINATION VÉNITIENNE EN CRÈTE DE 1380 A 1499, tirés des archives de Venise, publiés et analysés par H. NOIRET, ancien membre de l'École de Rome (avec une carte en couleur de l'île de Crète). . . . 15 fr.
LXII. ÉTUDE SUR LE LIBER CENSUUM DE L'ÉGLISE ROMAINE, par M. Paul FABRE, ancien membre de l'École française de Rome. . . . . 7 fr.
LXIII. LA LYDIE ET LE MONDE GREC AU TEMPS DES MERMNADES (687-546), par M. Georges RADET, ancien membre de l'École française d'Athènes (avec une grande carte en couleur hors texte). . . . . 12 fr.
LXIV. LES MÉTÈQUES ATHÉNIENS. Étude sur la condition légale et la situation morale, le rôle social et économique des étrangers domiciliés à Athènes, par M. Michel CLERC, ancien membre de l'École française d'Athènes. . . . . 14 fr.

A suivre.

LXV. Essai sur le règne de l'empereur Domitien, par M. Stéphane Gsell, ancien membre de l'École française de Rome............. 12 fr.
LXVI. Origines françaises de l'architecture gothique en Italie, par M. C. Enlart, ancien membre de l'École française de Rome (*avec 131 figures dans le texte et 34 planches hors texte*)................ 20 fr.
LXVII. Origine des cultes arcadiens, par M. Bérard, ancien membre de l'École française d'Athènes (*avec 17 figures*)............. 12 fr. 50
LXVIII. Les Divinités de la Victoire en Grèce et en Italie d'après les textes et les monuments figurés, par M. André Baudrillart, ancien membre de l'École française de Rome................. 3 fr. 50
LXIX. Catalogue des Bronzes de la Société archéologique d'Athènes, par M. A. de Ridder, ancien membre de l'École française d'Athènes (*avec 5 planches en héliogravure et 13 bois*)................. 8 fr.
LXX. Histoire de Blanche de Castille, par M. Élie Berger, ancien membre de l'École française de Rome. (Sous presse.)

BIBLIOTHÈQUE DES ÉCOLES FRANÇAISES D'ATHÈNES ET DE ROME

DEUXIÈME SÉRIE (Format grand in-4° raisin).
OUVRAGES EN COURS DE PUBLICATION

1° LES REGISTRES D'INNOCENT IV (1242-1254), publiés ou analysés d'après les manuscrits originaux du Vatican et de la Bibliothèque nationale de Paris, par M. Élie Berger. Grand in-4° sur deux colonnes. — *N. B.* Ce grand ouvrage paraît par fascicules de dix à quinze feuilles environ. Il se composera de 270 à 300 feuilles, devant former quatre beaux volumes. — Le prix de la souscription est établi à raison de *cinquante centimes* par feuille. Les neuf premiers fascicules composant les deux premiers volumes et le commencement du troisième ont paru. Prix de ces neuf fascicules : 90 fr. 25. — Le 10° fascicule est sous presse.
Ouvrage auquel l'Académie des inscriptions et belles-lettres a décerné le **1er prix Gobert**.

2° LE REGISTRE DE BENOIT XI (1303-1304), Recueil des bulles de ce pape, publiées ou analysées d'après les manuscrits originaux des archives du Vatican, par M. Charles Grandjean. — Cet ouvrage formera un beau volume grand in-4° raisin, à deux colonnes. Il est publié en fascicules de 15 à 20 feuilles environ, de 8 pages chacune, avec couverture imprimée. Le prix est fixé à *soixante centimes* par chaque feuille, et à *un franc* par planche de fac-similé. Aucun fascicule n'est vendu séparément. L'ouvrage complet se composera de 80 à 100 feuilles. — Les quatre premiers fascicules sont en vente. Prix : 43 fr. 80 c. — Le 5° et dernier fascicule est sous presse.

4° LES REGISTRES DE BONIFACE VIII (1293-1303), Recueil des bulles de ce pape, publiées ou analysées par MM. Georges Digard, Maurice Faucon et Antoine Thomas. — Cet ouvrage formera trois volumes grand in-4° à deux colonnes, et sera publié en 260 feuilles environ. — Le prix de chaque feuille est fixé à *soixante centimes*. — Aucun fascicule n'est vendu séparément. — Les trois premiers fascicules, le 5° et le 6° sont en vente. Prix : 54 fr.

5° LES REGISTRES DE NICOLAS IV (1288-1292), Recueil des bulles de ce pape, publiées ou analysées par M. Ernest Langlois. — *N. B.* Cet ouvrage formera environ 150 feuilles. Le prix de la souscription est établi à raison de *soixante centimes* la feuille. Les neuf premiers fascicules sont en vente. Prix : 97 fr. 80. Le 10° et dernier fascicule devant contenir l'introduction, l'errata et le titre est sous presse.

6° LE LIBER CENSUUM DE L'ÉGLISE ROMAINE, texte, introduction et notes par M. Paul Fabre. — *N. B.* Cet ouvrage formera environ 130 à 150 feuilles, divisées en deux volumes. Le prix de la souscription est établi à raison de *soixante centimes* par feuille. Les planches qui pourront être publiées seront vendues *un franc* chacune. — Le premier fascicule est en vente. Prix : 10 fr. 80.

9° LES REGISTRES DE GRÉGOIRE IX (1227-1241), publiés ou analysés d'après les manuscrits originaux du Vatican, par M. L. Auvray. — Cet ouvrage paraît par fascicules de 15 à 20 feuilles grand in-4°, sur deux colonnes. Le tout formera

2 volumes de 80 feuilles environ chacun. — Le prix est établi à raison de *soixante centimes* la feuille. — Les trois premiers fascicules ont paru. Prix : 29 fr. 40.

11° LES REGISTRES DE CLÉMENT IV (1265-1268), Recueil des bulles de ce pape, publiées ou analysées d'après les manuscrits originaux des archives du Vatican, avec appendice et introduction, par M. Edouard JORDAN, membre de l'Ecole française de Rome. — Cet ouvrage formera un volume in-4° raisin imprimé sur deux colonnes, et sera publié par fascicules de 15 à 20 feuilles environ, à raison de *soixante centimes* par feuille. L'ouvrage complet formera 70 feuilles environ. — Les deux premiers fascicules ont paru. Prix : 19 fr. 20.

12° LES REGISTRES DE GRÉGOIRE X ET DE JEAN XXI (1271-1277), Recueil des bulles de ces deux papes, publiées ou analysées d'après les manuscrits originaux des archives du Vatican, par MM. E. GUIRAUD et L. CADIER, membres de l'Ecole française de Rome. — Les Registres de *Grégoire X* et de *Jean XXI* (réunis en une seule publication) formeront un beau volume in-4° raisin, imprimé sur deux colonnes. Ils seront publiés par fascicules de 15 à 20 feuilles environ. Le prix en est fixé à raison de *soixante centimes* par feuille. — L'ouvrage entier se composera de 60 feuilles environ. — Les deux premiers fascicules ont paru. Prix : 16 fr. 20.

13° LES REGISTRES D'URBAIN IV (1261-1264), Recueil des bulles de ce pape, publiées ou analysées d'après les manuscrits originaux des archives du Vatican, par MM. L. DOREZ et J. GUIRAUD, membres de l'Ecole française de Rome. — Cet ouvrage formera quatre volumes grand in-4° raisin, dont un sera occupé par le Registre caméral. Il sera publié par fascicules de 15 feuilles environ chacun. L'ouvrage complet formera environ 180 feuilles. Aucun fascicule ne sera vendu séparément. — Le premier fascicule est en vente. Prix : 8 fr. 40.

14° LES REGISTRES DE NICOLAS III (1277-1280), Recueil des bulles de ce pape, publiées ou analysées d'après les manuscrits originaux des archives du Vatican, par M. Jules GAY, ancien membre de l'Ecole française de Rome. — Cet ouvrage formera un vol. grand in-4° raisin et paraîtra en 4 fascicules. Il formera environ 80 feuilles comprenant, avec les bulles, une introduction, un appendice et les tables. Aucun fascicule ne sera vendu séparément. — Le premier fascicule est sous presse.

15° LES REGISTRES D'ALEXANDRE IV. Recueil des bulles de ce pape, publiées ou analysées d'après les manuscrits originaux des archives du Vatican, par MM. B. DE LA RONCIÈRE, DE LOYE et COULON, anciens membres de l'Ecole française de Rome. — Les Registres d'*Alexandre IV* formeront deux volumes in-4° raisin, imprimés sur deux colonnes. Ils seront publiés par fascicules de 15 à 20 feuilles environ. — L'ouvrage entier se composera de 250 feuilles environ. Le premier fascicule est sous presse.

16° LES REGISTRES DE MARTIN IV. Recueil des bulles de ce pape, publiées ou analysées d'après les manuscrits originaux des archives du Vatican, par M. SOEHNÉE, ancien membre de l'Ecole française de Rome. — Les Registres de *Martin IV* formeront un volume grand in-4° raisin, imprimé sur deux colonnes, et paraîtront en 4 fascicules. — L'ouvrage formera environ 80 feuilles. Le fascicule premier est sous presse.

OUVRAGES TERMINÉS

3° LE LIBER PONTIFICALIS, texte, introduction et commentaires, par M. l'abbé L. DUCHESNE, membre de l'Institut. Deux beaux volumes in-4° raisin, avec un plan de l'ancienne Basilique de Saint-Pierre et sept planches en héliogravure (*Épuisé*). . . . . 200 fr.

7° LES REGISTRES D'HONORIUS IV (1285-1287), Recueil des bulles de ce pape, publiées ou analysées d'après les manuscrits originaux des archives du Vatican, par M. Maurice PROU. Un beau volume grand in-4° raisin. . . . . 45 fr.

8° LA NÉCROPOLE DE MYRINA. Fouilles exécutées au nom de l'Ecole française d'Athènes, de 1880 à 1882, par MM. E. POTTIER, Salomon REINACH et A. VEYRIÈS. Texte et notices par Edm. POTTIER et S. REINACH. — Ce magnifique ouvrage forme deux beaux volumes grand in-4°, dont un de texte, et un de 52 planches en héliogravure, tirées sur papier de chine. . . . . 120 fr.
Ouvrage couronné par l'Institut (Prix Delalande-Guérineau).

10° FOUILLES DANS LA NÉCROPOLE DE VULCI, par M. Stéphane Gsell, ancien membre de l'Ecole française de Rome. Un beau volume grand in-4° de 568 pages, avec 101 vignettes dans le texte, une carte et 23 planches. . . . . 40 fr.

N. B. — *Les numéros placés en tête des ouvrages ci-dessus énoncés indiquent l'ordre dans lequel ces ouvrages sont publiés dans la collection.*

Mélanges Graux, recueil de travaux d'érudition classique dédiés à la mémoire de Charles Graux, docteur ès lettres, maître de conférences à l'Ecole pratique des Hautes-Études et à la Faculté des lettres de Paris, etc., mort le 13 janvier 1882, à l'âge de vingt-neuf ans. Un beau volume grand in-8° avec portrait et plusieurs fac-similés de manuscrits (héliogravure Dujardin). 50 fr.

Mélanges d'archéologie et d'épigraphie, par Albert Dumont, membre de l'Institut, directeur de l'Enseignement supérieur, réunis par Th. Homolle et précédés d'une notice sur Albert Dumont par L. Heuzey, membre de l'Institut, conservateur des musées nationaux, avec 17 planches, de nombreuses figures dans le texte et un portrait de l'auteur. Un beau volume grand in-8° raisin. 30 fr.

Histoire de la littérature grecque, par MM. Alfred Croiset, membre de l'Institut, professeur à la Faculté des lettres de Paris, et Maurice Croiset, professeur au Collège de France. Cinq volumes in-8°.
En vente : Tome Ier : *Homère, la Poésie cyclique, Hésiode.* 8 fr.
Tome II : *Lyrisme, premiers prosateurs, Hérodote.* 8 fr.
Tome III *Période attique, tragédie, comédie, genres secondaires* 8 fr.

Mémoire sur une mission au mont Athos, par MM. l'abbé L. Duchesne, membre de l'Institut et C. Bayet, ancien membre de l'Ecole française de Rome, suivi d'un mémoire sur un ambon conservé à Salonique, la représentation des mages en Orient et en Occident durant les premiers siècles, par M. C. Bayet. Un volume grand in-8° avec cinq planches en photographie. 8 fr.

Cours d'épigraphie latine. Deuxième édition, entièrement refondue et accompagnée de planches et de figures, par René Cagnat, professeur d'épigraphie et antiquités romaines au Collège de France. 2e édition. Un fort volume grand in-8° raisin. 12 fr.

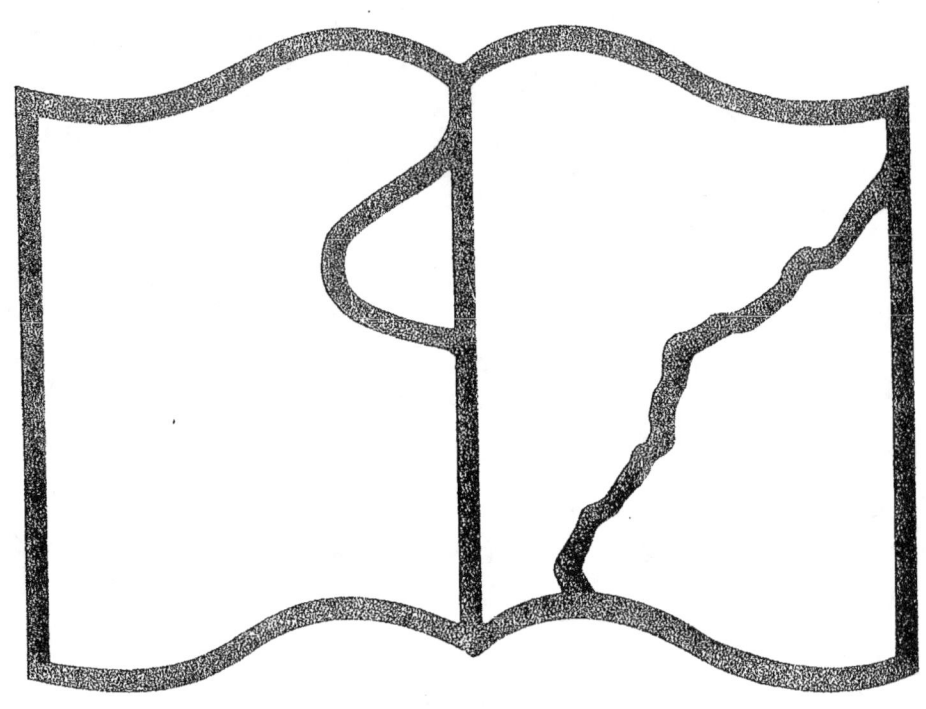

Texte détérioré — reliure défectueuse

NF Z 43-120-11

www.ingramcontent.com/pod-product-compliance
Lightning Source LLC
Chambersburg PA
CBHW052246220526
45471CB00001B/208